司法解释适用指引丛书

— 10 —

民事诉讼证据
司法解释适用指引

司法实务版

人民法院出版社 编

人民法院出版社

图书在版编目（CIP）数据

民事诉讼证据司法解释适用指引 / 人民法院出版社编. -- 北京 : 人民法院出版社, 2024. 12. -- ISBN 978-7-5109-4375-1

Ⅰ. D925.013.5

中国国家版本馆CIP数据核字第20245K1M15号

民事诉讼证据司法解释适用指引

人民法院出版社　编

策划编辑　姜　峤
责任编辑　尹立霞
执行编辑　叶　白
出版发行　人民法院出版社
地　　址　北京市东城区东交民巷 27 号（100745）
电　　话　（010）67550635（责任编辑）　67550558（发行部查询）
65223677（读者服务部）
客服 QQ　2092078039
网　　址　http：//www.courtbook.com.cn
E - mail　courtpress@sohu.com
印　　刷　三河市国英印务有限公司
经　　销　新华书店

开　　本　787 毫米 ×1092 毫米　1/16
字　　数　257 千字
印　　张　16.25
版　　次　2024 年 12 月第 1 版　2024 年 12 月第 1 次印刷
书　　号　ISBN 978-7-5109-4375-1
定　　价　56.00 元

编写说明

为准确理解和适用司法解释，助力人民法院统一法律适用，更好地满足法律工作者办案与查询的需求，我们编写了本套丛书。本丛书的每本以某一类别或某一司法解释为主题，汇集与该司法解释相关的最高人民法院司法政策精要、司法解释、司法观点、人民法院案例库案例、法答网精选答问以及相关的法律、法规、规章、司法文件等内容，兼具检索与研习功能，能够让广大法律实务工作者全面、快捷、方便地查找到该类案件办理所需的全部材料。

本丛书立足审判，涵盖婚姻家庭、劳动争议、公司企业、诉讼证据、民事诉讼、刑事诉讼、贪污贿赂渎职案件等27个法律专业领域，品类丰富齐全，为立案、调解、仲裁、诉讼、执行等工作提供权威指导，更好地服务司法审判、公众学法、学者科研、律师办案。本书为其中的《民事诉讼证据司法解释适用指引》。

本丛书各栏目具体编写情况如下：

【司法政策精要】该栏目摘编自最高人民法院公布的各种审判指导意见、会议纪要，最高人民法院院长对审判工作有重要指导意义的讲话，最高人民法院分管副院长在全国性审判工作会议上的讲话等。文中序号为原文序号，未作删改。

【司法解释】该栏目收录最新公布的司法解释，并在司法解释后附“导读及适用要点”，摘编自最高人民法院专家法官对该司法解释的权威解读，为该司法解释的准确适用提供参考、借鉴。

【司法观点】该栏目针对当前审判实务中难点、疑点、热点以及前沿问题，全面系统地总结和梳理了最高人民法院类案审判实践中的裁判理念和法律适用问题，帮助读者全面快速了解最高人民法院对审判实践中重点、难点问题的立场、观点，准确把握审判实践的具体方法、办案依据和裁判尺度。

【人民法院案例库案例】该栏目收录了人民法院案例库中的相关指导性案例及参考案例，精选裁判要点及裁判要旨，为司法实务提供了权威、规范、全面的案例指引。本书收录的人民法院案例库案例截至2024年12月。

【法答网精选答问】最高人民法院发布的精选答问具有释法说理、普法宣传等多方面的功能效用，一个精选问答可以解决一类法律问题，指导一批争议案例，是“附理由书的批复”。

【相关规定】该栏目精选现行有效相关法律、法规、司法解释、规章等内容，版本权威、内容实用，方便读者对照查询。

值得一提的是，本丛书为首次将最高人民法院裁判观点、人民法院案例库案例、法答网精选答问进行融合出版的图书。2023年，最高人民法院推动建立面向全社会的人民法院案例库、贯通四级法院的法答网。“一网一库”上线运行以来，充分发挥审判监督指导作用，促进统一裁判标准，有效提升广大法官的审判能力，助力司法审判提质增效，取得积极成效。本丛书进一步深化库网融合，促进统一法律适用的功能效用，为法律实务工作者提供覆盖全面、与时俱进的“活教材”。

本丛书内容简洁明了，查询方便快捷，在编排上力求全面、新颖、务实，但疏漏之处在所难免，欢迎广大读者提出批评和改进意见，以便为读者提供更好的法律服务。

人民法院出版社

二〇二四年十二月

目 录

第一部分 司法解释

第二部分　司法观点

一、举　证

五、其 他

第三部分 最高人民法院指导性案例及人民法院案例库参考案例

一、举 证

四、其　他

第四部分　法答网精选问答

第五部分　相关规定

第一部分　司法解释

最高人民法院
关于民事诉讼证据的若干规定

（2001 年 12 月 6 日最高人民法院审判委员会第 1201 次会议通过
根据 2019 年 10 月 14 日最高人民法院审判委员会第 1777 次会议
《关于修改〈关于民事诉讼证据的若干规定〉的决定》修正）

为保证人民法院正确认定案件事实，公正、及时审理民事案件，保障和便利当事人依法行使诉讼权利，根据《中华人民共和国民事诉讼法》（以下简称民事诉讼法）等有关法律的规定，结合民事审判经验和实际情况，制定本规定。

一、当事人举证

第一条　原告向人民法院起诉或者被告提出反诉，应当提供符合起诉条件的相应的证据。

第二条　人民法院应当向当事人说明举证的要求及法律后果，促使当事人在合理期限内积极、全面、正确、诚实地完成举证。

当事人因客观原因不能自行收集的证据，可申请人民法院调查收集。

第三条　在诉讼过程中，一方当事人陈述的于己不利的事实，或者对于己不利的事实明确表示承认的，另一方当事人无需举证证明。

在证据交换、询问、调查过程中，或者在起诉状、答辩状、代理词等书面材料中，当事人明确承认于己不利的事实的，适用前款规定。

第四条　一方当事人对于另一方当事人主张的于己不利的事实既不承认

也不否认，经审判人员说明并询问后，其仍然不明确表示肯定或者否定的，视为对该事实的承认。

第五条 当事人委托诉讼代理人参加诉讼的，除授权委托书明确排除的事项外，诉讼代理人的自认视为当事人的自认。

当事人在场对诉讼代理人的自认明确否认的，不视为自认。

第六条 普通共同诉讼中，共同诉讼人中一人或者数人作出的自认，对作出自认的当事人发生效力。

必要共同诉讼中，共同诉讼人中一人或者数人作出自认而其他共同诉讼人予以否认的，不发生自认的效力。其他共同诉讼人既不承认也不否认，经审判人员说明并询问后仍然不明确表示意见的，视为全体共同诉讼人的自认。

第七条 一方当事人对于另一方当事人主张的于己不利的事实有所限制或者附加条件予以承认的，由人民法院综合案件情况决定是否构成自认。

第八条 《最高人民法院关于适用〈中华人民共和国民事诉讼法〉的解释》第九十六条第一款规定的事实，不适用有关自认的规定。

自认的事实与已经查明的事实不符的，人民法院不予确认。

第九条 有下列情形之一，当事人在法庭辩论终结前撤销自认的，人民法院应当准许：

（一）经对方当事人同意的；

（二）自认是在受胁迫或者重大误解情况下作出的。

人民法院准许当事人撤销自认的，应当作出口头或者书面裁定。

第十条 下列事实，当事人无须举证证明：

（一）自然规律以及定理、定律；

（二）众所周知的事实；

（三）根据法律规定推定的事实；

（四）根据已知的事实和日常生活经验法则推定出的另一事实；

（五）已为仲裁机构的生效裁决所确认的事实；

（六）已为人民法院发生法律效力的裁判所确认的基本事实；

（七）已为有效公证文书所证明的事实。

前款第二项至第五项事实，当事人有相反证据足以反驳的除外；第六项、第七项事实，当事人有相反证据足以推翻的除外。

第十一条　当事人向人民法院提供证据，应当提供原件或者原物。如需自己保存证据原件、原物或者提供原件、原物确有困难的，可以提供经人民法院核对无异的复制件或者复制品。

第十二条　以动产作为证据的，应当将原物提交人民法院。原物不宜搬移或者不宜保存的，当事人可以提供复制品、影像资料或者其他替代品。

人民法院在收到当事人提交的动产或者替代品后，应当及时通知双方当事人到人民法院或者保存现场查验。

第十三条　当事人以不动产作为证据的，应当向人民法院提供该不动产的影像资料。

人民法院认为有必要的，应当通知双方当事人到场进行查验。

第十四条　电子数据包括下列信息、电子文件：

（一）网页、博客、微博客等网络平台发布的信息；

（二）手机短信、电子邮件、即时通信、通讯群组等网络应用服务的通信信息；

（三）用户注册信息、身份认证信息、电子交易记录、通信记录、登录日志等信息；

（四）文档、图片、音频、视频、数字证书、计算机程序等电子文件；

（五）其他以数字化形式存储、处理、传输的能够证明案件事实的信息。

第十五条　当事人以视听资料作为证据的，应当提供存储该视听资料的原始载体。

当事人以电子数据作为证据的，应当提供原件。电子数据的制作者制作的与原件一致的副本，或者直接来源于电子数据的打印件或其他可以显示、识别的输出介质，视为电子数据的原件。

第十六条　当事人提供的公文书证系在中华人民共和国领域外形成的，该证据应当经所在国公证机关证明，或者履行中华人民共和国与该所在国订立的有关条约中规定的证明手续。

中华人民共和国领域外形成的涉及身份关系的证据，应当经所在国公证机关证明并经中华人民共和国驻该国使领馆认证，或者履行中华人民共和国与该所在国订立的有关条约中规定的证明手续。

当事人向人民法院提供的证据是在香港、澳门、台湾地区形成的，应当履行相关的证明手续。

第十七条 当事人向人民法院提供外文书证或者外文说明资料，应当附有中文译本。

第十八条 双方当事人无争议的事实符合《最高人民法院关于适用〈中华人民共和国民事诉讼法〉的解释》第九十六条第一款规定情形的，人民法院可以责令当事人提供有关证据。

第十九条 当事人应当对其提交的证据材料逐一分类编号，对证据材料的来源、证明对象和内容作简要说明，签名盖章，注明提交日期，并依照对方当事人人数提出副本。

人民法院收到当事人提交的证据材料，应当出具收据，注明证据的名称、份数和页数以及收到的时间，由经办人员签名或者盖章。

二、证据的调查收集和保全

第二十条 当事人及其诉讼代理人申请人民法院调查收集证据，应当在举证期限届满前提交书面申请。

申请书应当载明被调查人的姓名或者单位名称、住所地等基本情况、所要调查收集的证据名称或者内容、需要由人民法院调查收集证据的原因及其要证明的事实以及明确的线索。

第二十一条 人民法院调查收集的书证，可以是原件，也可以是经核对无误的副本或者复制件。是副本或者复制件的，应当在调查笔录中说明来源和取证情况。

第二十二条 人民法院调查收集的物证应当是原物。被调查人提供原物确有困难的，可以提供复制品或者影像资料。提供复制品或者影像资料的，应当在调查笔录中说明取证情况。

第二十三条 人民法院调查收集视听资料、电子数据，应当要求被调查人提供原始载体。

提供原始载体确有困难的，可以提供复制件。提供复制件的，人民法院应当在调查笔录中说明其来源和制作经过。

人民法院对视听资料、电子数据采取证据保全措施的，适用前款规定。

第二十四条 人民法院调查收集可能需要鉴定的证据，应当遵守相关技术规范，确保证据不被污染。

第二十五条　当事人或者利害关系人根据民事诉讼法第八十一条[①]的规定申请证据保全的，申请书应当载明需要保全的证据的基本情况、申请保全的理由以及采取何种保全措施等内容。

当事人根据民事诉讼法第八十一条第一款的规定申请证据保全的，应当在举证期限届满前向人民法院提出。

法律、司法解释对诉前证据保全有规定的，依照其规定办理。

第二十六条　当事人或者利害关系人申请采取查封、扣押等限制保全标的物使用、流通等保全措施，或者保全可能对证据持有人造成损失的，人民法院应当责令申请人提供相应的担保。

担保方式或者数额由人民法院根据保全措施对证据持有人的影响、保全标的物的价值、当事人或者利害关系人争议的诉讼标的金额等因素综合确定。

第二十七条　人民法院进行证据保全，可以要求当事人或者诉讼代理人到场。

根据当事人的申请和具体情况，人民法院可以采取查封、扣押、录音、录像、复制、鉴定、勘验等方法进行证据保全，并制作笔录。

在符合证据保全目的的情况下，人民法院应当选择对证据持有人利益影响最小的保全措施。

第二十八条　申请证据保全错误造成财产损失，当事人请求申请人承担赔偿责任的，人民法院应予支持。

第二十九条　人民法院采取诉前证据保全措施后，当事人向其他有管辖权的人民法院提起诉讼的，采取保全措施的人民法院应当根据当事人的申请，将保全的证据及时移交受理案件的人民法院。

第三十条　人民法院在审理案件过程中认为待证事实需要通过鉴定意见证明的，应当向当事人释明，并指定提出鉴定申请的期间。

符合《最高人民法院关于适用〈中华人民共和国民事诉讼法〉的解释》第九十六条第一款规定情形的，人民法院应当依职权委托鉴定。

第三十一条　当事人申请鉴定，应当在人民法院指定期间内提出，并预

---

① 对应《民事诉讼法》（2023 年修正）第八十四条。

交鉴定费用。逾期不提出申请或者不预交鉴定费用的，视为放弃申请。

对需要鉴定的待证事实负有举证责任的当事人，在人民法院指定期间内无正当理由不提出鉴定申请或者不预交鉴定费用，或者拒不提供相关材料，致使待证事实无法查明的，应当承担举证不能的法律后果。

第三十二条 人民法院准许鉴定申请的，应当组织双方当事人协商确定具备相应资格的鉴定人。当事人协商不成的，由人民法院指定。

人民法院依职权委托鉴定的，可以在询问当事人的意见后，指定具备相应资格的鉴定人。

人民法院在确定鉴定人后应当出具委托书，委托书中应当载明鉴定事项、鉴定范围、鉴定目的和鉴定期限。

第三十三条 鉴定开始之前，人民法院应当要求鉴定人签署承诺书。承诺书中应当载明鉴定人保证客观、公正、诚实地进行鉴定，保证出庭作证，如作虚假鉴定应当承担法律责任等内容。

鉴定人故意作虚假鉴定的，人民法院应当责令其退还鉴定费用，并根据情节，依照民事诉讼法第一百一十一条[①]的规定进行处罚。

第三十四条 人民法院应当组织当事人对鉴定材料进行质证。未经质证的材料，不得作为鉴定的根据。

经人民法院准许，鉴定人可以调取证据、勘验物证和现场、询问当事人或者证人。

第三十五条 鉴定人应当在人民法院确定的期限内完成鉴定，并提交鉴定书。

鉴定人无正当理由未按期提交鉴定书的，当事人可以申请人民法院另行委托鉴定人进行鉴定。人民法院准许的，原鉴定人已经收取的鉴定费用应当退还；拒不退还的，依照本规定第八十一条第二款的规定处理。

第三十六条 人民法院对鉴定人出具的鉴定书，应当审查是否具有下列内容：

（一）委托法院的名称；

（二）委托鉴定的内容、要求；

① 对应《民事诉讼法》（2023 年修正）第一百一十四条。

（三）鉴定材料；

（四）鉴定所依据的原理、方法；

（五）对鉴定过程的说明；

（六）鉴定意见；

（七）承诺书。

鉴定书应当由鉴定人签名或者盖章，并附鉴定人的相应资格证明。委托机构鉴定的，鉴定书应当由鉴定机构盖章，并由从事鉴定的人员签名。

第三十七条　人民法院收到鉴定书后，应当及时将副本送交当事人。

当事人对鉴定书的内容有异议的，应当在人民法院指定期间内以书面方式提出。

对于当事人的异议，人民法院应当要求鉴定人作出解释、说明或者补充。人民法院认为有必要的，可以要求鉴定人对当事人未提出异议的内容进行解释、说明或者补充。

第三十八条　当事人在收到鉴定人的书面答复后仍有异议的，人民法院应当根据《诉讼费用交纳办法》第十一条的规定，通知有异议的当事人预交鉴定人出庭费用，并通知鉴定人出庭。有异议的当事人不预交鉴定人出庭费用的，视为放弃异议。

双方当事人对鉴定意见均有异议的，分摊预交鉴定人出庭费用。

第三十九条　鉴定人出庭费用按照证人出庭作证费用的标准计算，由败诉的当事人负担。因鉴定意见不明确或者有瑕疵需要鉴定人出庭的，出庭费用由其自行负担。

人民法院委托鉴定时已经确定鉴定人出庭费用包含在鉴定费用中的，不再通知当事人预交。

第四十条　当事人申请重新鉴定，存在下列情形之一的，人民法院应当准许：

（一）鉴定人不具备相应资格的；

（二）鉴定程序严重违法的；

（三）鉴定意见明显依据不足的；

（四）鉴定意见不能作为证据使用的其他情形。

存在前款第一项至第三项情形的，鉴定人已经收取的鉴定费用应当退还。

拒不退还的，依照本规定第八十一条第二款的规定处理。

对鉴定意见的瑕疵，可以通过补正、补充鉴定或者补充质证、重新质证等方法解决的，人民法院不予准许重新鉴定的申请。

重新鉴定的，原鉴定意见不得作为认定案件事实的根据。

第四十一条 对于一方当事人就专门性问题自行委托有关机构或者人员出具的意见，另一方当事人有证据或者理由足以反驳并申请鉴定的，人民法院应予准许。

第四十二条 鉴定意见被采信后，鉴定人无正当理由撤销鉴定意见的，人民法院应当责令其退还鉴定费用，并可以根据情节，依照民事诉讼法第一百一十一条的规定对鉴定人进行处罚。当事人主张鉴定人负担由此增加的合理费用的，人民法院应予支持。

人民法院采信鉴定意见后准许鉴定人撤销的，应当责令其退还鉴定费用。

第四十三条 人民法院应当在勘验前将勘验的时间和地点通知当事人。当事人不参加的，不影响勘验进行。

当事人可以就勘验事项向人民法院进行解释和说明，可以请求人民法院注意勘验中的重要事项。

人民法院勘验物证或者现场，应当制作笔录，记录勘验的时间、地点、勘验人、在场人、勘验的经过、结果，由勘验人、在场人签名或者盖章。对于绘制的现场图应当注明绘制的时间、方位、测绘人姓名、身份等内容。

第四十四条 摘录有关单位制作的与案件事实相关的文件、材料，应当注明出处，并加盖制作单位或者保管单位的印章，摘录人和其他调查人员应当在摘录件上签名或者盖章。

摘录文件、材料应当保持内容相应的完整性。

第四十五条 当事人根据《最高人民法院关于适用〈中华人民共和国民事诉讼法〉的解释》第一百一十二条的规定申请人民法院责令对方当事人提交书证的，申请书应当载明所申请提交的书证名称或者内容、需要以该书证证明的事实及事实的重要性、对方当事人控制该书证的根据以及应当提交该书证的理由。

对方当事人否认控制书证的，人民法院应当根据法律规定、习惯等因素，结合案件的事实、证据，对于书证是否在对方当事人控制之下的事实作出综合判断。

第四十六条 人民法院对当事人提交书证的申请进行审查时，应当听取对方当事人的意见，必要时可以要求双方当事人提供证据、进行辩论。

当事人申请提交的书证不明确、书证对于待证事实的证明无必要、待证事实对于裁判结果无实质性影响、书证未在对方当事人控制之下或者不符合本规定第四十七条情形的，人民法院不予准许。

当事人申请理由成立的，人民法院应当作出裁定，责令对方当事人提交书证；理由不成立的，通知申请人。

第四十七条 下列情形，控制书证的当事人应当提交书证：

（一）控制书证的当事人在诉讼中曾经引用过的书证；

（二）为对方当事人的利益制作的书证；

（三）对方当事人依照法律规定有权查阅、获取的书证；

（四）账簿、记账原始凭证；

（五）人民法院认为应当提交书证的其他情形。

前款所列书证，涉及国家秘密、商业秘密、当事人或第三人的隐私，或者存在法律规定应当保密的情形的，提交后不得公开质证。

第四十八条 控制书证的当事人无正当理由拒不提交书证的，人民法院可以认定对方当事人所主张的书证内容为真实。

控制书证的当事人存在《最高人民法院关于适用〈中华人民共和国民事诉讼法〉的解释》第一百一十三条规定情形的，人民法院可以认定对方当事人主张以该书证证明的事实为真实。

三、举证时限与证据交换

第四十九条 被告应当在答辩期届满前提出书面答辩，阐明其对原告诉讼请求及所依据的事实和理由的意见。

第五十条 人民法院应当在审理前的准备阶段向当事人送达举证通知书。

举证通知书应当载明举证责任的分配原则和要求、可以向人民法院申请调查收集证据的情形、人民法院根据案件情况指定的举证期限以及逾期提供证据的法律后果等内容。

第五十一条 举证期限可以由当事人协商，并经人民法院准许。

人民法院指定举证期限的，适用第一审普通程序审理的案件不得少于十五日，当事人提供新的证据的第二审案件不得少于十日。适用简易程序审理的案件不得超过十五日，小额诉讼案件的举证期限一般不得超过七日。

举证期限届满后，当事人提供反驳证据或者对已经提供的证据的来源、形式等方面的瑕疵进行补正的，人民法院可以酌情再次确定举证期限，该期限不受前款规定的期间限制。

第五十二条 当事人在举证期限内提供证据存在客观障碍，属于民事诉讼法第六十五条第二款规定的“当事人在该期限内提供证据确有困难”的情形。

前款情形，人民法院应当根据当事人的举证能力、不能在举证期限内提供证据的原因等因素综合判断。必要时，可以听取对方当事人的意见。

第五十三条 诉讼过程中，当事人主张的法律关系性质或者民事行为效力与人民法院根据案件事实作出的认定不一致的，人民法院应当将法律关系性质或者民事行为效力作为焦点问题进行审理。但法律关系性质对裁判理由及结果没有影响，或者有关问题已经当事人充分辩论的除外。

存在前款情形，当事人根据法庭审理情况变更诉讼请求的，人民法院应当准许并可以根据案件的具体情况重新指定举证期限。

第五十四条 当事人申请延长举证期限的，应当在举证期限届满前向人民法院提出书面申请。

申请理由成立的，人民法院应当准许，适当延长举证期限，并通知其他当事人。延长的举证期限适用于其他当事人。

申请理由不成立的，人民法院不予准许，并通知申请人。

第五十五条 存在下列情形的，举证期限按照如下方式确定：

（一）当事人依照民事诉讼法第一百二十七条[①]规定提出管辖权异议的，举证期限中止，自驳回管辖权异议的裁定生效之日起恢复计算；

（二）追加当事人、有独立请求权的第三人参加诉讼或者无独立请求权的第三人经人民法院通知参加诉讼的，人民法院应当依照本规定第五十一条的规定为新参加诉讼的当事人确定举证期限，该举证期限适用于其他当事人；

---

① 对应《民事诉讼法》（2023年修正）第一百三十条。

（三）发回重审的案件，第一审人民法院可以结合案件具体情况和发回重审的原因，酌情确定举证期限；

（四）当事人增加、变更诉讼请求或者提出反诉的，人民法院应当根据案件具体情况重新确定举证期限；

（五）公告送达的，举证期限自公告期届满之次日起计算。

第五十六条　人民法院依照民事诉讼法第一百三十三条[①]第四项的规定，通过组织证据交换进行审理前准备的，证据交换之日举证期限届满。

证据交换的时间可以由当事人协商一致并经人民法院认可，也可以由人民法院指定。当事人申请延期举证经人民法院准许的，证据交换日相应顺延。

第五十七条　证据交换应当在审判人员的主持下进行。

在证据交换的过程中，审判人员对当事人无异议的事实、证据应当记录在卷；对有异议的证据，按照需要证明的事实分类记录在卷，并记载异议的理由。通过证据交换，确定双方当事人争议的主要问题。

第五十八条　当事人收到对方的证据后有反驳证据需要提交的，人民法院应当再次组织证据交换。

第五十九条　人民法院对逾期提供证据的当事人处以罚款的，可以结合当事人逾期提供证据的主观过错程度、导致诉讼迟延的情况、诉讼标的金额等因素，确定罚款数额。

四、质证

第六十条　当事人在审理前的准备阶段或者人民法院调查、询问过程中发表过质证意见的证据，视为质证过的证据。

当事人要求以书面方式发表质证意见，人民法院在听取对方当事人意见后认为有必要的，可以准许。人民法院应当及时将书面质证意见送交对方当事人。

第六十一条　对书证、物证、视听资料进行质证时，当事人应当出示证据的原件或者原物。但有下列情形之一的除外：

（一）出示原件或者原物确有困难并经人民法院准许出示复制件或者复制

① 对应《民事诉讼法》（2023年修正）第一百三十六条。

品的；

（二）原件或者原物已不存在，但有证据证明复制件、复制品与原件或者原物一致的。

第六十二条 质证一般按下列顺序进行：

（一）原告出示证据，被告、第三人与原告进行质证；

（二）被告出示证据，原告、第三人与被告进行质证；

（三）第三人出示证据，原告、被告与第三人进行质证。

人民法院根据当事人申请调查收集的证据，审判人员对调查收集证据的情况进行说明后，由提出申请的当事人与对方当事人、第三人进行质证。

人民法院依职权调查收集的证据，由审判人员对调查收集证据的情况进行说明后，听取当事人的意见。

第六十三条 当事人应当就案件事实作真实、完整的陈述。

当事人的陈述与此前陈述不一致的，人民法院应当责令其说明理由，并结合当事人的诉讼能力、证据和案件具体情况进行审查认定。

当事人故意作虚假陈述妨碍人民法院审理的，人民法院应当根据情节，依照民事诉讼法第一百一十一条的规定进行处罚。

第六十四条 人民法院认为有必要的，可以要求当事人本人到场，就案件的有关事实接受询问。

人民法院要求当事人到场接受询问的，应当通知当事人询问的时间、地点、拒不到场的后果等内容。

第六十五条 人民法院应当在询问前责令当事人签署保证书并宣读保证书的内容。

保证书应当载明保证据实陈述，绝无隐瞒、歪曲、增减，如有虚假陈述应当接受处罚等内容。当事人应当在保证书上签名、捺印。

当事人有正当理由不能宣读保证书的，由书记员宣读并进行说明。

第六十六条 当事人无正当理由拒不到场、拒不签署或宣读保证书或者拒不接受询问的，人民法院应当综合案件情况，判断待证事实的真伪。待证事实无其他证据证明的，人民法院应当作出不利于该当事人的认定。

第六十七条 不能正确表达意思的人，不能作为证人。

待证事实与其年龄、智力状况或者精神健康状况相适应的无民事行为能力人和限制民事行为能力人，可以作为证人。

第六十八条　人民法院应当要求证人出庭作证，接受审判人员和当事人的询问。证人在审理前的准备阶段或者人民法院调查、询问等双方当事人在场时陈述证言的，视为出庭作证。

双方当事人同意证人以其他方式作证并经人民法院准许的，证人可以不出庭作证。

无正当理由未出庭的证人以书面等方式提供的证言，不得作为认定案件事实的根据。

第六十九条　当事人申请证人出庭作证的，应当在举证期限届满前向人民法院提交申请书。

申请书应当载明证人的姓名、职业、住所、联系方式，作证的主要内容，作证内容与待证事实的关联性，以及证人出庭作证的必要性。

符合《最高人民法院关于适用〈中华人民共和国民事诉讼法〉的解释》第九十六条第一款规定情形的，人民法院应当依职权通知证人出庭作证。

第七十条　人民法院准许证人出庭作证申请的，应当向证人送达通知书并告知双方当事人。通知书中应当载明证人作证的时间、地点，作证的事项、要求以及作伪证的法律后果等内容。

当事人申请证人出庭作证的事项与待证事实无关，或者没有通知证人出庭作证必要的，人民法院不予准许当事人的申请。

第七十一条　人民法院应当要求证人在作证之前签署保证书，并在法庭上宣读保证书的内容。但无民事行为能力人和限制民事行为能力人作为证人的除外。

证人确有正当理由不能宣读保证书的，由书记员代为宣读并进行说明。

证人拒绝签署或者宣读保证书的，不得作证，并自行承担相关费用。

证人保证书的内容适用当事人保证书的规定。

第七十二条　证人应当客观陈述其亲身感知的事实，作证时不得使用猜测、推断或者评论性语言。

证人作证前不得旁听法庭审理，作证时不得以宣读事先准备的书面材料的方式陈述证言。

证人言辞表达有障碍的，可以通过其他表达方式作证。

第七十三条 证人应当就其作证的事项进行连续陈述。

当事人及其法定代理人、诉讼代理人或者旁听人员干扰证人陈述的，人民法院应当及时制止，必要时可以依照民事诉讼法第一百一十条[①]的规定进行处罚。

第七十四条 审判人员可以对证人进行询问。当事人及其诉讼代理人经审判人员许可后可以询问证人。

询问证人时其他证人不得在场。

人民法院认为有必要的，可以要求证人之间进行对质。

第七十五条 证人出庭作证后，可以向人民法院申请支付证人出庭作证费用。证人有困难需要预先支取出庭作证费用的，人民法院可以根据证人的申请在出庭作证前支付。

第七十六条 证人确有困难不能出庭作证，申请以书面证言、视听传输技术或者视听资料等方式作证的，应当向人民法院提交申请书。申请书中应当载明不能出庭的具体原因。

符合民事诉讼法第七十三条[②]规定情形的，人民法院应当准许。

第七十七条 证人经人民法院准许，以书面证言方式作证的，应当签署保证书；以视听传输技术或者视听资料方式作证的，应当签署保证书并宣读保证书的内容。

第七十八条 当事人及其诉讼代理人对证人的询问与待证事实无关，或者存在威胁、侮辱证人或不适当引导等情形的，审判人员应当及时制止。必要时可以依照民事诉讼法第一百一十条、第一百一十一条的规定进行处罚。

证人故意作虚假陈述，诉讼参与人或者其他人以暴力、威胁、贿买等方法妨碍证人作证，或者在证人作证后以侮辱、诽谤、诬陷、恐吓、殴打等方式对证人打击报复的，人民法院应当根据情节，依照民事诉讼法第一百一十一条的规定，对行为人进行处罚。

第七十九条 鉴定人依照民事诉讼法第七十八条[③]的规定出庭作证的，人民法院应当在开庭审理三日前将出庭的时间、地点及要求通知鉴定人。

---

① 对应《民事诉讼法》(2023 年修正）第一百一十三条。

② 对应《民事诉讼法》(2023 年修正）第七十六条。

③ 对应《民事诉讼法》(2023 年修正）第八十一条。

委托机构鉴定的，应当由从事鉴定的人员代表机构出庭。

第八十条　鉴定人应当就鉴定事项如实答复当事人的异议和审判人员的询问。当庭答复确有困难的，经人民法院准许，可以在庭审结束后书面答复。

人民法院应当及时将书面答复送交当事人，并听取当事人的意见。必要时，可以再次组织质证。

第八十一条　鉴定人拒不出庭作证的，鉴定意见不得作为认定案件事实的根据。人民法院应当建议有关主管部门或者组织对拒不出庭作证的鉴定人予以处罚。

当事人要求退还鉴定费用的，人民法院应当在三日内作出裁定，责令鉴定人退还；拒不退还的，由人民法院依法执行。

当事人因鉴定人拒不出庭作证申请重新鉴定的，人民法院应当准许。

第八十二条　经法庭许可，当事人可以询问鉴定人、勘验人。

询问鉴定人、勘验人不得使用威胁、侮辱等不适当的言语和方式。

第八十三条　当事人依照民事诉讼法第七十九条①和《最高人民法院关于适用〈中华人民共和国民事诉讼法〉的解释》第一百二十二条的规定，申请有专门知识的人出庭的，申请书中应当载明有专门知识的人的基本情况和申请的目的。

人民法院准许当事人申请的，应当通知双方当事人。

第八十四条　审判人员可以对有专门知识的人进行询问。经法庭准许，当事人可以对有专门知识的人进行询问，当事人各自申请的有专门知识的人可以就案件中的有关问题进行对质。

有专门知识的人不得参与对鉴定意见质证或者就专业问题发表意见之外的法庭审理活动。

五、证据的审核认定

第八十五条　人民法院应当以证据能够证明的案件事实为根据依法作出裁判。

审判人员应当依照法定程序，全面、客观地审核证据，依据法律的规定，

① 对应《民事诉讼法》(2023年修正)第八十二条。

遵循法官职业道德，运用逻辑推理和日常生活经验，对证据有无证明力和证明力大小独立进行判断，并公开判断的理由和结果。

第八十六条 当事人对于欺诈、胁迫、恶意串通事实的证明，以及对于口头遗嘱或赠与事实的证明，人民法院确信该待证事实存在的可能性能够排除合理怀疑的，应当认定该事实存在。

与诉讼保全、回避等程序事项有关的事实，人民法院结合当事人的说明及相关证据，认为有关事实存在的可能性较大的，可以认定该事实存在。

第八十七条 审判人员对单一证据可以从下列方面进行审核认定：

（一）证据是否为原件、原物，复制件、复制品与原件、原物是否相符；

（二）证据与本案事实是否相关；

（三）证据的形式、来源是否符合法律规定；

（四）证据的内容是否真实；

（五）证人或者提供证据的人与当事人有无利害关系。

第八十八条 审判人员对案件的全部证据，应当从各证据与案件事实的关联程度、各证据之间的联系等方面进行综合审查判断。

第八十九条 当事人在诉讼过程中认可的证据，人民法院应当予以确认。但法律、司法解释另有规定的除外。

当事人对认可的证据反悔的，参照《最高人民法院关于适用〈中华人民共和国民事诉讼法〉的解释》第二百二十九条的规定处理。

第九十条 下列证据不能单独作为认定案件事实的根据：

（一）当事人的陈述；

（二）无民事行为能力人或者限制民事行为能力人所作的与其年龄、智力状况或者精神健康状况不相当的证言；

（三）与一方当事人或者其代理人有利害关系的证人陈述的证言；

（四）存有疑点的视听资料、电子数据；

（五）无法与原件、原物核对的复制件、复制品。

第九十一条 公文书证的制作者根据文书原件制作的载有部分或者全部内容的副本，与正本具有相同的证明力。

在国家机关存档的文件，其复制件、副本、节录本经档案部门或者制作原本的机关证明其内容与原本一致的，该复制件、副本、节录本具有与原本相同的证明力。

第九十二条　私文书证的真实性，由主张以私文书证证明案件事实的当事人承担举证责任。

私文书证由制作者或者其代理人签名、盖章或捺印的，推定为真实。

私文书证上有删除、涂改、增添或者其他形式瑕疵的，人民法院应当综合案件的具体情况判断其证明力。

第九十三条　人民法院对于电子数据的真实性，应当结合下列因素综合判断：

（一）电子数据的生成、存储、传输所依赖的计算机系统的硬件、软件环境是否完整、可靠；

（二）电子数据的生成、存储、传输所依赖的计算机系统的硬件、软件环境是否处于正常运行状态，或者不处于正常运行状态时对电子数据的生成、存储、传输是否有影响；

（三）电子数据的生成、存储、传输所依赖的计算机系统的硬件、软件环境是否具备有效的防止出错的监测、核查手段；

（四）电子数据是否被完整地保存、传输、提取，保存、传输、提取的方法是否可靠；

（五）电子数据是否在正常的往来活动中形成和存储；

（六）保存、传输、提取电子数据的主体是否适当；

（七）影响电子数据完整性和可靠性的其他因素。

人民法院认为有必要的，可以通过鉴定或者勘验等方法，审查判断电子数据的真实性。

第九十四条　电子数据存在下列情形的，人民法院可以确认其真实性，但有足以反驳的相反证据的除外：

（一）由当事人提交或者保管的于己不利的电子数据；

（二）由记录和保存电子数据的中立第三方平台提供或者确认的；

（三）在正常业务活动中形成的；

（四）以档案管理方式保管的；

（五）以当事人约定的方式保存、传输、提取的。

电子数据的内容经公证机关公证的，人民法院应当确认其真实性，但有相反证据足以推翻的除外。

第九十五条 一方当事人控制证据无正当理由拒不提交，对待证事实负有举证责任的当事人主张该证据的内容不利于控制人的，人民法院可以认定该主张成立。

第九十六条 人民法院认定证人证言，可以通过对证人的智力状况、品德、知识、经验、法律意识和专业技能等的综合分析作出判断。

第九十七条 人民法院应当在裁判文书中阐明证据是否采纳的理由。

对当事人无争议的证据，是否采纳的理由可以不在裁判文书中表述。

六、其他

第九十八条 对证人、鉴定人、勘验人的合法权益依法予以保护。

当事人或者其他诉讼参与人伪造、毁灭证据，提供虚假证据，阻止证人作证，指使、贿买、胁迫他人作伪证，或者对证人、鉴定人、勘验人打击报复的，依照民事诉讼法第一百一十条、第一百一十一条的规定进行处罚。

第九十九条 本规定对证据保全没有规定的，参照适用法律、司法解释关于财产保全的规定。

除法律、司法解释另有规定外，对当事人、鉴定人、有专门知识的人的询问参照适用本规定中关于询问证人的规定；关于书证的规定适用于视听资料、电子数据；存储在电子计算机等电子介质中的视听资料，适用电子数据的规定。

第一百条 本规定自2020年5月1日起施行。

本规定公布施行后，最高人民法院以前发布的司法解释与本规定不一致的，不再适用。

【导读及适用要点】

2019年12月25日公布的《最高人民法院关于修改〈关于民事诉讼证据的若干规定〉的决定》(以下简称《民事诉讼证据修改决定》)，是2001年《最高人民法院关于民事诉讼证据的若干规定》(以下简称《民事诉讼证据规定》）公布施行十八年来首次、全面修改。《民事诉讼证据修改决定》以2017年《民事诉讼法》为根据，在2015年《最高人民法院关于适用〈中华人民共和国民事诉讼法〉的解释》（以下简称《民事诉讼法解释》）的基础上，结合民事审判实践，对2001年《民事诉讼证据规定》施行以来有关民事诉讼证据的司法解释、司法文件进行了全面梳理，对审判实践中积累的经验进行了全面总结，对实践中暴露出的问题进行了有针对性的回应。《民事诉讼证据修改决定》既是对《民事诉讼证据规定》的修改，也是对《民事诉讼法解释》的完善、补充，是对《民事诉讼法》有关证据制度的规定在审判实践中如何适用的进一步解释，对于民事审判实践意义重大，影响深远。

由于修改后重新发布的《民事诉讼证据规定》保留的原有条文仅11条，其余89条为修改或新增加的条文，为便于审判实践中理解和适用新的司法解释内容，我们对其中的重点问题进行梳理和概要性阐释，以供参考。

一、关于自认规则

民事诉讼中，当事人主张于己有利的事实的，应当提供证据证明，这是“谁主张，谁举证”的应有之义；而当事人主张于己不利事实，构成自认，具有免除对方当事人举证责任的效力。自认不是证据，而是举证责任的例外情形，是当事人行使处分权的结果，也是人民法院认定案件事实的方法，对于保障当事人的诉讼权利、节约诉讼成本具有重要意义。

2001年《民事诉讼证据规定》第八条对自认作出规定，2015年《民事诉讼法解释》第九十二条规定了自认的基本内容及其除外情形。《民事诉讼证据修改决定》在《民事诉讼法解释》第九十二条基础上，对于2001年《民事诉讼证据规定》第八条进行了修改和补充，主要体现在以下几个方面。

1．修改了委托诉讼代理人自认规则。2001年《民事诉讼证据规定》将委托诉讼代理人自认按照授权范围不同区分了不同后果，未经特别授权的委托诉讼代理人对事实的承认直接导致承认对方诉讼请求的，不构成自认。审判实践中，当事人不出庭而由委托诉讼代理人出庭的情况非常普遍，一些当事人、委托诉讼代理人利用前述规定，出尔反尔、随意否认代理人在法庭上陈述的行为时有发生，严重干扰诉讼秩序，损害对方当事人合法权益。事实上，民事诉讼法对于委托诉讼代理人特别授权的规定，针对的是诉讼代理人对诉讼请求的处分，而自认是对事实的承认，其本身与诉讼请求并不直接相关；审判实践中，“对事实的承认直接导致承认对方诉讼请求”的情形发生在对事实和诉讼请求概况承认的场合，这种情况下可以直接认定为对诉讼请求的认可，没有区分对事实承认和对诉讼请求认可的必要。因此，《民事诉讼证据修改决定》规定，除授权委托书明确排除的事项外，诉讼代理人的自认视为当事人的自认。

2. 增加了共同诉讼人自认的规定。2001 年《民事诉讼证据规定》没有规定共同诉讼人的自认，由于共同诉讼属于实践中常见的诉讼形态，《民事诉讼证据修改决定》增加规定了共同诉讼人自认的规则。由于普通共同诉讼中共同诉讼人相互之间具有独立性，一人或数人的自认仅对作出自认的当事人发生效力。而必要共同诉讼因共同诉讼人对诉讼标的须“合一确定”，故只有全体共同诉讼人共同作出的自认，才能发生自认的效力，部分共同诉讼人作出自认而其他共同诉讼人否认的，不能发生自认的效力。同时，为防止部分必要共同诉讼人以消极态度妨碍诉讼进行，对于于己不利的事实消极应对的必要共同诉讼人，可以适用拟制自认规则。

3. 增加了限制自认或附条件自认的规定。自认，一般指完全自认，即自认并不附加条件或限制。限制自认或附条件自认是与完全自认相对的情形，是指一方对于对方当事人所主张的于己不利事实承认其中一部分而否认其他部分，或者在自认时附加独立的攻击或防御方法。限制自认或附条件自认在 2001 年《民事诉讼证据规定》中没有涉及，但审判实践中这种情形大量存在，不同法院、不同审判人员对限制自认或附条件自认的认识不统一，影响事实认定和法律适用的效果，有作出规定的必要。《民事诉讼证据修改决定》规定由法官根据案件具体情况“审酌情形”判断是否构成自认。申言之，对于单纯的承认部分事实而否认其他事实的情形，即不附加条件的部分自认，应当认定承认部分事实的行为构成自认，否认的部分不构成自认。对于附加条件的自认，则应当考查所附加的条件与承认的事实是否不可分割。如果当事人承认对方当事人陈述的不利于己事实的同时，又附加了独立的攻击或防御方法以否定对方当事人的主张，则应当将承认事实与附加事实作为一个整体加以考察。若将两个事实割裂开，截取对当事人不利的部分认定为自认，因该部分自认并不能反映当事人全部意思表示，很可能由于断章取义而导致不公平的结果。如果一方当事人承认对方当事人陈述的不利于己事实的同时，又以与对方当事人主张的事实不具有法律上关联性的另一事实进行独立的攻击或防御，由于两项事实分别表达各自独立的内容，具有可分割性，当事人对于己不利事实的承认构成自认。

4．修改了撤销自认的条件。根据2001年《民事诉讼证据规定》，当事人在法庭辩论终结前存在两种情形下可以撤销自认：其一，经对方当事人同意；其二，有充分证据证明其承认行为是在受胁迫或者重大误解情况下作出且与事实不符。这一规定，特别是第二种情形的规定对于撤销自认设定了比较严格的条件。事实上，如果自认的内容与事实不符，无论当事人作出自认是否基于受胁迫或者重大误解，均不发生自认的效力。因此，《民事诉讼证据修改决定》对2001年《民事诉讼证据规定》第八条关于撤销自认的规定进行重新整理，对第二种情形进行修改，不再要求作出自认的当事人证明自认内容与事实不符，只要自认是在受胁迫或者重大误解下作出的，即可以撤销自认，实质上放宽了撤销自认的条件。

二、关于免证事实

《民事诉讼法解释》第九十三条对2001年《民事诉讼证据规定》第九条免证事实的规定作了修改，《民事诉讼证据修改决定》对《民事诉讼法解释》第九十三条的内容作了进一步修改和完善，主要体现在两个方面。

1．对于“已为仲裁机构的生效裁决所确认的事实”的反证标准进行修改。关于仲裁机构的生效裁决所确认的事实能否作为免证事实问题，在修改《民事诉讼证据规定》过程中存在很大争议。反对将其作为免证事实的观点认为，第一，人民法院的裁判受仲裁庭认定的事实约束，没有理论依据，也违背自由心证原则；第二，仲裁庭对事实认定并不需要遵循严格的证据规则，在认定事实上有很大的自由和空间，其事实认定可靠性不足；第三，仲裁庭对事实的认定不受法院生效裁判拘束，人民法院裁判反受仲裁庭约束，逻辑上不成立；第四，审判实践中，当事人利用仲裁程序确认事实后，再进行关联诉讼，给人民法院的审判活动带来很大困扰。因此，仲裁机构生效裁决所确认的事实不宜作为免证事实保留。支持其作为免证事实的观点认为，第一，仲裁作为当事人协议选择的争议解决方式，对于及时解决纠纷，减少诉讼案件具有积极意义；第二，将仲裁裁决确认的事实从免证事实中删除，不利于仲裁的发展，与国家积极倡导的大力支持仲裁发展的政策相悖。我们对这两种意见进行折中，在保留生效仲裁裁决作为免证事实的同时，降低其反证的标准。我们认为，由于仲裁机构并非具有社会管理职能的组织，仲裁裁决本身不属于公文书证，因此对于仲裁裁决的反证不需要按照公文书证的标准，达到有相反证据足以推翻的程度，而应当按照私文书证的反证标准，以有“相反证据足以反驳”作为其反证标准。

2. 将“已为人民法院发生法律效力的裁判所确认的事实”限缩为“基本事实”。在修改《民事诉讼证据规定》过程中，有学者提出，“已为人民法院发生法律效力的裁判所确认的事实”免除当事人举证责任的规定违反自由心证原则，应删除。我们经研究认为，“已为人民法院发生法律效力的裁判所确认的事实”免除当事人举证责任的规定，与自由心证原则确实存在一定矛盾。但由于生效裁判所确认的事实与裁判结果存在密切关系，如果在免证事实中删除此项规定，在我国现阶段尚未建立既判力规则的情况下，容易产生裁判效力的冲突，且对事实认定不一致所导致的相关联裁判结果不一致，不易被社会公众所接受，故现阶段仍然有保留该项规定的必要。考虑到已生效裁判所审理认定的基本事实系人民法院经过审理重点查明的事实，本身已经过严格的质证与审查程序，故对该项免证事实的范围缩限为“已为人民法院发生法律效力的裁判所确认的基本事实”。

三、关于域外证据

《民事诉讼证据修改决定》对2001年《民事诉讼证据规定》第十一条关于域外形成的证据的规定作了较大修改，对区分证据的不同性质规定了不同的要求，限缩了需要经所在国公证机关证明以及我国驻该国使领馆认证的范围。根据《民事诉讼证据修改决定》，域外形成的证据是公文书证的，须经所在国公证机关证明；而域外形成的涉及身份关系的证据，须经所在国公证机关证明并经我国驻该国使领馆认证；对于其他情形的证据，不作公证、认证手续上的要求。上述修改主要基于如下考虑：第一，普通的民事法律关系的证据，一般仅涉及当事人之间的权利义务，其真实性通过质证检验即可，一概要求经所在国公证机关证明或者经我国驻该国使领馆认证，没有必要，也增加当事人的诉讼成本和我国驻外使领馆的工作负担；第二，由于公文书证适用推定真实的规则，而对于域外形成的公文书证是否真实，人民法院无法采取依职权查询等针对一般公文书证的方法检验，因此，由所在国公证机关证明是必要的；第三，由于身份关系的事实涉及社会基本伦理价值和秩序，对域外形成的证据应当有更为严格的要求，涉及身份关系的证据按照《民事诉讼法》第二百六十四条[①]涉外授权委托书的要求，由所在国公证机关证明并经我国驻该国使领馆认证的有其必要性与合理性。

四、关于书证提出命令

书证提出命令在《民事诉讼法》上没有规定，是《民事诉讼法解释》创设的制度，是最高人民法院为提高当事人举证能力、扩展当事人收集证据手段所采取的重要措施。在对2001年《民事诉讼证据规定》施行情况进行调研的过程中，我们发现，由于立法上对当事人调查收集证据的权利保障不够充分，而法律规定的律师调查权亦未得到充分落实，致使当事人调查收集证据的手段十分有限，由此导致当事人的举证能力不足，特别在证据偏在场合更显得十分突出。这种情况严重影响事实查明的准确性，影响当事人诉讼权利的保障和实体权利的实现，是民事诉讼实践中十分突出、亟待解决的问题。为此，《民事诉讼证据修改决定》在《民事诉讼法解释》第一百一十二条对书证提出命令作出原则性规定的基础上，作出了进一步完善。

1. 申请书证提出命令的条件。《民事诉讼证据修改决定》第四十七条通过对申请书内容的规定，明确了对待证事实负有举证责任的当事人向人民法院申请控制书证的对方当事人提出书证的条件，包括：第一，作为提出对象的书证应当特定化，即申请人应当明确需要对方当事人提出的书证名称或标题或者主要内容；第二，应当明确需要以对象书证证明的事实以及事实的重要性，即在对象书证对要证事实的证明有积极作用，且要证事实本身对于裁判有重要意义的情况下，人民法院才有作出书证提出命令的必要；第三，应当证明书证存在且对方当事人控制对象书证的事实；第四，控制书证的对方当事人提出书证的法定原因或者理由，即《民事诉讼证据修改决定》第四十

① 对应《民事诉讼法》（2023年修正）第二百七十五条。

九条所规定的控制书证的当事人的书证提出义务。

2. 控制书证的当事人的书证提出义务范围，即书证提出命令客体范围，包括：第一，控制书证的当事人在诉讼中曾经引用过的书证，控制书证的当事人在诉讼中引用过书证，意味着其愿意将该书证公开，负有举证责任的当事人有权要求控制人提交该书证；第二，为对方当事人的利益制作的书证，此处的利益不仅指负有举证责任的当事人的利益，也包括负有举证责任的当事人与其他人拥有共同利益的情形，即只要包括负有举证责任的当事人的利益即可；第三，对方当事人依照法律规定有权查阅、获取的书证，这种权利文书作为书证提出义务的范围，源于实体法上的理由，其既可以基于实体法的规定，如《公司法》关于股东知情权的规定作出判断，也可以基于实体法上的请求权而发生，如委托人要求受托人交付其保管的文书；第四，账簿、记账原始凭证，这些财务资料在正常的经济往来中，能够比较准确地反映出交易的主要过程，或者能够从中推定交易情况，具有较强的证明作用；第五，人民法院认为应当提交书证的其他情形，属于兜底性条款，由人民法院在案件审理中根据具体情况审酌确定。需要注意的是，虽然《民事诉讼证据修改决定》规定了书证提出义务范围的兜底性条款，但这种兜底性条款与大陆法系国家和地区书证提出义务一般化不能等同，其目的在于为人民法院在审判实践中逐步探索前四项之外的书证提出义务范围预留空间。在适用中，人民法院应当充分考虑当事人举证责任的贯彻，并可以结合负有举证责任的当事人是否处于事件发生或者证据形成过程之外、是否确实存在不能获得有关证据的情形，以及对方当事人是否能够较为容易获取证据等因素，根据诚信原则和公平原则进行综合判断。

3. 不遵守书证提出命令的后果。不遵守书证提出命令，适用证明妨害法理，确定行为的法律后果。对于不遵守书证提出命令的一般情形，人民法院可以认定书证提出命令的申请人所主张的书证内容为真实，通过这种间接强制的方法，对书证控制人课以诉讼法上的后果，以促使其尽可能提出书证。对于恶意损毁书证或者实施其他使书证不能使用行为的情形，由于其行为本身已经构成妨碍民事诉讼，在处以罚款、拘留等强制措施的同时，在证据法上也应令其承担更为严重的后果，人民法院可以认定对方当事人主张以该书证证明的事实为真实。

五、关于鉴定

鉴定是民事诉讼涉及专业性问题时查明事实的重要手段，鉴定意见也是民事诉讼中十分重要的证据形式，在民事诉讼中具有重要地位。但审判实践中，鉴定存在的问题比较突出。审判人员对鉴定程序参与不充分，人民法院对鉴定人参与诉讼缺乏有效管理和监督等情形一定范围内普遍存在。这些都是民事诉讼中亟待解决的问题。《民事诉讼证据修改决定》主要从以下几个方面对 2001 年《民事诉讼证据规定》的有关内容进行完善和补充。

1．加强审判人员对鉴定程序的参与。审判实践中，一些审判人员对当事人鉴定申请缺乏必要审查，放任申请、“不鉴不审”；一些法院委托鉴定事项不明确、不具体，委托鉴定之后不闻不问、不监督鉴定过程和期限，导致鉴定程序冗长、鉴定意见缺乏针对性。《民事诉讼证据修改决定》针对这些问题，加强了审判人员对鉴定程序的参与和管理。第一，在第三十二条中规定了人民法院对鉴定的释明和当事人申请期间的要求，促使当事人及时、适当地提出鉴定申请。第二，根据第三十四条第三款规定，鉴定事项、鉴定范围、鉴定目的和鉴定期限属于委托书必要记载事项，而这四项内容一般需要在与鉴定人充分沟通的基础上才能明确。关于委托书记载内容的规定，可促进审判人员积极参与鉴定过程。

2．加强对鉴定人的诉讼管理。对鉴定人的行政管理，归属于行政主管部门或者行业组织，但对鉴定人参与民事诉讼的活动进行管理，则是人民法院的职权。针对审判实践中鉴定人参与诉讼活动不规范的情况，《民事诉讼证据修改决定》从以下几个方面加强对鉴定人的诉讼管理：第一，规定了鉴定人承诺制度及故意作虚假鉴定的处罚，要求鉴定人在从事鉴定活动之前，应当签署承诺书，保证客观、公正、诚信地进行鉴定等，增加其内心的约束，促使其谨慎、勤勉履行职责；鉴定人违背承诺，故意作虚假鉴定的，除应当退还鉴定费用外，由于其行为构成妨碍民事诉讼，人民法院应当依照《民事诉讼法》第一百一十一条规定对其进行处罚。第二，规定了鉴定人如期提交鉴定书的义务，未按期提交且无正当理由的，当事人可以重新申请鉴定，原鉴定人收取的鉴定费用退还。第三，对鉴定人在人民法院采信鉴定意见后擅自撤销的行为规定了处罚措施，对于鉴定人无正当理由撤销鉴定意见的，不仅应当退还鉴定费用，人民法院应当对这种妨碍民事诉讼的行为予以处罚，并支持当事人关于鉴定人负担合理费用的主张。

六、关于电子数据

《民事诉讼证据修改决定》在2015年《民事诉讼法解释》第一百一十六条关于电子数据含义的原则性规定基础上，进一步明确了电子数据的范围以及审查判断规则。

1. 明确电子数据的范围。为增强电子数据在审判实践中的操作性，《民事诉讼证据修改决定》根据电子数据的表现形式和特点进行归类整理。为了实现有效分析，技术上通常将电子数据的内容分为以下四类：一是内容数据，指与案件有关的文档、图片、图像等电子数据；二是衍生数据，指对内容数据进行操作时，计算机自动生成的有关操作行为的数据；三是环境数据，指数据的生成、增加、删除、修改、传输所依赖的软硬件环境；四是通信数据，是指在利用网络传输数据时生成的关于通信信息的数据。在此基础上，我们征求了网络、电子计算机专业人士的意见，将电子数据的范围确定为：网络平台发布的信息，网络应用服务的通信信息，注册信息、交易记录等痕迹信息以及文档、音频、视频等电子文件，同时规定了“其他以数字化形式存储、处理、传输的能够证明案件事实的信息”的兜底性条款，为当事人区分搜集相关证据提供了指引的线索。

2. 明确电子数据审查判断规则。第一，电子数据的完整性、可靠性需要遵循无损性原则、专业性原则和完整性原则，因此人民法院对于电子数据的真实性，应当结合电子数据的生成、存储、传输所依赖的计算机系统的硬件、软件环境是否完整、可靠，是否处于正常运行状态，如处于非正常状态下的影响程度，是否具备有效地防止出错的监测、核查手段，是否被完整地保存、传输、提取，相关收集的方法是否可靠，相关收集的主体是否适当等因素综合判断。在有必要时，可以通过鉴定、勘验的方法，辅助法官形成心证。第二，明确了电子数据推定真实的规则。通过对审判实践中电子数据的真实性、可靠性程度较高情形进行总结，结合电子数据形成、保存、传输、提取的一般方式，我们认为，以下电子数据，除有足以反驳的相反证据外，人民法院可以推定其为真实：（1）由当事人提交和保管的于己不利的电子数据；（2）由记录和保存电子数据的中立第三方平台提供或者确认的电子数据；（3）在正常业务活动中形成的电子数据；（4）以档案管理方式保管的电子数据；（5）以当事人约定的方式保存、传输、提取的电子数据。

七、关于当事人的陈述

为更好地发挥当事人的陈述作为独立的证据形式在民事诉讼中的事实证明作用，《民事诉讼证据修改决定》在《民事诉讼法解释》的基础上，对当事人的陈述进行了完善和补充。

1. 明确当事人的真实陈述义务。当事人既是案件所涉事实的亲历者，同时亦是案件的直接利害关系人。这决定了当事人陈述一方面更能反映案件事实，另一方面也具有主观性和不稳定性的特点。为了使当事人的陈述能够更好地发挥事实证明作用，《民事诉讼证据修改决定》从《民事诉讼法》第十三条[①]诚信原则的规定出发，明确规定了当事人“应当就案件事实作真实、完整的陈述”，以及当事人故意作虚假陈述的处罚，以促使当事人谨慎、诚实地陈述事实情况。

2. 完善了人民法院询问时当事人具结的方式。《民事诉讼法解释》第一百一十条对人民法院询问时当事人应当签署保证书作出规定。通过对《民事诉讼法解释》施行情况的调研，我们发现仅签署保证书这种具结方式并不能使当事人产生足够的内心威慑。审判实践经验表明，当事人、证人以大声朗读的方式宣读保证书的内容，能够更好地起到具结效果。为此，《民事诉讼证据修改决定》规定，人民法院在询问时，当事人不仅应当签署保证书，还应当宣读保证书的内容，由此构成完整的具结；当事人拒绝具结，或者拒绝完整具结的，如待证事实无其他证据证明的，人民法院应当作出不利于该当事人的认定。

八、关于防止裁判突袭的释明

民事审判实践中，当事人主张的法律关系的性质或者民事行为的效力与人民法院认定不一致的情况经常发生。传统上，人民法院对于这种情况，或

① 对应《民事诉讼法》(2023 年修正）第十三条。

者驳回当事人的诉讼请求，或者根据自己的认识进行审理、作出实体裁判。但无论哪种处理方式，都存在当事人诉讼权利保障不充分、发生裁判突袭的风险，而第二种处理方式也可能导致人民法院的审理与裁判超出当事人的诉讼请求、违反辩论主义原则。因此，2001 年《民事诉讼证据规定》第三十五条规定，这种情况下，“人民法院应当告知当事人可以变更诉讼请求”。这种释明的规定对于保障当事人的诉讼权利，防止裁判突袭，节约诉讼成本具有积极意义。但在适用过程中，关于法律关系的性质或者民事行为的效力的释明方式、释明程度如何把握，存在较大分歧，特别是上下级法院对法律关系性质或者民事行为效力问题存在不同认识时，往往会使下级法院的审判人员处于无所适从的境地。

在修改《民事诉讼证据规定》的过程中，我们对此问题进行了认真研究。我们认为，对法律关系性质或者民事行为效力问题进行释明，对于保障当事人诉讼权利，防止裁判突袭，规范人民法院的审理活动，十分必要，应当坚持。但从释明的目的出发，可以对释明的方式进行调整。因此，《民事诉讼证据修改决定》规定，当事人主张的法律关系性质或者民事行为效力与人民法院根据案件事实作出的认定不一致的，人民法院应当将该问题作为焦点问题进行审理，即通过审理焦点问题的方式，使当事人对法律关系性质或者民事行为效力问题有充分发表意见、进行辩论的机会，以此种方式实现释明目的。在归纳焦点问题时，对于当事人未主张的法律关系性质或者民事行为效力的观点，也需要进行适当提示，以促使当事人对法律关系性质或者民事行为效力问题能够充分、完整、全面地发表意见。当然，如果法律关系性质对裁判理由及结果没有影响，或者人民法院需要释明的内容本身即为争议焦点、已经当事人充分辩论的，人民法院可以不再进行释明。

九、关于新的证据

2001 年《民事诉讼证据规定》对于逾期提供证据后果的规定，以证据失权为原则，新的证据不属于逾期提供证据的情形，即只有符合新的证据条件的，才不发生证据失权的后果。因此，对于新的证据的内涵、外延作出明确规定，十分必要。这也是 2001 年《民事诉讼证据规定》在第四十一条至第四十四条对新的证据的范围、判断标准及后果等作出详细规定的原因。

2012年《民事诉讼法》在总结2001年《民事诉讼证据规定》有关举证时限规定施行情况的基础上，在第六十五条确立的举证时限制度，采取了区分逾期提供证据的不同情况对应不同后果的处理方式。即2012年《民事诉讼法》对于逾期提供证据，并未以证据失权作为一般原则，而是针对逾期提供证据的理由是否成立，对应训诫、罚款直至不予采纳的后果。由于2012年《民事诉讼法》实质上改变了以证据失权作为逾期提供证据后果的一般原则的立场，在此前提下，2001年《民事诉讼证据规定》中有关新的证据的规定，没有存在的价值和必要。因此，《民事诉讼证据修改决定》删除了2001年《民事诉讼证据规定》中有关新的证据的内容。民事审判实践中，除法律、司法解释有特别规定外，新的证据不再具有特别的含义，未在以前的诉讼过程中出现过的证据，原则上都属于新的证据。

十、关于举证责任

《民事诉讼证据修改决定》的一个基本思路是，对于2015年《民事诉讼法解释》已经作出规定的内容，除确有必要的外，不再重复规定。因此，修改后的《民事诉讼证据规定》与修改前相比，删除了一些在《民事诉讼法解释》中已经作出规定的内容。其中比较重要的是关于举证责任的规定。

2001年《民事诉讼证据规定》第二条、第四条、第五条、第六条、第七条都是关于举证责任及分配规则的规定。这些规定中，第二条的内容已经被《民事诉讼法解释》第九十条吸收；第四条关于举证责任倒置的规定、第五条、第六条关于合同纠纷和劳动争议案件举证责任分配的规定，均能够通过适用《民事诉讼法解释》第九十一条关于举证责任分配规则的规定解决，没有重复规定的必要。2001年《民事诉讼证据规定》第七条是关于法官分配举证责任的规定，《民事诉讼证据修改决定》没有保留，主要考虑：举证责任分配具有法定性，实体法律规范本身包含了法律对举证责任分配的内容，原则上举证责任由法律分配而非由法官分配，只有在极为特殊的情况下，按照法律分配的举证责任会导致明显不公平的结果时，才允许法官根据诚信原则、公平原则等因素分配举证责任。这也是2001年《民事诉讼证据规定》第七条的本意。但在对2001年《民事诉讼证据规定》实施情况的调研中，我们发现审判实践中随意适用第七条的情况比较普遍，仅应在极为特殊情形下适用的法官分配举证责任的规定存在滥用的风险。为此，《民事诉讼证据修改决定》不再保留该条内容。实践中如果出现按照实体法律规定确定举证责任分配可能导致明显不公平情形的，由于涉及《民事诉讼法解释》第九十一条适用问题，可以通过向最高人民法院请示、由最高人民法院批复的方式解决，而不能在个案中随意变更法律所确定的举证责任分配规则。

（撰稿人：刘　敏　宋春雨　潘华明）

最高人民法院
关于生态环境侵权民事诉讼证据的若干规定

法释〔2023〕6号

（2023年4月17日最高人民法院审判委员会第1885次会议通过
2023年8月14日最高人民法院公告公布　自2023年9月1日起施行）

为保证人民法院正确认定案件事实，公正、及时审理生态环境侵权责任纠纷案件，保障和便利当事人依法行使诉讼权利，保护生态环境，根据《中华人民共和国民法典》《中华人民共和国民事诉讼法》《中华人民共和国环境保护法》等有关法律规定，结合生态环境侵权民事案件审判经验和实际情况，制定本规定。

第一条　人民法院审理环境污染责任纠纷案件、生态破坏责任纠纷案件和生态环境保护民事公益诉讼案件，适用本规定。

生态环境保护民事公益诉讼案件，包括环境污染民事公益诉讼案件、生态破坏民事公益诉讼案件和生态环境损害赔偿诉讼案件。

第二条　环境污染责任纠纷案件、生态破坏责任纠纷案件的原告应当就以下事实承担举证责任：

（一）被告实施了污染环境或者破坏生态的行为；

（二）原告人身、财产受到损害或者有遭受损害的危险。

第三条　生态环境保护民事公益诉讼案件的原告应当就以下事实承担举

证责任：

（一）被告实施了污染环境或者破坏生态的行为，且该行为违反国家规定；

（二）生态环境受到损害或者有遭受损害的重大风险。

第四条　原告请求被告就其污染环境、破坏生态行为支付人身、财产损害赔偿费用，或者支付民法典第一千二百三十五条规定的损失、费用的，应当就其主张的损失、费用的数额承担举证责任。

第五条　原告起诉请求被告承担环境污染、生态破坏责任的，应当提供被告行为与损害之间具有关联性的证据。

人民法院应当根据当事人提交的证据，结合污染环境、破坏生态的行为方式、污染物的性质、环境介质的类型、生态因素的特征、时间顺序、空间距离等因素，综合判断被告行为与损害之间的关联性是否成立。

第六条　被告应当就其行为与损害之间不存在因果关系承担举证责任。

被告主张不承担责任或者减轻责任的，应当就法律规定的不承担责任或者减轻责任的情形承担举证责任。

第七条　被告证明其排放的污染物、释放的生态因素、产生的生态影响未到达损害发生地，或者其行为在损害发生后才实施且未加重损害后果，或者存在其行为不可能导致损害发生的其他情形的，人民法院应当认定被告行为与损害之间不存在因果关系。

第八条　对于发生法律效力的刑事裁判、行政裁判因未达到证明标准未予认定的事实，在因同一污染环境、破坏生态行为提起的生态环境侵权民事诉讼中，人民法院根据有关事实和证据确信待证事实的存在具有高度可能性的，应当认定该事实存在。

第九条　对于人民法院在生态环境保护民事公益诉讼生效裁判中确认的基本事实，当事人在因同一污染环境、破坏生态行为提起的人身、财产损害赔偿诉讼中无需举证证明，但有相反证据足以推翻的除外。

第十条　对于可能损害国家利益、社会公共利益的事实，双方当事人未主张或者无争议，人民法院认为可能影响裁判结果的，可以责令当事人提供有关证据。

前款规定的证据，当事人申请人民法院调查收集，符合《最高人民法院关于适用〈中华人民共和国民事诉讼法〉的解释》第九十四条规定情形的，人民法院应当准许；人民法院认为有必要的，可以依职权调查收集。

第十一条 实行环境资源案件集中管辖的法院，可以委托侵权行为实施地、侵权结果发生地、被告住所地等人民法院调查收集证据。受委托法院应当在收到委托函次日起三十日内完成委托事项，并将调查收集的证据及有关笔录移送委托法院。

受委托法院未能完成委托事项的，应当向委托法院书面告知有关情况及未能完成的原因。

第十二条 当事人或者利害关系人申请保全环境污染、生态破坏相关证据的，人民法院应当结合下列因素进行审查，确定是否采取保全措施：

（一）证据灭失或者以后难以取得的可能性；

（二）证据对证明待证事实有无必要；

（三）申请人自行收集证据是否存在困难；

（四）有必要采取证据保全措施的其他因素。

第十三条 在符合证据保全目的的情况下，人民法院应当选择对证据持有人利益影响最小的保全措施，尽量减少对保全标的物价值的损害和对证据持有人生产、生活的影响。

确需采取查封、扣押等限制保全标的物使用的保全措施的，人民法院应当及时组织当事人对保全的证据进行质证。

第十四条 人民法院调查收集、保全或者勘验涉及环境污染、生态破坏专门性问题的证据，应当遵守相关技术规范。必要时，可以通知鉴定人到场，或者邀请负有环境资源保护监督管理职责的部门派员协助。

第十五条 当事人向人民法院提交证据后申请撤回该证据，或者声明不以该证据证明案件事实的，不影响其他当事人援引该证据证明案件事实以及人民法院对该证据进行审查认定。

当事人放弃使用人民法院依其申请调查收集或者保全的证据的，按照前款规定处理。

第十六条 对于查明环境污染、生态破坏案件事实的专门性问题，人民法院经审查认为有必要的，应当根据当事人的申请或者依职权委托具有相应资格的机构、人员出具鉴定意见。

第十七条　对于法律适用、当事人责任划分等非专门性问题，或者虽然属于专门性问题，但可以通过法庭调查、勘验等其他方式查明的，人民法院不予委托鉴定。

第十八条　鉴定人需要邀请其他机构、人员完成部分鉴定事项的，应当向人民法院提出申请。

人民法院经审查认为确有必要的，在听取双方当事人意见后，可以准许，并告知鉴定人对最终鉴定意见承担法律责任；主要鉴定事项由其他机构、人员实施的，人民法院不予准许。

第十九条　未经人民法院准许，鉴定人邀请其他机构、人员完成部分鉴定事项的，鉴定意见不得作为认定案件事实的根据。

前款情形，当事人申请退还鉴定费用的，人民法院应当在三日内作出裁定，责令鉴定人退还；拒不退还的，由人民法院依法执行。

第二十条　鉴定人提供虚假鉴定意见的，该鉴定意见不得作为认定案件事实的根据。人民法院可以依照民事诉讼法第一百一十四条的规定进行处理。

鉴定事项由其他机构、人员完成，其他机构、人员提供虚假鉴定意见的，按照前款规定处理。

第二十一条　因没有鉴定标准、成熟的鉴定方法、相应资格的鉴定人等原因无法进行鉴定，或者鉴定周期过长、费用过高的，人民法院可以结合案件有关事实、当事人申请的有专门知识的人的意见和其他证据，对涉及专门性问题的事实作出认定。

第二十二条　当事人申请有专门知识的人出庭，就鉴定意见或者污染物认定、损害结果、因果关系、生态环境修复方案、生态环境修复费用、生态环境受到损害至修复完成期间服务功能丧失导致的损失、生态环境功能永久性损害造成的损失等专业问题提出意见的，人民法院可以准许。

对方当事人以有专门知识的人不具备相应资格为由提出异议的，人民法院对该异议不予支持。

第二十三条　当事人就环境污染、生态破坏的专门性问题自行委托有关机构、人员出具的意见，人民法院应当结合本案的其他证据，审查确定能否作为认定案件事实的根据。

对方当事人对该意见有异议的，人民法院应当告知提供意见的当事人可以申请出具意见的机构或者人员出庭陈述意见；未出庭的，该意见不得作为认定案件事实的根据。

第二十四条 负有环境资源保护监督管理职责的部门在其职权范围内制作的处罚决定等文书所记载的事项推定为真实，但有相反证据足以推翻的除外。

人民法院认为有必要的，可以依职权对上述文书的真实性进行调查核实。

第二十五条 负有环境资源保护监督管理职责的部门及其所属或者委托的监测机构在行政执法过程中收集的监测数据、形成的事件调查报告、检验检测报告、评估报告等材料，以及公安机关单独或者会同负有环境资源保护监督管理职责的部门提取样品进行检测获取的数据，经当事人质证，可以作为认定案件事实的根据。

第二十六条 对于证明环境污染、生态破坏案件事实有重要意义的书面文件、数据信息或者录音、录像等证据在对方当事人控制之下的，承担举证责任的当事人可以根据《最高人民法院关于适用〈中华人民共和国民事诉讼法〉的解释》第一百一十二条的规定，书面申请人民法院责令对方当事人提交。

第二十七条 承担举证责任的当事人申请人民法院责令对方当事人提交证据的，应当提供有关证据的名称、主要内容、制作人、制作时间或者其他可以将有关证据特定化的信息。根据申请人提供的信息不能使证据特定化的，人民法院不予准许。

人民法院应当结合申请人是否参与证据形成过程、是否接触过该证据等因素，综合判断其提供的信息是否达到证据特定化的要求。

第二十八条 承担举证责任的当事人申请人民法院责令对方当事人提交证据的，应当提出证据由对方当事人控制的依据。对方当事人否认控制有关证据的，人民法院应当根据法律规定、当事人约定、交易习惯等因素，结合案件的事实、证据作出判断。

有关证据虽未由对方当事人直接持有，但在其控制范围之内，其获取不存在客观障碍的，人民法院应当认定有关证据由其控制。

第二十九条 法律、法规、规章规定当事人应当披露或者持有的关于其排放的主要污染物名称、排放方式、排放浓度和总量、超标排放情况、防治污染设施的建设和运行情况、生态环境开发利用情况、生态环境违法信息等环境信息，属于《最高人民法院关于民事诉讼证据的若干规定》第四十七条第一款第三项规定的“对方当事人依照法律规定有权查阅、获取的书证”。

第三十条　在环境污染责任纠纷、生态破坏责任纠纷案件中，损害事实成立，但人身、财产损害赔偿数额难以确定的，人民法院可以结合侵权行为对原告造成损害的程度、被告因侵权行为获得的利益以及过错程度等因素，并可以参考负有环境资源保护监督管理职责的部门的意见等，合理确定。

第三十一条　在生态环境保护民事公益诉讼案件中，损害事实成立，但生态环境修复费用、生态环境受到损害至修复完成期间服务功能丧失导致的损失、生态环境功能永久性损害造成的损失等数额难以确定的，人民法院可以根据污染环境、破坏生态的范围和程度等已查明的案件事实，结合生态环境及其要素的稀缺性、生态环境恢复的难易程度、防治污染设备的运行成本、被告因侵权行为获得的利益以及过错程度等因素，并可以参考负有环境资源保护监督管理职责的部门的意见等，合理确定。

第三十二条　本规定未作规定的，适用《最高人民法院关于民事诉讼证据的若干规定》。

第三十三条　人民法院审理人民检察院提起的环境污染民事公益诉讼案件、生态破坏民事公益诉讼案件，参照适用本规定。

第三十四条　本规定自 2023 年 9 月 1 日起施行。

本规定公布施行后，最高人民法院以前发布的司法解释与本规定不一致的，不再适用。

【导读及适用要点】

《最高人民法院关于生态环境侵权民事诉讼证据的若干规定》（以下简称《生态环境侵权民事诉讼证据的规定》）已于 2023 年 4 月 17 日由最高人民法院审判委员会第 1885 次会议通过，自 2023 年 9 月 1 日起施行。

一、关于适用范围

《生态环境侵权民事诉讼证据的规定》第一条采用《最高人民法院关于民事诉讼证据的若干规定》(以下简称《民事诉讼证据规定》的划分标准，明确了《生态环境侵权民事诉讼证据的规定》所规范的生态环境侵权案件的范围，旨在方便人民法院立案、审判，方便当事人诉讼。在《民法典》施行前，通说认为侵权责任属于私益诉讼范畴,《民法典》扩展了侵权责任的范围，将公益诉讼纳入其中。为贯彻实施好《民法典》，最高人民法院2020年修改了《民事案件案由规定》，增加“公益诉讼”二级案由，在该二级案由项下增设“生态环境保护民事公益诉讼”三级案由，并在该三级案由项下增设“环境污染民事公益诉讼”“生态破坏民事公益诉讼”“生态环境损害赔偿诉讼”三个四级案由；同时，在“侵权责任纠纷”二级案由项下增设“生态破坏责任纠纷”三级案由。

基于此,《生态环境侵权民事诉讼证据的规定》第一条明确，人民法院审理环境污染责任纠纷案件、生态破坏责任纠纷案件和生态环境保护民事公益诉讼案件，适用《生态环境侵权民事诉讼证据的规定》；生态环境保护民事公益诉讼案件，包括环境污染民事公益诉讼案件、生态破坏民事公益诉讼案件和生态环境损害赔偿诉讼案件。《民事案件案由规定》关于生态环境侵权案件案由的规定，与生态环境侵权案件包括私益诉讼、公益诉讼和生态环境损害赔偿诉讼三种类型的通常理解存在一定差异，故需要开宗明义予以明确，避免产生理解和适用上的混乱。

二、关于举证责任

举证责任被视为“民事诉讼的脊梁”，在民事证据规则体系中居于基础性地位。通说认为，举证责任分配具有法定性，民事实体法规范已经对举证责任分配作出了规定，法官在举证责任分配问题上是适用实体法的过程，通过对实体法规范的分析发现法律确定的举证责任分配规则，而非创造举证责任分配规则。此即法律要件分类说中的规范说，为《最高人民法院关于适用〈中华人民共和国民事诉讼法〉的解释》(以下简称《民事诉讼法解释》）第九十一条关于举证责任分配规则的规定所采纳。《生态环境侵权民事诉讼证据的规定》亦采此说，严格按照民法典相关规定确定生态环境侵权民事诉讼各方当事人的举证责任。

1．关于原告的举证责任

一般侵权责任的构成要件包括侵权行为、损害后果、行为与损害之间的因果关系及行为人行为时有过错四个方面，原告需要对全部构成要件所涉案件事实举证证明。生态环境侵权作为一种特殊类型侵权，其责任构成要件有所不同，相应要件的举证责任分配也有特殊性。

关于因果关系，《民法典》第一千二百三十条规定，行为人应当对其行为与损害之间不存在因果关系承担举证责任。

关于主观过错，《民法典》第一千二百二十九条规定了无过错责任归责原则，《民法典》第一千二百三十四条、第一千二百三十五条又规定了“违反国家规定”的生态环境保护民事公益诉讼的特殊构成要件。主流观点认为，“违反国家规定”意味着适用过错责任归责原则。据此，《生态环境侵权民事诉讼证据的规定》区分生态环境侵权私益诉讼和生态环境保护民事公益诉讼，对原告的举证责任作出不同规定：环境污染责任纠纷案件、生态破坏责任纠纷案件的原告应当就被告实施了污染环境或者破坏生态的行为，以及原告人身、财产受到损害或者有遭受损害的危险承担举证责任；生态环境保护民事公益诉讼案件的原告应当就被告实施了污染环境或者破坏生态的行为且该行为违反国家规定，以及生态环境受到损害或者有遭受损害的重大风险承担举证责任。需要注意的是，除上述“违反国家规定”的区别外，基于《侵权责任法》的预防性原则，在未发生实际损害情况下，生态环境侵权私益诉讼的原告需要就有遭受损害的危险举证证明，这也与《民法典》第一千一百六十七条规定的消除危险的侵权责任承担方式相对应；生态环境保护民事公益诉讼由于涉及公共利益或者国家利益，需要更高的保护门槛，故原告应当举证证明生态环境有遭受损害的重大风险，且这种风险应当具有现实性和紧迫性。

关于原告请求被告就其污染环境、破坏生态行为支付人身、财产损害赔偿费用，或者支付《民法典》第一千二百三十五条规定的损失、费用，根据“谁主张谁举证”的举证责任分配原则，应当由原告承担举证责任。需要说明的是，由于生态环境侵权的专业性、复杂性，在侵权事实成立而损害赔偿数额或相关损失、费用数额难以确定的情况下，人民法院应当依法酌定，而不能仅以原告未完成举证责任为由不支持其关于损害赔偿或者损失、费用的诉讼请求。关于酌定的考量因素，《生态环境侵权民事诉讼证据的规定》第三十条、第三十一条进行了明确，下文作进一步说明。

关于关联性的证明。虽然生态环境侵权民事诉讼的被告应当就其行为与损害之间不存在因果关系承担举证责任，但并不意味着原告对因果关系不承担任何举证义务。为防止滥诉，提高因果关系认定的准确性，原告应当首先证明污染行为与损害结果之间存在联系，即存在因果关系的可能性，并提交初步证据，这也符合《民事诉讼法》第六十七条第一款"当事人对自己提出的主张，有责任提供证据"的规定。

关于原告对关联性的证明，2015 年《最高人民法院关于审理环境侵权责任纠纷案件适用法律若干问题的解释》①第六条、《最高人民法院关于审理环境民事公益诉讼案件适用法律若干问题的解释》第八条、《最高人民法院关于审理生态环境损害赔偿案件的若干规定（试行）》第六条均作出规定，内涵基本相同，《生态环境侵权民事诉讼证据的规定》第五条第一款在上述条款基础上作出统一规定。需要注意的是，由于因果关系不存在的举证责任由被告承担，故原告承担的这种提供证据的责任是行为意义而非结果意义上的，且只要证明被告行为可能导致损害发生即可，不需要达到高度盖然性的证明标准。审判实践中，判断被告行为与损害之间是否具有关联性是一个难点问题，对此，《生态环境侵权民事诉讼证据的规定》第五条第二款在充分总结审判经验基础上，明确了行为方式、污染物性质、环境介质类型、生态因素特征、时间顺序、空间距离等具体考量因素，为准确判断该问题提供有效指引。

2. 关于被告的举证责任

根据《民法典》第一千二百三十条的规定，生态环境侵权民事诉讼中的被告，应当就两种情形承担举证责任：一是其行为与损害不存在因果关系；二是存在法律规定的不承担责任或者减轻责任的情形。由于生态环境侵权原则上适用无过错责任归责原则，因此因果关系是认定生态环境侵权是否成立的最关键也是最难证明的要件。法律之所以将该要件的举证责任分配给侵权

① 《最高人民法院关于审理环境侵权责任纠纷案件适用法律若干问题的解释》（法释〔2015〕12 号）根据《最高人民法院关于审理生态环境侵权责任纠纷案件适用法律若干问题的解释》（法释〔2023〕5 号）的规定已废止，自 2023 年 9 月 1 日起不再适用。

人，是为了减轻被侵权人的举证负担，为被侵权人提供有效救济。

在调研起草过程中，有观点认为，举证责任应当与举证能力相匹配，与私益侵权诉讼原告相比，提起环境污染、生态破坏民事公益诉讼的检察机关和提起生态环境损害赔偿诉讼的政府部门具有更强的举证能力，不应不加区别地将因果关系要件的举证责任分配给被告。我们经研究认为，司法解释关于举证责任的分配应当严格遵守实体法规定，《民法典》一千二百三十条并未区分生态环境侵权的不同诉讼类型对举证责任作出差别化规定，《生态环境侵权民事诉讼证据的规定》应当予以严格贯彻。

关于减轻、免除责任的法定事由，除了《民法典》侵权责任编第七章的规定外，还涉及侵权责任编"一般规定"、总则编"民事责任"，以及《环境保护法》和各环境保护单行法的相关规定，它们之间存在着一般规定与特别规定的关系，应当注意适用顺位。根据《民法典》第一千一百七十八条"本法和其他法律对不承担责任或者减轻责任的情形另有规定的，依照其规定"，以及特殊规定优先于一般规定的法律适用原则，环境保护单行法规定的减轻、免除责任事由应当优先适用。

3. 关于因果关系的判断

生态环境侵权的因果关系链条比较复杂，多因一果、一因多果、多因多果的情况比较普遍，判断因果关系是否成立是司法实践中的重点和难点。2015年《最高人民法院关于审理环境侵权责任纠纷案件适用法律若干问题的解释》第七条对认定不存在因果关系的情形作出了规定，《生态环境侵权民事诉讼证据的规定》第七条在此基础上增加了与生态破坏相关的因素，明确了以下几种可以认定因果关系不存在的情形。

一是排放的污染物、释放的生态因素、产生的生态影响未到达损害发生地。这是从空间关系角度所作的规定，如果空间上不存在交集，自无发生作用的可能。

二是行为在损害发生后才实施且未加重损害后果。这是从时间先后角度所作的规定。就因果关系而言，因在前而果在后，不存在果在前因在后的可能。当然，如果某行为在损害发生后才实施但加重了损害后果，则该行为与加重的损害后果之间仍然存在因果关系，只有行为在损害发生后才实施且未加重损害后果的，才能彻底排除因果关系。

三是存在该行为不可能导致损害发生的其他情形。这主要是从科学原理、自然规律的角度所作的规定。生态环境侵权可能涉及物理、化学、生物、地质、大气等诸多领域的反应或者变化，如果按照科学原理、自然规律不可能导致损害发生的，人民法院应当认定被告行为与损害之间不存在因果关系。

三、关于证明标准

因同一污染环境、破坏生态行为分别提起刑事、民事、行政诉讼的情况在司法实践中较为普遍，检察机关在提起刑事诉讼时也时常附带提起民事公益诉讼。调研中发现，审判实践中存在生效刑事裁判、行政裁判未予认定的事实，生态环境侵权民事裁判亦不予认定的情况，忽视了三大诉讼证明标准之不同，可能导致对被侵权人或者公共利益保护不足的问题。根据《刑事诉讼法》第五十五条的规定，认定被告有罪的证明标准是排除合理怀疑；根据《民事诉讼法解释》第一百零八条的规定，民事诉讼的一般证明标准是高度可能性；《行政诉讼法》及其司法解释虽未对证明标准作出规定，但一般认为行政诉讼的证明标准介于刑事诉讼与民事诉讼之间，与民事诉讼的证明标准相差不大。基于裁判统一性的要求，刑事裁判、行政裁判、民事裁判对同一事实的认定原则上应当是一致的，但基于不同的证明标准、作出不同的事实认定在一定情况下存在合理性。比如，对于因证据不足、案件事实不清，未达到排除合理怀疑的刑事诉讼证明标准而作出的无罪判决，如果能够达到高度可能性的民事诉讼证明标准，则民事诉讼或者附带民事诉讼应当认定该事实存在。

基于此，《生态环境侵权民事诉讼证据的规定》第八条明确，对于发生法律效力的刑事裁判、行政裁判因未达到证明标准未予认定的事实，在因同一污染环境、破坏生态行为提起的生态环境侵权民事诉讼中，人民法院根据有关事实和证据确信待证事实的存在具有高度可能性的，应当认定该事实存在。

四、关于证据的调查收集和保全

与一般侵权案件相比，生态环境侵权案件在证据调查收集和保全方面存在三方面突出特点：一是公益诉讼案件较多，此类案件需要更好地平衡当事人依法承担举证责任与人民法院依职权调查收集证据的关系；二是集中管辖比较普遍，证据的调查收集和保全往往涉及管辖法院与非管辖法院之间的协调配合；三是侵权事实所涉专门性问题较多，更强调证据调查收集和保全的科学性。

1. 关于公益事实所涉证据的调查收集

我们在调研中发现，在环境污染、生态破坏等民事公益诉讼中，部分社会组织不积极收集、提交证据，而仅以案件涉及国家利益、社会公共利益为由申请法院调查收集，将举证责任转移给人民法院的情况比较普遍，一定程度上影响了审判质效。为解决这一问题，并切实维护国家利益、社会公共利益，《生态环境侵权民事诉讼证据的规定》第十条在《民事诉讼法》第六十七条及相关司法解释规定基础上，将法院调查与法院收集证据作了适当区分，对法院收集证据作出相对严格的程序性限制。

2. 关于集中管辖法院委托调查收集证据

随着环境资源审判机制改革的深入推进，以生态系统或者生态功能区为单位，跨行政区划集中管辖生态环境案件已经成为鲜明特色。为落实好环境资源案件集中管辖制度，强化集中管辖法院与非管辖法院之间的协调配合，提高集中管辖案件审判质效，《生态环境侵权民事诉讼证据的规定》第十一条以《民事诉讼法》第一百三十四条为依据，对集中管辖法院委托侵权行为实施地、侵权结果发生地、被告住所地等法院调查收集证据作出具体规定。

3. 关于证据调查收集和保全的科学性要求

生态环境侵权案件涉及较多的专门性问题，法院认定相关事实往往需要通过勘验、鉴定等手段查明，因此证据获取的科学性尤为重要。《生态环境侵权民事诉讼证据的规定》第十四条在《民事诉讼证据规定》第二十四条基础上，对科学性要求作了进一步扩展和完善，旨在避免证据的法律价值、证据价值被破坏。

五、关于证据共通原则

证据共通原则是证据法上的一项基本原则，其基本含义是指某项证据被提交法院后，提交证据的一方当事人申请撤回该证据的，不影响对方当事人援引该证据证明案件事实。证据共通原则虽然未被《民事诉讼法》及相关司法解释所规定，但在司法实践中被普遍遵循。

《生态环境侵权民事诉讼证据的规定》第十五条立足基本法理和审判实践，对该原则在生态环境侵权司法实践中的具体适用作出较为全面的规定：当事人向人民法院提交证据后申请撤回该证据，或者声明不以该证据证明案件事实的，不影响其他当事人援引该证据证明案件事实以及人民法院对该证据进行审查认定；当事人放弃使用人民法院依其申请调查收集或者保全的证据的，按照《生态环境侵权民事诉讼证据的规定》第十五条第二款规定处理。需要说明的是，当事人申请法院调查收集或者保全的证据，性质上仍然属于该当事人提交的证据，只不过是假法院之职权行为以消除其收集证据的障碍，故应适用相同规则。

对于证据共通原则，大陆法系国家和地区原则上以对方当事人援引该证据证明案件事实为适用前提，即在一方当事人向法院提交证据后又申请撤回的情况下，如果对方当事人不援引该证据或者同意撤回证据的，法官不能主动对该证据进行审核认定。而《生态环境侵权民事诉讼证据的规定》第十五条未作此方面的限制，主要原因有以下两点：一是与德国等大陆法系国家和地区相比，我国当事人收集证据的手段较少、能力较弱，法院查明案件事实的职责较重，如果适用该原则必须以对方当事人援引为前提，可能导致法院认定的事实与客观情况不符，造成诉讼不公；二是证据一旦提交法院，将会对裁判者的心证产生影响，该影响难以因证据被撤回而完全消除。因此，对于一方当事人申请撤回的证据，即使对方当事人不援引，也不影响法官基于查明案件事实的需要对该证据进行审核认定。

六、关于专家证据

在证据法理论上，具有专门知识、技能的人对于待证事实中的专门性问题所提供的意见被称为专家证据。《民事诉讼法》及相关司法解释构建了鉴定意见和专家辅助人出庭陈述意见并存的双层专家证据制度。专家证据制度对于破解生态环境侵权案件事实认定中的“专业壁垒”问题具有非常重要的作用。《生态环境侵权民事诉讼证据的规定》以第十六条至第二十三条共八个条文的体量，对专家证据制度在生态环境侵权案件中的具体适用作出较为系统的规定，所确立的规则对其他民事诉讼案件也有一定参考意义。

1．关于鉴定意见

关于委托鉴定。调研中发现，一些生态环境侵权案件需要委托鉴定的事项涉及的专业领域广、技术知识新，而鉴定人资格认定及鉴定人名册更新又相对滞后，司法实践中存在鉴定人名册中没有相应资格的鉴定机构或者人员，而又需要通过委托鉴定查明案件事实所涉专门性问题的情况。对此，《人民法院对外委托司法鉴定管理规定》第十一条规定，司法鉴定所涉及的专业未纳入名册时，人民法院司法鉴定机构可以从社会相关专业中，择优选定受委托单位或专业人员进行鉴定。《生态环境侵权民事诉讼证据的规定》第十六条以此为基础，旨在明确在鉴定人名册中没有相应资格的机构或者人员的情况下，人民法院可以依法委托其他具有相应资格的机构或者人员进行鉴定。

关于不予委托鉴定情形和鉴定之外认定专门性事实的方法。生态环境侵权案件涉及的专门性问题较多，委托鉴定的案件比例较高，一定程度上存在鉴定过滥、鉴定依赖等问题，对办案质效造成较大影响。为解决这些问题，《生态环境侵权民事诉讼证据的规定》第十七条明确了不予委托鉴定的两种情形：一是非专门性问题不予委托鉴定，旨在使司法鉴定回归辅助法庭解决专门性问题的本质；二是虽然属于专门性问题，但可以通过法庭调查、勘验等其他方式查明的，不予委托鉴定。在很多情况下，鉴定并非查明专门性问题所涉案件事实的唯一方法，也不是最优方法，通过其他事实查明手段可以查明案件事实的，人民法院不应启动鉴定程序，以避免案件久拖不决，给当事人增加不必要的诉讼负担。《生态环境侵权民事诉讼证据的规定》第二十一条明确了鉴定之外认定专门性事实的方法，即因没有鉴定标准、成熟的鉴定方法、相应资格的鉴定人等情况而无法进行鉴定，或者在鉴定周期过长、费用过高等鉴定成本明显超出诉讼目的情况下，人民法院可以结合案件有关事实、当事人申请的有专门知识的人的意见和其他证据，对涉及专门性问题的事实作出认定。

关于鉴定人邀请其他机构、人员完成部分鉴定事项的问题。原则上，鉴定人应当以自己的专业能力、技术条件独立进行鉴定并出具鉴定意见，但是环境损害等司法鉴定可能涉及多种学科，需要多方面专业知识和多种检测设备，实践中存在难以由某一鉴定机构或者人员完成全部鉴定事项的情况，鉴定技术需求综合性与鉴定主体专长分散性之间的矛盾较为突出。解决这一问题，有两条路径：一是将鉴定事项拆分并分别委托鉴定；二是在严格限制前提下允许鉴定机构邀请其他机构、人员完成部分鉴定事项。第一种方式是鉴定制度的题中应有之义，但应当以人民法院能够对鉴定事项进行合理拆分，并且能够综合多份鉴定意见对案件事实作出认定为前提；否则，第二种方式更具可行性，当然，前提是通过严格限定适用条件避免"皮包机构""鉴定中介"等问题的发生。《生态环境侵权民事诉讼证据的规定》针对第二种方式构建了"有限许可、严格限制"的制度安排，并通过三个条文作出规定。《生态环境侵权民事诉讼证据的规定》第十八条对鉴定人邀请其他机构、人员完成部分鉴定事项作出的限制：即仅能针对部分非主要鉴定事项；必须经过人民法院准许；鉴定人对最终鉴定意见负责。《生态环境侵权民事诉讼证据的规定》第十九条进一步规定了未经法院准许的法律后果：一是证据法上的后果，即该鉴定意见不能作为认定案件事实的根据；二是诉讼法上的后果，即鉴定人退还鉴定费用。针对接受邀请的机构、人员提供虚假鉴定意见的情况，《生态环境侵权民事诉讼证据的规定》第二十条明确，该鉴定意见不得作为认定案件事实的根据，人民法院可以依照《民事诉讼法》第一百一十四条的规定进行处理。

关于当事人自行委托有关机构、人员出具专业意见的审查认定规则。当事人自行委托有关机构、人员出具专业意见的情况在生态环境侵权案件中较为普遍，但其并非《民事诉讼法》上的鉴定意见。对于此种意见，《民事诉讼法》及相关司法解释并不禁止，但也未对其审查判断规则作出明确规定。审判实践中，主要存在按照私文书证处理、按照具有专门知识的人的意见处理两种做法，审查判断规则不同，事实认定结果也可能截然相反，确有规范的必要。经深入研究，并参考民事诉讼法学者的意见，我们认为，在现行民事证据制度框架下，参照专家辅助人制度，将此种专业意见视为当事人的书面陈述，是符合其自身特点、较为妥当的做法。其一，当事人自行委托的专业机构与专家辅助人性质相同，均为当事人自行选择的辅助其诉讼的主体，均针对涉及专门性问题的事实查明代表当事人发表意见，将当事人自行提供的专业意见理解为专家辅助人意见符合逻辑。其二，若将当事人自行提供的专业意见按私文书证处理，由于私文书证具有推定真实的效力，在效力层级上高于当事人陈述，会产生当事人自行委托的专家辅助人出庭陈述的意见性质为当事人陈述，而当事人自行委托的专业机构或人员不出庭提交的书面意见为书证的情形，导致逻辑上的矛盾和证据效力体系的不平衡。基于以上分析，《生态环境侵权民事诉讼证据的规定》第二十三条比照专家辅助人制度，对此种专业意见明确了以下审查判断规则：当事人就环境污染、生态破坏的专门性问题自行委托有关机构、人员出具的意见，人民法院应当结合本案的其他证据，审查确定能否作为认定案件事实的根据。对方当事人对该意见有异议的，人民法院应当告知提供意见的当事人可以申请出具意见的机构或者人员出庭陈述意见；未出庭的，该意见不能作为认定案件事实的根据。

2. 关于专家辅助人出庭陈述意见

在生态环境侵权案件中，大量的案件事实涉及专业问题，需要通过专家证据予以查明，而鉴定机构有限、鉴定周期较长、费用较高等问题一定程度上存在，因此，需要更好地发挥专家辅助人制度的作用。《生态环境侵权民事诉讼证据的规定》第二十二条在充分总结司法经验基础上，明确规定当事人可以聘请有专门知识的人对鉴定意见或者污染物认定、损害结果、因果关系、生态环境修复方案、生态环境修复费用、生态环境受到损害至修复完成期间服务功能丧失导致的损失、生态环境功能永久性损害造成的损失等专业问题提出意见。上述专业问题，技术性、专业性强，在生态环境侵权案件中较为常见，而法官囿于知识结构之局限，往往难以凭一己之力对这些问题作出准确判断。在当事人未申请鉴定或者委托专家辅助人的情况下，法庭可以向当事人释明；经释明仍不申请的，人民法院应当依据举证责任制度进行裁判。

需要说明的是，生态环境侵权案件所涉专业问题可能涉及多领域、多学科，故《生态环境侵权民事诉讼证据的规定》并未对一方当事人聘请的专家辅助人总人数作出限制，但按照《民事诉讼法解释》第一百二十二条的规定，当事人申请的某一专业领域的专家辅助人不应超过两人。由于专家辅助人在法庭上就专业问题提出的意见视为当事人的陈述，故对专家辅助人不应有资格方面的限制。如果一方当事人以对方当事人聘请的有专门知识的人不具备相应资格为由提出异议，人民法院对该异议不予支持，此点与鉴定人有本质区别。调研中还发现，司法实践中对专家辅助人存在一定程度的误解甚至误用。根据《民事诉讼法》及相关司法解释，民事诉讼中的专家辅助人具有以下特征：不具有证人身份，并非专家证人；仅具有单一地辅助当事人的功能，只能由当事人聘请，不能由法院依职权委托或者通知其出庭；其意见视为当事人的陈述，不能单独作为认定案件事实的依据。以上特征使其明显区别于英美法系的专家证人，与我国《刑事诉讼法》上的有专门知识的人亦存在一定差异，在理解与适用时应当准确把握。

七、关于书证提出命令

与普通民事案件相比，生态环境侵权案件存在更为突出的证据偏在被告一方、原告举证困难的问题，若机械适用举证责任制度判决原告败诉，可能导致司法不公。书证提出命令是最高人民法院通过司法解释创设的一项证据制度，旨在通过对举证责任分配规则的调整，扩展当事人收集证据的手段，解决“证据偏在”问题，促进实现诉讼实质公平，在生态环境侵权诉讼中大有用武之地。《生态环境侵权民事诉讼证据的规定》在《民事诉讼法解释》《民事诉讼证据规定》基础上，通过第二十六条至第二十九条四个条文，细化规定了书证提出命令制度在生态环境侵权诉讼中的具体适用。

一是对书证提出命令的适用范围作了适当扩展，明确书证提出命令适用于数据信息或者录音、录像等证据，依据是《民事诉讼证据规定》第九十九条第二款“关于书证的规定适用于视听资料、电子数据”的规定。

二是进一步明确了对象书证特定化的判断规则。所谓对象书证特定化，是指书证提出命令所指向的书证应当具体明确，这是书证提出命令的适用前提。《生态环境侵权民事诉讼证据的规定》第二十七条在《民事诉讼证据规定》第四十五条第一款、第四十六条第二款基础上，明确人民法院应当结合申请人是否参与证据形成过程、是否接触过该证据等因素，对书证是否特定化作出判断。

三是明确对方当事人控制书证的判断规则。《生态环境侵权民事诉讼证据的规定》第二十八条在《民事诉讼证据规定》第四十五条基础上，明确“有关证据虽未由对方当事人直接持有，但在其控制范围之内，其获取不存在客观障碍的”，可以认定对方当事人控制书证。

四是明确规定环境信息适用书证提出命令。其中的重点有以下两点：一是对环境信息的内容进行了列举式规定，诸如排放的主要污染物名称、排放方式、排放浓度和总量、超标排放情况、防治污染设施的建设和运行情况、生态环境开发利用情况、生态环境违法信息等均属于环境信息；二是对《民事诉讼证据规定》第四十七条第一款第三项“对方当事人依照法律规定有权查阅、获取的书证”中的“法律”进行了扩大解释，即法规、规章也可适用，理由是现行生态环境法律、行政法规的相关规定较为粗疏，且多是从行政管理角度作出的规定，大量具体的规范性要求规定在法规、规章中，从加大生态环境保护力度、维护被侵权人合法权益的角度出发，确有必要做扩大解释。

八、关于损失、费用等的酌定

根据“谁主张，谁举证”的举证责任分配规则，在生态环境侵权民事诉讼中，私益诉讼原告应当就其主张的损害赔偿承担举证责任，公益诉讼原告应当就其主张的损失、费用承担举证责任。

但由于生态环境侵权案件的专业性、复杂性，实践中存在“定性不易、定量更难”的问题，即使根据在案证据能够认定侵权事实成立，但损害赔偿数额或者损失、费用数额仍然难以确定。这里的损害赔偿数额或者有关损失、费用难以确定，就包括了《生态环境侵权民事诉讼证据的规定》第二十一条所列因没有鉴定标准、成熟的鉴定方法、相应资格的鉴定人等无法进行鉴定，以及鉴定周期过长、费用过高等诉讼成本明显超出诉讼目的的情形。

对于这些情况，法院既不能因事实不清拒绝裁判，也不能仅以原告未完成举证责任为由不支持其关于赔偿数额或者损失、费用的主张，而应结合已查明的案件事实和其他证据，对相关数额进行酌定。

为保证酌定的规范和公平，《生态环境侵权民事诉讼证据的规定》在充分总结审判经验基础上，区分生态环境侵权私益诉讼和生态环境保护民事公益诉讼，对法院酌定时的考量因素进行了列举式规定。

对于私益诉讼，《生态环境侵权民事诉讼证据的规定》第三十条规定，人民法院可以结合侵权行为对原告造成损害的程度、被告因侵权行为获得的利益以及过错程度等因素，并可以参考负有环境资源保护监督管理职责的部门的意见等，合理确定人身、财产损害赔偿数额。

对于生态环境保护民事公益诉讼，《生态环境侵权民事诉讼证据的规定》第三十一条规定，人民法院可以根据污染环境、破坏生态的范围和程度等已查明的案件事实，结合生态环境及其要素的稀缺性、生态环境恢复的难易程度、防治污染设备的运行成本、被告因侵权行为获得的利益以及过错程度等因素，并可以参考负有环境资源保护监督管理职责的部门的意见等，合理确定生态环境修复费用、生态环境受到损害至修复完成期间服务功能丧失导致的损失、生态环境功能永久性损害造成的损失等数额。

需要注意的是，酌定的前提是侵权事实成立；此外，如果存在相应鉴定机构且鉴定费用、鉴定周期合理，人民法院应当委托鉴定，而不宜直接依职权酌定。

九、其他规定

1. 关于《生态环境侵权民事诉讼证据的规定》与《民事诉讼证据规定》的适用关系

《生态环境侵权民事诉讼证据的规定》是在《民事诉讼证据规定》的基础上，为解决生态环境侵权民事诉讼证据的特殊问题而制定的，是《民事诉讼证据规定》在生态环境侵权领域的具体化及补充规定，两者是一般规定与特殊规定的关系，因此，人民法院在审理生态环境侵权民事案件时，应当首先适用《生态环境侵权民事诉讼证据的规定》；《生态环境侵权民事诉讼证据的规定》未作规定的，适用《民事诉讼证据规定》。

2. 关于检察公益诉讼参照适用

根据《最高人民法院、最高人民检察院关于检察公益诉讼案件适用法律若干问题的解释》第四条的规定，检察机关系以公益诉讼起诉人身份提起公益诉讼，但从诉讼层面看，其实际上居于原告地位，依法享有、负担原告的诉讼权利义务，故《生态环境侵权民事诉讼证据的规定》第三十三条明确，人民法院审理人民检察院提起的环境污染民事公益诉讼案件、生态破坏民事公益诉讼案件，参照适用《生态环境侵权民事诉讼证据的规定》。

最高人民法院
关于知识产权民事诉讼证据的若干规定

法释〔2020〕12号

（2020年11月9日最高人民法院审判委员会第1815次会议通过
2020年11月16日最高人民法院公告公布　自2020年11月18日起施行）

为保障和便利当事人依法行使诉讼权利，保证人民法院公正、及时审理知识产权民事案件，根据《中华人民共和国民事诉讼法》等有关法律规定，结合知识产权民事审判实际，制定本规定。

第一条　知识产权民事诉讼当事人应当遵循诚信原则，依照法律及司法解释的规定，积极、全面、正确、诚实地提供证据。

第二条　当事人对自己提出的主张，应当提供证据加以证明。根据案件审理情况，人民法院可以适用民事诉讼法第六十五条[①]第二款的规定，根据当事人的主张及待证事实、当事人的证据持有情况、举证能力等，要求当事人提供有关证据。

第三条　专利方法制造的产品不属于新产品的，侵害专利权纠纷的原告应当举证证明下列事实：

（一）被告制造的产品与使用专利方法制造的产品属于相同产品；

（二）被告制造的产品经由专利方法制造的可能性较大；

（三）原告为证明被告使用了专利方法尽到合理努力。

原告完成前款举证后，人民法院可以要求被告举证证明其产品制造方法不同于专利方法。

第四条　被告依法主张合法来源抗辩的，应当举证证明合法取得被诉侵权产品、复制品的事实，包括合法的购货渠道、合理的价格和直接的供货方等。

---

① 对应《民事诉讼法》（2023年修正）第六十八条。

被告提供的被诉侵权产品、复制品来源证据与其合理注意义务程度相当的，可以认定其完成前款所称举证，并推定其不知道被诉侵权产品、复制品侵害知识产权。被告的经营规模、专业程度、市场交易习惯等，可以作为确定其合理注意义务的证据。

第五条 提起确认不侵害知识产权之诉的原告应当举证证明下列事实：

（一）被告向原告发出侵权警告或者对原告进行侵权投诉；

（二）原告向被告发出诉权行使催告及催告时间、送达时间；

（三）被告未在合理期限内提起诉讼。

第六条 对于未在法定期限内提起行政诉讼的行政行为所认定的基本事实，或者行政行为认定的基本事实已为生效裁判所确认的部分，当事人在知识产权民事诉讼中无须再证明，但有相反证据足以推翻的除外。

第七条 权利人为发现或者证明知识产权侵权行为，自行或者委托他人以普通购买者的名义向被诉侵权人购买侵权物品所取得的实物、票据等可以作为起诉被诉侵权人侵权的证据。

被诉侵权人基于他人行为而实施侵害知识产权行为所形成的证据，可以作为权利人起诉其侵权的证据，但被诉侵权人仅基于权利人的取证行为而实施侵害知识产权行为的除外。

第八条 中华人民共和国领域外形成的下列证据，当事人仅以该证据未办理公证、认证等证明手续为由提出异议的，人民法院不予支持：

（一）已为发生法律效力的人民法院裁判所确认的；

（二）已为仲裁机构生效裁决所确认的；

（三）能够从官方或者公开渠道获得的公开出版物、专利文献等；

（四）有其他证据能够证明真实性的。

第九条 中华人民共和国领域外形成的证据，存在下列情形之一的，当事人仅以该证据未办理认证手续为由提出异议的，人民法院不予支持：

（一）提出异议的当事人对证据的真实性明确认可的；

（二）对方当事人提供证人证言对证据的真实性予以确认，且证人明确表示如作伪证愿意接受处罚的。

前款第二项所称证人作伪证，构成民事诉讼法第一百一十一条[①]规定情形的，人民法院依法处理。

第十条　在一审程序中已经根据民事诉讼法第五十九条[②]、第二百六十四条[③]的规定办理授权委托书公证、认证或者其他证明手续的，在后续诉讼程序中，人民法院可以不再要求办理该授权委托书的上述证明手续。

第十一条　人民法院对于当事人或者利害关系人的证据保全申请，应当结合下列因素进行审查：

（一）申请人是否已就其主张提供初步证据；

（二）证据是否可以由申请人自行收集；

（三）证据灭失或者以后难以取得的可能性及其对证明待证事实的影响；

（四）可能采取的保全措施对证据持有人的影响。

第十二条　人民法院进行证据保全，应当以有效固定证据为限，尽量减少对保全标的物价值的损害和对证据持有人正常生产经营的影响。

证据保全涉及技术方案的，可以采取制作现场勘验笔录、绘图、拍照、录音、录像、复制设计和生产图纸等保全措施。

第十三条　当事人无正当理由拒不配合或者妨害证据保全，致使无法保全证据的，人民法院可以确定由其承担不利后果。构成民事诉讼法第一百一十一条规定情形的，人民法院依法处理。

第十四条　对于人民法院已经采取保全措施的证据，当事人擅自拆装证据实物、篡改证据材料或者实施其他破坏证据的行为，致使证据不能使用的，人民法院可以确定由其承担不利后果。构成民事诉讼法第一百一十一条规定情形的，人民法院依法处理。

第十五条　人民法院进行证据保全，可以要求当事人或者诉讼代理人到场，必要时可以根据当事人的申请通知有专门知识的人到场，也可以指派技术调查官参与证据保全。

证据为案外人持有的，人民法院可以对其持有的证据采取保全措施。

第十六条　人民法院进行证据保全，应当制作笔录、保全证据清单，记

① 对应《民事诉讼法》（2023年修正）第一百一十四条。

② 对应《民事诉讼法》（2023年修正）第六十二条。

③ 对应《民事诉讼法》（2023年修正）第二百七十五条。

录保全时间、地点、实施人、在场人、保全经过、保全标的物状态，由实施人、在场人签名或者盖章。有关人员拒绝签名或者盖章的，不影响保全的效力，人民法院可以在笔录上记明并拍照、录像。

第十七条 被申请人对证据保全的范围、措施、必要性等提出异议并提供相关证据，人民法院经审查认为异议理由成立的，可以变更、终止、解除证据保全。

第十八条 申请人放弃使用被保全证据，但被保全证据涉及案件基本事实查明或者其他当事人主张使用的，人民法院可以对该证据进行审查认定。

第十九条 人民法院可以对下列待证事实的专门性问题委托鉴定：

（一）被诉侵权技术方案与专利技术方案、现有技术的对应技术特征在手段、功能、效果等方面的异同；

（二）被诉侵权作品与主张权利的作品的异同；

（三）当事人主张的商业秘密与所属领域已为公众所知悉的信息的异同、被诉侵权的信息与商业秘密的异同；

（四）被诉侵权物与授权品种在特征、特性方面的异同，其不同是否因非遗传变异所致；

（五）被诉侵权集成电路布图设计与请求保护的集成电路布图设计的异同；

（六）合同涉及的技术是否存在缺陷；

（七）电子数据的真实性、完整性；

（八）其他需要委托鉴定的专门性问题。

第二十条 经人民法院准许或者双方当事人同意，鉴定人可以将鉴定所涉部分检测事项委托其他检测机构进行检测，鉴定人对根据检测结果出具的鉴定意见承担法律责任。

第二十一条 鉴定业务领域未实行鉴定人和鉴定机构统一登记管理制度的，人民法院可以依照《最高人民法院关于民事诉讼证据的若干规定》第三十二条规定的鉴定人选任程序，确定具有相应技术水平的专业机构、专业人员鉴定。

第二十二条 人民法院应当听取各方当事人意见，并结合当事人提出的证据确定鉴定范围。鉴定过程中，一方当事人申请变更鉴定范围，对方当事人无异议的，人民法院可以准许。

第二十三条 人民法院应当结合下列因素对鉴定意见进行审查：

（一）鉴定人是否具备相应资格；

（二）鉴定人是否具备解决相关专门性问题应有的知识、经验及技能；

（三）鉴定方法和鉴定程序是否规范，技术手段是否可靠；

（四）送检材料是否经过当事人质证且符合鉴定条件；

（五）鉴定意见的依据是否充分；

（六）鉴定人有无应当回避的法定事由；

（七）鉴定人在鉴定过程中有无徇私舞弊或者其他影响公正鉴定的情形。

第二十四条 承担举证责任的当事人书面申请人民法院责令控制证据的对方当事人提交证据，申请理由成立的，人民法院应当作出裁定，责令其提交。

第二十五条 人民法院依法要求当事人提交有关证据，其无正当理由拒不提交、提交虚假证据、毁灭证据或者实施其他致使证据不能使用行为的，人民法院可以推定对方当事人就该证据所涉证明事项的主张成立。

当事人实施前款所列行为，构成民事诉讼法第一百一十一条规定情形的，人民法院依法处理。

第二十六条 证据涉及商业秘密或者其他需要保密的商业信息的，人民法院应当在相关诉讼参与人接触该证据前，要求其签订保密协议、作出保密承诺，或者以裁定等法律文书责令其不得出于本案诉讼之外的任何目的披露、使用、允许他人使用在诉讼程序中接触到的秘密信息。

当事人申请对接触前款所称证据的人员范围作出限制，人民法院经审查认为确有必要的，应当准许。

第二十七条 证人应当出庭作证，接受审判人员及当事人的询问。

双方当事人同意并经人民法院准许，证人不出庭的，人民法院应当组织当事人对该证人证言进行质证。

第二十八条 当事人可以申请有专门知识的人出庭，就专业问题提出意见。经法庭准许，当事人可以对有专门知识的人进行询问。

第二十九条 人民法院指派技术调查官参与庭前会议、开庭审理的，技术调查官可以就案件所涉技术问题询问当事人、诉讼代理人、有专门知识的人、证人、鉴定人、勘验人等。

第三十条 当事人对公证文书提出异议，并提供相反证据足以推翻的，人民法院对该公证文书不予采纳。

当事人对公证文书提出异议的理由成立的，人民法院可以要求公证机构出具说明或者补正，并结合其他相关证据对该公证文书进行审核认定。

第三十一条 当事人提供的财务账簿、会计凭证、销售合同、进出货单据、上市公司年报、招股说明书、网站或者宣传册等有关记载，设备系统存储的交易数据，第三方平台统计的商品流通数据，评估报告，知识产权许可使用合同以及市场监管、税务、金融部门的记录等，可以作为证据，用以证明当事人主张的侵害知识产权赔偿数额。

第三十二条 当事人主张参照知识产权许可使用费的合理倍数确定赔偿数额的，人民法院可以考量下列因素对许可使用费证据进行审核认定：

（一）许可使用费是否实际支付及支付方式，许可使用合同是否实际履行或者备案；

（二）许可使用的权利内容、方式、范围、期限；

（三）被许可人与许可人是否存在利害关系；

（四）行业许可的通常标准。

第三十三条 本规定自2020年11月18日起施行。本院以前发布的相关司法解释与本规定不一致的，以本规定为准。

【导读及适用要点】

2020年11月9日，最高人民法院审判委员会第1815次会议讨论通过《最高人民法院关于知识产权民事诉讼证据的若干规定》（以下简称《知识产权民事诉讼证据的规定》），《知识产权民事诉讼证据的规定》于2020年11月18日起施行。

一、关于基本原则

2012年修正的《民事诉讼法》将诚信原则确定为民事诉讼的基本原则，

要求当事人依法行使诉讼权利、履行诉讼义务，严格遵守诉讼秩序，自觉履行生效裁判。强调当事人在举证、质证过程中的诚信原则，增强案件事实查明的准确性，提高案件审理效率，对当事人权利的保障和民事诉讼秩序的维护具有重要意义。《知识产权民事诉讼证据的规定》第一条作为总则性条款，重申在知识产权民事诉讼中贯彻落实诚信原则的基本要求，规范知识产权民事诉讼主体提供证据的行为，促使其诚信诉讼，依照法律及司法解释的规定，积极、全面、正确、诚实地提供证据，维护民事诉讼秩序，推动知识产权诉讼诚信体系建设。

二、关于当事人提供证据

《民事诉讼法》第六十四条[①]第一款规定，当事人对自己提出的主张，有责任提供证据。"谁主张，谁举证"是民事诉讼的基本举证原则，但是，在知识产权民事诉讼中，权利人取证、举证较为困难，由此导致知识产权民事案件事实查明难度大，证据持有人故意不提供证据反而获利的现象较为突出。为破解知识产权权利人"举证难"问题，《知识产权民事诉讼证据的规定》第二条在坚持"谁主张，谁举证"的举证原则的基础上，适用《民事诉讼法》第六十五条第二款有关"人民法院根据当事人的主张和案件审理情况，确定当事人应当提供的证据及其期限"的规定，结合知识产权民事审判实践，进一步细化其中的"案件审理情况"的具体情形，明确知识产权民事诉讼中人民法院根据当事人的主张及待证事实、证据持有情况、举证能力等，可以要求当事人提供有关证据。其中，"待证事实"主要指待证事实成立的可能性，是确定当事人是否承担有关举证义务的重要考量因素。

需要注意的是，《知识产权民事诉讼证据的规定》第二条规定旨在强化掌握证据一方当事人的举证义务，促使各方当事人积极举证，避免证据持有人故意不提供证据反而获利的状况，保证人民法院准确查明事实，正确作出裁判。人民法院应当加强释明权的行使，向承担举证义务的当事人释明要求其提供证据的原因和理由。

① 对应《民事诉讼法》(2023 年修正)第六十七条。

三、关于证据提供令

《最高人民法院关于适用〈中华人民共和国民事诉讼法〉的解释》(以下简称《民事诉讼法解释》)第一百一十二条就书证提出令作出规定，但是，知识产权民事诉讼中，除了书证，还有大量侵权实物、生产现场等证据为侵权人所掌握，书证提出令难以解决此种情形下知识产权权利人“举证难”的问题。基于此，《知识产权民事诉讼证据的规定》第二十四条将“书证提出令”扩大到“证据提供令”，规定主张权利的当事人因客观原因对其权利主张难以举证的，可以书面申请人民法院责令控制证据的对方当事人提交证据，申请理由成立的，人民法院应当作出裁定责令对方当事人提交。

证据提供令制度是破解知识产权权利人“举证难”的有力举措，能够促进案件事实查明和实现裁判结果客观公正。需要注意的是，证据提供令不同于《知识产权民事诉讼证据的规定》第二条所规定的人民法院依职权要求有关当事人承担举证义务，其适用依当事人申请，对申请人和被申请人也有明确的主体资格要求：申请人为承担举证责任的当事人，被申请人为控制证据的对方当事人。申请证据提供令的当事人应当在其书面申请书中明确其要求对方提供的证据、申请理由、待证事实等。证据提供令是对当事人课以的举证义务，在形式上应当正式严谨，以书面裁定为宜，当事人拒不履行证据提供令的，将会承担相应的法律后果。

四、关于证明妨碍

为保障有关证据提交规定的有效执行，《知识产权民事诉讼证据的规定》第二十五条明确了证明妨碍规则的适用。对于经人民法院依法要求提交有关证据的当事人，如果其无正当理由拒不提交、提交虚假证据、毁灭证据或者实施其他致使证据不能使用行为的，人民法院可以推定对方当事人就该证据所涉证明事项的主张成立，其行为构成《民事诉讼法》第一百一十一条规定的“伪造、毁灭重要证据”“拒不履行人民法院已经发生法律效力的判决、裁定”等情形的，人民法院可以依法予以制裁，对其采取妨害民事诉讼的强制措施。通过对当事人不法行为法律后果的明确，促使其积极履行举证义务，保障诉讼程序的顺利进行。

需要注意的是，《知识产权民事诉讼证据的规定》第二十五条的证明妨碍规则既适用于第二条人民法院依职权要求当事人提供证据的情形，也适用于第二十四条人民法院依当事人申请签发证据提供令的情形。当事人对其妨碍诉讼和不诚信诉讼的行为，既要承担事实推定上的不利后果，还有可能被采取妨碍民事诉讼的强制措施，情节严重构成犯罪的，还会面临刑事责任的追究。

五、关于当事人举证的特殊规定

专利侵权纠纷、合法来源抗辩、确认不侵权之诉、民行交叉诉讼、“陷阱取证”等都是知识产权民事诉讼较之普通民事诉讼较为特殊的情形，相应的证据规则亦具有一定的特殊性。根据知识产权民事审判实践，《知识产权民事诉讼证据的规定》第三条至第七条对上述情形下当事人举证的特殊规定予以明确。

《专利法》第六十六条第一款规定了新产品制造方法专利侵权纠纷中的举证责任倒置规则，但是，在非新产品制造方法专利纠纷中，制造侵权产品的生产步骤和工艺参数仍为侵权人所掌握，权利人难以接近侵权人的生产现场和生产记录以取得完整的侵权产品制造方法证据，只是相对于新产品制造方法专利，在专利申请日前，通过其他方法已经制造出与通过专利方法制造的产品相同的产品，因此，该相同产品经由专利方法制造的可能性没有新产品经由专利方法制造的可能性大。为准确查明案件事实，《知识产权民事诉讼证据的规定》第三条规定，在原告完成相应举证后，由被告举证证明其产品制造方法不同于专利方法。其中，原告是否为证明被告使用了专利方法尽到合理努力，根据具体案情确定。例如，原告是否申请证据保全，原告是否尝试接近被告生产现场进行取证等均可以作为考量因素。

合法来源抗辩是知识产权侵权纠纷中较为常见的抗辩事由，成立要件包括两项：主观上的不知道和客观上的来源合法。由被告对被诉侵权产品、复制品来源合法承担举证责任在实践中已经达成共识，但是对于被告不知道侵权事实的举证责任承担，以及何种程度的来源证据才能证明合法来源，存在不同认识。从司法政策导向来看，销售者并非侵权源头，对其举证要求不宜过高，《知识产权民事诉讼证据的规定》第四条规定，如果被告已提供证据证明产品来源合法，即系通过合法的购货渠道、合理的价格、直接的供货方等正常商业方式取得被诉侵权产品、复制品，则可以推定其无过错。这种推定可以由权利人继续举证来推翻，例如，权利人曾向其发送侵权警告函等。至于被告提供的来源证据是否能证明合法取得，应当结合其合理注意义务进行判断，被告的经营规模、专业程度、市场交易习惯等，可以作为确定其合理注意义务的证据。通常情况下，批发市场的小商贩和一定规模的商贸公司，对于被诉侵权产品、复制品是否侵权的认知能力是不同的，对其提供的合法来源证据需要结合具体案情和交易习惯综合判断。

确认不侵害知识产权之诉是知识产权领域特有的诉讼，2010 年施行的《最高人民法院关于审理侵犯专利权纠纷案件应用法律若干问题的解释》中对确认不侵害专利权之诉予以明确。随后，2011 年修正的《民事案件案由规定》明确了确认不侵害商标权、著作权之诉。司法实践中，当事人还提起确认不侵害商业秘密等诉讼。《知识产权民事诉讼证据的规定》第五条对提起诉讼时原告的举证责任作出规定。需要注意的是，该条依据的是提起该类诉讼的程序性条件，即诉讼是否成立的条件，故仅对程序性事项的举证责任作出规定，不涉及是否侵权的实体事项的举证。

与普通民事诉讼不同，知识产权诉讼中民行交叉的情形十分普遍。2019 年修正的《最高人民法院关于民事诉讼证据的若干规定》（以下简称《民事诉讼证据规定》）第十条对免证事实进行了列举。司法实践中，当事人常常会在民事诉讼中提交专利、商标的复审、异议、无效宣告、撤销等审查决定，这些决定有的未经过司法审查，有的正处于行政诉讼中，对其中认定的事实是否还需举证需要明确。《民事诉讼法解释》第一百一十四条规定，公文书证所记载的事项推定为真实，但有相反证据足以推翻的除外。基于此，《知识产权民事诉讼证据的规定》第六条以基本不存在撤销风险的行政行为所认定的基本事实为标准，适用免证规则，包括未在法定期限内提起行政诉讼的行政行为所认定的基本事实，以及行政行为认定的基本事实已为生效裁判所确认的部分。

知识产权侵权行为隐蔽性的特点对传统的取证方式提出挑战，司法实践中“陷阱取证”的情形大量存在。“陷阱取证”方式可分为“机会提供型”和“犯意诱发型”。对于前者，即《知识产权民事诉讼证据的规定》第七条第一款规定的取证方式，其目的无不正当性，其行为也未损害公共利益和他人合法权益，符合加强保护的司法政策，其形成的证据可以作为权利人起诉侵权的证据。对于后者，即《知识产权民事诉讼证据的规定》第七条第二款规定情形所证明的侵权行为，则应进一步加大打击力度。根据诱发犯意的主体的不同，将基于他人诱发产生的行为纳入共同侵权的范畴，权利人可以以此形成的证据起诉被诉侵权人和第三人共同侵权。但是，仅基于权利人诱发产生的行为则应排除在侵权行为之外，由此取得的证据不具有证据能力。

六、关于域外证据的公证认证

2019 年修正的《民事诉讼证据规定》第十六条仅对两类域外证据的形式要件作出规定：公文书证办理公证手续和涉及身份关系的证据办理公证认证手续。基于此，《知识产权民事诉讼证据的规定》第八条至第十条就知识产权民事诉讼中域外证据公证认证手续的免除和简化作出规定。

对民事诉讼中的域外证据提出形式要件上的要求，其目的是更为准确地认定其真实性。根据知识产权民事审判实践，《知识产权民事诉讼证据的规定》第八条对域外证据的公证认证手续免除情形作出列举。免除的原因在于：有其他证据能够证明该域外证据的真实性。如果不符合第八条规定的情形，但符合《知识产权民事诉讼证据的规定》第九条规定的情形，则可以免除相关域外证据的认证手续。为便利当事人诉讼，提高诉讼效率，《知识产权民事诉讼证据的规定》第十条还明确规定，对于域外形成的授权委托书，在不同审级程序中无须重复办理公证认证等证明手续。

七、关于证据保全

如前所述，知识产权民事诉讼具有不同于传统民事诉讼的一些特点和难点，证据保全是知识产权民事诉讼中广泛采用的取证方式。《知识产权民事诉讼证据的规定》在《民事诉讼法》《民事诉讼法解释》《民事诉讼证据规定》等法律和司法解释的基础上，结合知识产权民事诉讼的特点，从证据保全申请的审查、保全措施、妨害证据保全的后果、破坏已保全证据的法律责任、证据保全的参与人、证据保全笔录的制作、被申请人的异议程序等多个方面，作出相应规定，进一步增强指导性和操作性。

《民事诉讼法》第八十一条[①]规定，在证据可能灭失或者以后难以取得的情况下，当事人可以在诉讼过程中向人民法院申请证据保全，但是，对于证据保全申请的审查，各地法院掌握的标准各有不同。为此，《知识产权民事诉讼证据的规定》第十一条对证据保全申请的各项审查因素进行了细化列举。需要注意的是，对证据保全申请的审查应当以必要性为基本标准。为平衡申请人与被申请人的利益，《知识产权民事诉讼证据的规定》第十二条规定了证据保全的实施原则及措施。对于证据保全的实施，除坚持传统的及时、必要原则外，还应当把握好两方面的关系：一是有效固定证据，全面、真实反映证据状况。二是防止保全导致不必要的损失，保持在“最低强度”，通过拍照足以证明的，无须查封；通过查封足以证明的，无须扣押。以此类推，尽量减少对保全标的物的损害和对证据持有人的干扰。对于知识产权民事诉讼中普遍存在的涉及技术方案的证据保全，该条第二款给出保全措施的指引，以贯彻上述实施原则。

司法实践中，拒不配合和妨害证据保全的现象时有发生，为增强法律权威，督促当事人履行诉讼义务，保障证据保全的顺利实施，《知识产权民事诉讼证据的规定》第十三条、第十四条，明确了当事人无正当理由拒不配合或者妨害证据保全，致使无法保全证据的，或者破坏已经采取保全措施的证据，致该证据不能使用的，人民法院可以确定由其承担不利后果，构成《民事诉讼法》第一百一十一条所规定的“伪造、毁灭重要证据”“拒不履行人民法院已经发生法律效力的判决、裁定”等情形的，人民法院可以依法予以制裁，对其采取妨害民事诉讼的强制措施，情节严重构成犯罪的，还会面临刑事责任的追究。需要注意的是，《知识产权民事诉讼证据的规定》第十三条、第十四条规范的是证据保全中妨害诉讼秩序的行为，与前述第二十五条规定的证明妨碍规则在制度目的、适用对象等方面有所不同，相应的法律后果也有所区别。在证据保全的实施过程中，为防止证据持有人事先转移、销毁或者篡改证据，保全裁定可以不事先送达。同时，为保障其知情权，保全人员到达证据保全现场实施保全措施之前，应当先向其送达证据保全裁定书，告知其相关权利义务，尽可能减少抵触情绪，争取其主动配合，防止拒不配合和妨

① 对应《民事诉讼法》（2023 年修正）第八十四条。

碍保全等情形的出现。

在证据保全实施过程中，当事人或其诉讼代理人到场，可以当场确认所保全的证据是否为其申请的证据，防止在后续证据交换和质证过程中产生争议。为此，《知识产权民事诉讼证据的规定》第十五条对证据保全的参与人作出规定。同时，知识产权诉讼证据常常涉及专业的技术问题，为准确保全证据，根据证据情况，该条规定必要时当事人可以申请有专门知识的人参与证据保全，人民法院也可以指派技术调查官参与证据保全。另外，当拟保全证据为案外人所持有时，例如，当事人的电子数据保存在第三方所有的服务器等情形下，该条规定人民法院可以对其持有的证据采取保全措施。

为规范证据保全，防止当事人对证据保全过程和证据质疑，《知识产权民事诉讼证据的规定》第十六条对证据保全的记录作出操作性规定。同时明确，在场的有关人员拒绝签名或者盖章的，不影响保全效力。为保障证据保全被申请人的权利，《知识产权民事诉讼证据的规定》第十七条对证据保全异议程序作出规定，明确被申请人有权对证据保全的范围、措施、必要性等提出异议并提供相关证据，人民法院应对此进行审查并视情作出处理。

当事人申请证据保全行为本身，意味着其愿意并期望在已经开始或将要开始的诉讼程序中使用该证据，但是，当出现被保全证据对其不利等情形时，其往往会放弃使用被保全证据。为防止证据保全制度的滥用，《知识产权民事诉讼证据的规定》第十八条规定，被保全证据涉及案件基本事实查明或者其他当事人主张使用的，即使申请人放弃使用被保全证据，人民法院也可以对该证据进行审查认定，以便准确查明案件事实。

八、关于司法鉴定

知识产权案件常常涉及复杂的技术问题。为保证事实查明的准确、客观，知识产权司法实践中建立了较为成熟完善的事实查明机制，司法鉴定是其中的重要组成部分。根据知识产权民事审判实践，《知识产权民事诉讼证据的规定》对可以委托司法鉴定的事项、另行委托鉴定、鉴定人的选任、鉴定范围的确定、鉴定意见的审查等方面作出规定。

事实和法律问题交织是知识产权案件的特点之一，司法实践中，常常出现涉及法律适用的鉴定意见。为此，《知识产权民事诉讼证据的规定》总结实践经验，在第十九条对可以委托司法鉴定的事项予以列举，明确了鉴定事项仅限于与待证事实有关的专门性问题，涉及法律适用的问题不属于鉴定事项，不能通过鉴定方法解决，例如，专利侵权纠纷中是否构成等同侵权、著作权侵权纠纷中是否属于实质性相似等。

科学技术的飞速发展使知识产权审判实践不断面临新问题、新挑战，在鉴定事项涉及复杂或者新兴的技术问题，需要专业的检测仪器、设备的情形下，《知识产权民事诉讼证据的规定》第二十条规定，经人民法院准许或者双方当事人同意，鉴定人可以将鉴定所涉部分检测事项委托其他检测机构，如具有相应技术条件的科研院所、实验室、高校等进行检测，再由鉴定人根据检测结果出具鉴定意见并承担法律责任。需要强调的是，相关检测机构出具的检测结果视为鉴定人出具的，由鉴定人承担法律责任。另外，司法实践中，有些鉴定事项涉及的专业领域较为特殊，或者属于新兴、前沿科技领域，会出现在该领域没有实行“鉴定人和鉴定机构统一登记管理制度”，但又需要通过委托鉴定查明案件事实的情形。为此，《知识产权民事诉讼证据的规定》第二十一条规定，可以依照《民事诉讼证据规定》有关鉴定人选任程序的规定，确定专业机构、专业人员进行鉴定，以满足司法实践需求。

鉴定范围的确定对于准确查明案件事实具有重要意义，《知识产权民事诉讼证据的规定》第二十二条规定，鉴定范围的确定应当听取各方当事人的意见。对于一方当事人的鉴定范围变更申请，更应当充分考虑对方当事人的意见。但是，对于鉴定范围的确定和变更，即使各方当事人达成一致意见，仍然需要人民法院审查确定，特别是在法院依职权委托鉴定的情形下。对于鉴定意见的审查，司法实践中形成了较为成熟的做法，《知识产权民事诉讼证据的规定》第二十三条对相关经验进行总结和提炼，明确了审查鉴定意见的考量因素。需要注意的是，在实际的审查过程中，并不是必须对该条列举的所有因素均进行考量。如果存在直接否定鉴定意见证据能力的因素，对于涉及其证明力认定的因素就无须再考量。

九、关于诉讼中的商业秘密保护

随着知识产权司法实践的不断发展，在越来越多的案件中出现证据涉及商业秘密或者其他需要保密的商业信息的情况。出于对商业秘密泄露的担心，当事人对提交相关证据心存疑虑，既不利于案件事实的查明，也给诉讼程序的顺利进行带来困难。《知识产权民事诉讼证据的规定》高度重视诉讼中商业秘密的保护，在总结司法实践成熟经验的基础上，在第二十六条对人民法院可以采取的保密措施、限制接触相关证据的主体等予以明确，规定证据涉及商业秘密或者其他需要保密的商业信息的，人民法院应当在相关诉讼参与人接触该证据前，要求其签订保密协议、作出保密承诺，或者以裁定等法律文书责令其不得出于本案诉讼之外的任何目的披露、使用、允许他人使用在诉讼程序中接触到的秘密信息。当事人申请对接触上述所称证据的人员范围作出限制，人民法院经审查认为确有必要的，应当准许。

需要注意的是，《知识产权民事诉讼证据的规定》第二十六条的规定适用于整个诉讼过程，包括证据保全、司法鉴定、证据交换和质证等各个阶段。为增强实践操作性，应当在保密协议书和保密承诺书中尽可能地明确相关违约条款和法律责任。违反保密协议的，适用有关合同的法律法规处理；违反保密承诺的，则按照相关法律规定承担相应的法律责任。相较于保密协议和保密承诺，以“裁定等法律文书”责令相关诉讼参与人承担保密义务，亦即实践中通常所称的“秘密保持令”，其约束力和强制力更强，如果违反，将可能适用《民事诉讼法》第一百一十一条等规定，被采取妨害民事诉讼的强制措施，情节严重构成犯罪的，还会面临刑事责任的追究。其中“裁定等法律文书”的规定，是为了增强法条适用弹性，在明确实践指南的同时，为未来法律修订和司法实践不同需求提供更大空间。限制接触证据的人员范围，可以包括对方当事人，也可以包括其他诉讼参与人，如诉讼代理人、有专门知识的人等，由人民法院根据案件事实查明和诉讼程序进行的需要，审查后决定是否准许。

十、关于相关诉讼参与人出庭

由于技术事实、损害赔偿等事实查明的客观需要，专家辅助人制度、技术调查官制度等在知识产权民事诉讼中广泛应用。《知识产权民事诉讼证据的规定》第二十七条至第二十九条分别对证人、有专门知识的人、技术调查官出庭作出规定。

《知识产权民事诉讼证据的规定》第二十七条旨在强调证人以出庭作证为

原则，双方当事人同意并经人民法院准许，不出庭作证的证人，其证言必须进行质证。需要注意的是，远程在线参加庭审也是证人出庭作证的方式之一，不属于证人未出庭的情形。第二十八条明确有专门知识的人仅对专门性问题提出意见，经法庭准许，当事人可以对自己申请出庭的有专门知识的人询问，也可以对对方当事人申请出庭的有专门知识的人询问。司法实践中，还有双方当事人申请出庭的有专门知识的人互相质询的情形，其对于准确查明案件事实具有重要作用。第二十九条是关于技术调查官出庭的规定，强调技术调查官可以在庭上就案件所涉技术问题询问当事人和相关诉讼参与人。技术调查官制度是知识产权领域较为特殊的事实查明制度，技术调查官的身份定位、具体职责、意见效力等适用《最高人民法院关于技术调查官参与知识产权案件诉讼活动的若干规定》的有关规定。

十一、关于证据的审核认定

在证据的审核认定部分，《知识产权民事诉讼证据的规定》主要对公证证据、损害赔偿证据、许可使用费证据的相关内容作出规定。

《民事诉讼法》第六十九条[①]规定，经过法定程序公证证明的法律事实和文书，人民法院应当作为认定事实的根据，但有相反证据足以推翻公证证明的除外。面对知识产权客体的特殊性带来的取证困难，基于公证证据高于一般证据的证明效力，公证取证成为知识产权民事诉讼中最为常见的取证方式。通常情况下，人民法院会对公证证据予以采纳。但是，有些公证文书存在制作程序错误、不合常理等情形，对方当事人提出异议。为此，《知识产权民事诉讼证据的规定》第三十条规定，如果对方当事人提出异议的同时提供了足以推翻公证文书的相关证据，人民法院不得采纳该公证文书。如果对方当事人提出异议但没有提供足以推翻公证文书的相关证据，人民法院经审查认为异议成立的，基于《民事诉讼法》赋予公证证据的较高效力，可以要求公证机构出具说明或者补正公证书，同时结合其他相关证据对公证文书进行审核认定。

对于实践中反映较为强烈的知识产权侵权损害“赔偿低”的问题，其症

① 对应《民事诉讼法》（2023 年修正）第七十二条。

结之一在于缺乏精细化计算损害赔偿数额的证据。根据相关法律规定，人民法院通常会以权利人因被侵权遭受的损失、侵权人因侵权获得的利益、知识产权许可使用费的合理倍数等为基础确定侵害知识产权损害赔偿的数额。司法实践中，当事人常常苦于不知如何证明上述事实，导致酌定赔偿和法定赔偿的大量适用。为引导当事人正确收集证据，促进知识产权损害赔偿计算精细化的实现，《知识产权民事诉讼证据的规定》第三十一条对证明上述事实的证据作出列举。需要注意的是，当事人提交的第三十一条所列证据，可以作为确定侵害知识产权的赔偿数额的证据，但是其证明力如何，是否能够采纳，还需要人民法院结合其他证据，综合各种因素全面审查后作出认定。在参照许可使用费的合理倍数确定损害赔偿数额的情况下，如何审核认定当事人提交的许可使用费证据，《知识产权民事诉讼证据的规定》第三十二条作出具体规定，审核认定的关键在于参照的许可使用费是否真实发生、是否符合行业标准，其许可使用的权利内容、方式、范围、期限等是否具有可比性。

第二部分　司法观点

一、举　证

1.当事人举证的证明标准

根据2001年《民事诉讼证据规定》[①]第七十三条第一款的规定，从证明标准角度而言，理论界和实务界存在不同的理解。理论界多数人认为，这表明我国确立了高度盖然性的民事诉讼证明标准，但也有人将这一条内容理解为优势证据标准的规定。审判实践中仍不乏将其理解为优势证据标准并在裁判文书中论述的例子。究其原因，主要是该条规定在技术上存在不周延之处，未科学界定证明案件事实所应达到的程度，亦未采取典型的盖然性规则的表述，造成诸多误解。

为此，在《民事诉讼法解释》制定过程中，总结了2001年《民事诉讼证据规定》实施的经验，从本证和反证的相互比较的角度出发对盖然性规则进行描述。在诉讼证明的过程中，对待证事实负有举证责任的当事人所进行的证明活动为本证，不负有举证责任的当事人提供证据对本证进行反驳的证明活动为反证。本证证明活动的目的在于使法官对待证明事实的存在与否形成内心确信，这种内心确信应当满足证明评价的最低要求即法定的证明标准。而反证的证明活动，其目的在于动摇法官对于本证所形成的内心确信，使其达不到证明评价的最低要求。因此，对于反证而言，其证明的程度要求相比本证要低，只需要使待证事实陷于真伪不明即可。《民事诉讼法解释》第一百

① 《民事诉讼证据规定》（法释〔2001〕33号）根据《最高人民法院关于修改〈关于民事诉讼证据的若干规定〉的决定》（法释〔2019〕19号）的规定已修正。

零八条对于本证与反证的证明标准和要求的规定非常明确：对待证事实负有举证责任的当事人所进行的本证，需要使法官的内心确信达到高度可能性即高度盖然性的程度才能被视为完成证明责任；反证则只需要使本证对待证事实的证明陷于真伪不明的状态，即达到目的。《民事诉讼法解释》第一百零八条内容也从证明过程的角度反映出本解释对于证明责任内容的理解。

审判实践中应当注意的问题：

其一，诉讼证明活动实际上是围绕本证展开的，反证由其性质决定，是用以挑战本证的证明效果的。对于事实审理者而言，核心是在即使有反证的情况下对本证是否达到高度盖然性的证明标准进行判断。

其二，本证与反证的证明要求不同，反证只需要将本证使法官形成的内心确信拉低到高度盖然性证明标准之下即实现目的。

其三，无论本证还是反证，对其证明效果的判断，都应当是在依照法定程序和要求的所有证据均提供的情况下，结合全部证据所作出的综合评价。

——最高人民法院民法典贯彻实施工作领导小组编著：《最高人民法院新民事诉讼法司法解释理解与适用》，人民法院出版社2022年版，第291～292页。

2.过错责任原则和过错推定原则的举证证明责任分配规则

证据制度是现代民事诉讼制度的基石，举证证明责任是证据制度的脊梁。《民事诉讼法》第六十四条[①]第一款规定："当事人对自己提出的主张，有责任提供证据。"当事人对有利于自己的主张，都应当提出证据，加以证明。当事人对自己提出的诉讼请求所依据的事实或者反驳对方诉讼请求所依据的事实有责任提供证据加以证明。没有证据或者证据不足以证明当事人的事实主张的，由负有举证责任的当事人承担不利后果。[②]《民事诉讼法解释》对举证证明责任问题作出了规定。其第九十条第一款规定："当事人对自己提出的诉讼请求所依据的事实或者反驳对方诉讼请求所依据的事实，应当提供证据加以证明，但法律另有规定的除外。"第二款规定："在作出判决前，当事人未能

① 对应《民事诉讼法》（2023年修正）第六十七条。

② 王胜明主编：《中华人民共和国民事诉讼法释义》，法律出版社2012年版，第149页。

提供证据或者证据不足以证明其事实主张的，由负有举证证明责任的当事人承担不利的后果。”这一规定是建立在法律要件分类说的基础上的。民事案件举证责任的分配，原则上应当以当事人主张的权利构成要件为标准，将权利构成要件事实的举证责任分配给权利主张方，对于妨碍权利成立或者消灭权利要件事实的举证责任分配给对方当事人。无论是物权纠纷、合同纠纷还是侵权纠纷案件，在举证责任分配上，除非法律另有规定，都应当遵循举证责任分配的一般规则。具体分配上，应当首先确定案件中当事人主张的法律关系之要件事实，按照该条规定区分权利成立要件和权利消灭或者妨碍要件，在当事人之间进行分配。确定系争法律关系的要件事实，应当依据民事实体法关于民事法律关系构成的要件予以判断。在侵权责任案件中，就是要确定特定侵权责任的具体构成要件和抗辩事由。在过错侵权责任情形中，责任构成要件有四个：一是侵权人实施了侵权行为；二是侵权人实施侵权行为有过错；三是受害人受有损害；四是侵权行为与损害之间有因果关系。这四个方面的构成要件事实均须原告方承担举证责任，在过错推定侵权责任下，责任构成要件与过错侵权责任相同，但侵权行为人无过错是责任抗辩事由，如其不能证明自己没有过错，则直接认定过错存在，责任可以成立。在此应当注意的是，过错推定责任仅是对过错的推定，并不包括对因果关系的推定。也就是说，有关因果关系的举证责任实际上并未转移。但基于此类案件原告、被告双方举证能力的差异，基于分担风险以及维护公平正义促进经济社会发展进步的考虑，在因果关系认定上采用事实自证法则或者举证责任缓和的规则，适当降低对因果关系认定的标准。

——最高人民法院民法典贯彻实施工作领导小组主编：《中华人民共和国民法典侵权责任编理解与适用》，人民法院出版社 2020 年版，第 32~33 页。

3.行为人“暂时没有意识或者失去控制”的举证责任和事实认定

行为人“暂时没有意识或者失去控制”的事实，应由实施加害行为的完全民事行为能力人承担，因为行为人通常会利用该事实对受害人的责任主张进行抗辩，故依据“谁主张、谁举证”的举证责任分配原则，应由行为人举证证明其实施加害行为时暂时没有意识或者失去控制。审判实践中，对认定行为人“暂时没有意识或者失去控制”这个事实，可能存在举证比较困难、法院认定也比较困难的情况，处理不当可能导致侵权行为人利用《民法典》第一千一百九十条规定规避其应当承担的侵权责任。故人民法院在审理此类纠纷时，遇到有关专业问题，应征询医学专家的意见，正确把握认定行为人“暂时没有意识或者失去控制”的尺度。

——最高人民法院民法典贯彻实施工作领导小组主编：《中华人民共和国民法典侵权责任编理解与适用》，人民法院出版社 2020 年版，第 232 页。

4.行为人过错的举证责任分配及反社会人格障碍者致人损害的认定

行为人的过错应当由受害人举证证明，这是一般举证责任规则的要求。行为人抗辩自己无过错的，应当对此举证证明。在现实生活中，有一些人属于反社会人格障碍者，因为他们不讲道德，易于扰乱社会治安并造成危害他人的后果，故又称为违纪型人格障碍。反社会人格不属于精神病，但其心理过程等方面，特别是情感和行为受累的程度远远超过精神正常的人，他们的现实检验能力、是非判断能力和行为能力较一般人差，亦即他们居于精神病和正常人之间。尽管如此，这类反社会人格障碍者在大多数情况下仍然保留辨认自己行为的能力，对他人造成损害时仍应承担侵权赔偿责任。

——最高人民法院民法典贯彻实施工作领导小组主编：《中华人民共和国民法典侵权责任编理解与适用》，人民法院出版社 2020 年版，第 232~233 页。

5.产品责任的举证责任

产品责任实行严格责任，即不论生产者、销售者是否有过错，只要符合产品责任的构成要件，其就应该向受害人承担侵权责任。而且在产品责任中，通常采取举证责任倒置的方法，由生产者、销售者承担更重的举证责任，产品缺陷是否存在的证明，要由生产者、销售者来承担举证责任，其要证明产品没有缺陷，否则就要承担相应的责任。

但这并不意味着受害人就免于承担任何举证责任。具体而言，受害人还要对下列事实承担举证责任：第一，要证明缺陷在产品销售当时即已存在。对此，受害人可以通过三种方式予以证明：使用直接证据，如残缺零件；使用间接证据，如专家证言；使用排除法来排除其他原因。第二，要证明缺陷产品曾经被使用或消费，通常为其本人使用，但也不限于此。第三，要证明自己遭受损害。也就是说，受害人要对自己遭受的损失的具体范围，比如误工费、医疗费、财产损失、精神痛苦承担举证责任。

——最高人民法院民法典贯彻实施工作领导小组主编：《中华人民共和国民法典侵权责任编理解与适用》，人民法院出版社 2020 年版，第 319 页。

6.动物致害侵权案件的举证责任分配

被侵权人无须举证证明动物饲养人或管理人的主观过错，只需就侵权行为的客观构成要件举证即可，即证明动物致害事实、损害结果以及动物致害事实与损害结果之间有因果关系。如果在这个过程中，被侵权人存在故意或重大过失，饲养人或管理人主张免除或减轻责任的，则需举证证明被侵权人存在故意或重大过失，否则承担举证不能的后果。

——最高人民法院民法典贯彻实施工作领导小组主编：《中华人民共和国民法典侵权责任编理解与适用》，人民法院出版社 2020 年版，第 648 页。

7.可能加害的建筑物使用人免责的举证

通常情况下，有可能成为加害人的当事人，如果能够证明如下事项，就可以免责：（1）发生损害时，自己并不在建筑物中。既然不在现场，就没有实施抛物行为的可能，故可以免责。（2）证明自己根本没有占有造成损害发生之物。（3）证明自己所处的位置客观上不具有造成抛掷物致人损害的可能性。必要时可以作为专门性问题，通过鉴定程序来解决。

——最高人民法院民法典贯彻实施工作领导小组主编：《中华人民共和国民法典侵权责任编理解与适用》，人民法院出版社 2020 年版，第 706 页。

8.医疗损害责任构成要件事实与免责事由的举证证明责任

《医疗损害责任纠纷司法解释》第四条以构建和维护和谐医患关系为出发点，在大量实证调研和借鉴域外经验做法的基础上，为避免因举证责任分配不当而导致双方实体权利义务显著失衡而激化医患矛盾的问题，充分考虑患者存在医学专业性不足等客观障碍，对患者进行了适当的举证责任缓和。首先，在实践中对于出现的把手术刀、棉纱等遗落在患者身体中，或者诊断为左肾有病却将右肾切除等显而易见的过错，亦无须再由患者进一步提供证明医方有过错的证据，即视为患者一方已经完成了举证证明责任，此即事实自证规则。《民法典》第七编第六章规定诊疗损害责任为过错责任的同时，规定在违反诊疗法规规范，隐匿或者拒绝提供病历资料，遗失、伪造篡改或者销毁病历资料三种情形下推定诊疗行为有过错。这从某种意义上讲，这也是对患者举证证明责任的缓和。其次，对于医疗损害过错及因果关系的举证，本质上还是一个专业判断问题，核心在于谁来申请鉴定的问题，《医疗损害责任纠纷司法解释》第四条即明确了对于患者无法提供证据证明医疗一方有过错和因果关系的，可以通过申请鉴定的方式予以证明，这无疑也是从诉讼程序上对患者一方采取的缓和其举证责任的方法。在此需要注意的是，这一患者申请鉴定的规定不宜理解为排他性规定，即将申请鉴定的权利或者义务都限定在患者一方。最后，免责、减责的情形作为抗辩事由，独立于请求权基础事实。在患者主张诊疗损害侵权赔偿时，医疗机构关于免责、减责事由的主张系抗辩性事实主张，产生独立的举证责任。

——最高人民法院民法典贯彻实施工作领导小组主编：《中华人民共和国民法典侵权责任编理解与适用》，人民法院出版社 2020 年版，第 424 页。

一、对于诊疗损害责任的构成要件事实的举证证明责任

《侵权责任法》[①]第五十四条[②]规定是关于诊疗损害责任适用过错责任原则，原告主张损害赔偿责任的，即应当对诊疗行为、过错、损害后果和因果关系承担举证证明责任。

1. 对诊疗行为的认定

诊疗行为是否存在，主要看患者与医疗机构之间是否存在诊疗关系。按

① 原《侵权责任法》于 2009 年 12 月 26 日第十一届全国人民代表大会常务委员会第十二次会议通过。根据《民法典》第一千二百六十条的规定，《民法典》自 2021 年 1 月 1 日起施行，原《侵权责任法》同时废止。

② 对应《民法典》第一千二百一十八条。

照《第八次全国法院民事商事审判工作会议（民事部分）纪要》的精神，对于是否存在诊疗关系，应综合挂号单、交费单、病历、出院证明及其他能证明存在医疗行为的证据加以认定。

2. 对损害后果的认定

“无损害则无责任”，在医疗损害责任纠纷中只有在损害后果实际发生的情况下，才需要考虑是否要由医疗机构承担损害赔偿责任。患者对于医疗损害责任纠纷中的损害事实承担举证证明责任。这就意味着患者必须提供证据证明自己的人身受到损害，即证明自己的生命权、健康权、身体权等权利受到了损害的客观事实。一般要证明以下事实：

（1）哪种权利受到侵害，是生命权、健康权还是身体权；

（2）受到的人身伤害后果是一般伤害、残疾还是死亡；

（3）受到的财产损失，比如医疗费、误工费；

（4）是否存在精神损害。

3. 对《侵权责任法》第五十八条[①]规定三种情形的认定

《侵权责任法》第五十八条规定的三种推定医疗机构有过错的情形，首先应当由原告一方提供证据证明这些事实的存在，才可以推定医疗机构有过错。如果原告不能提供证据予以证明，自无法进行过错推定。实践中对于上述三项事实的证明能否达到过错推定的程度，有时也会发生争议，医疗一方提出反驳证据的，法官应综合考虑双方提交的证据的证明力大小，按照民事诉讼法解释规定的证明标准，做出认定。

对当事人所举证据材料，应根据民事诉讼法及其司法解释的相关规定进行综合审查。《第八次全国法院民事商事审判工作会议（民事部分）纪要》对此作了大致相似的表述，“对当事人所举证据材料，应根据法律、法规及司法解释的相关规定进行综合审查。因当事人采取伪造、篡改、涂改等方式改变病历资料内容，或者遗失、销毁、抢夺病历，致使医疗行为与损害后果之间的因果关系或医疗机构及其医务人员的过错无法认定的，改变或者遗失、销毁、抢夺病历资料一方当事人应承担相应的不利后果；制作方对病历资料内容存在的明显矛盾或错误不能作出合理解释的，应承担相应的不利后果；病

① 对应《民法典》第一千二百二十二条。

历仅存在错别字、未按病历规范格式书写等形式瑕疵的，不影响对病历资料真实性的认定”。

二、对于免责或者减责事由的举证证明责任

《侵权责任法》第三章规定的一般情况下免责和减责情形的内容，如损害是因受害人故意造成的，行为人不承担责任；再如因不可抗力造成他人损害的，不承担责任等。上述免责事由的规定，对于医疗损害责任也是适用的。在医疗损害责任中，如果构成不可抗力造成不良后果，应当依据《侵权责任法》第二十九条规定免除责任或者减轻责任。例如，医务人员在手术过程中发生地震，造成患者死亡或者不良后果，当然可以免除责任。确定适用不可抗力免责或者减轻责任的规则，应当是医疗机构在正常的医疗活动中造成患者的损害，其直接原因是不可抗力，不是医疗过失所致，因而应当免责。如果不可抗力与医疗过失作为造成损害的共同原因的，则应当根据过错程度和原因力的分析，确定医疗机构减轻责任。[①]

《侵权责任法》在第七章医疗损害责任中第六十条第一款对于医疗损害责任的免责事由作了进一步的特殊规定，“患者有损害，因下列情形之一的，医疗机构不承担赔偿责任：（一）患者或者其近亲属不配合医疗机构进行符合诊疗规范的诊疗；（二）医务人员在抢救生命垂危的患者等紧急情况下已经尽到合理诊疗义务；（三）限于当时的医疗水平难以诊疗”。对于第一项情形，一般而言包括两种类型：一类是患者主观上故意不配合的情形。虽然实践中这一情形相对较少，但在近年来“医闹”问题不断出现的情况下，故意不配合的情形也有多发现象。过失的情况则较为常见，比如不遵医嘱错误用药、错误饮食甚至饮酒等情形导致病症加重甚至出现并发症等的情形，医疗机构不承担赔偿责任。对于患者囿于其医疗知识水平的局限而对医疗机构采取的诊疗措施难以建立正确的理解，从而导致其不遵医嘱、错误用药等与诊疗措施不相配合的现象，是否属于患者一方不配合诊疗的行为问题，我们认为，通常需要根据个案具体情况判断医务人员是否向患者一方履行了相应的告知说明义务或者存在其他过错情形。若医务人员已经尽到相应义务，患者的损害是因患者或者其近亲属不配合的行为所致，则医疗机构对此不应当承担赔偿

① 杨立新：《侵权法论（第五版）》，人民法院出版社 2013 年版，第 602 页。

责任。

对于第二项在抢救生命垂危的患者等紧急情况下，如何判断何为“合理诊疗义务”。立法机关认为，考虑到在紧急情况下，患者生命危在旦夕，抢救时间紧迫，医务人员对患者的病情及病状无法作详细的检查、观察、诊断，难以要求医生具有与平常时一样的思考时间、判断能力和预见能力。对于这种情况，法律对医生在注意程度上的要求相对低于一般医疗时的情形。具体而言，根据现行的诊疗规范，紧急情况下合理的诊疗义务包括如下四个方面：（1）对患者伤病的准确诊断。对患者伤病的准确诊断是正确实施治疗措施的前提。如情况紧急，应当采取控制患者伤病恶化的紧急措施后，再作进一步诊断和治疗。（2）治疗措施的合理、适当，包括治疗措施和治疗用药的适当、合理。（3）谨慎履行说明告知义务。紧急情况下，如果事前告知不可行，那么采取紧急救治措施后仍应履行该项义务。（4）将紧急救治措施对患者造成的损害控制在合理限度之内。结合上述情况，如果医务人员已经尽到在紧急救治情况下医务人员通常应尽到的诊疗义务，即合理诊疗义务的，医疗机构不承担赔偿责任；否则，即便是为抢救生命垂危的患者，但医务人员未尽到紧急救治情况下医务人员应尽到的合理诊疗义务，医疗机构仍难以免除其赔偿责任。[①] 从审判实务的角度讲，如何认定紧急情况下医务人员已经尽到合理诊疗义务，这涉及专业判断问题，必要时可以通过鉴定来解决。

对于第三项规定的“限于当时的医疗水平难以诊疗”，关键在于如何判断“当时的医疗水平”。对医务人员采取的诊疗行为是否存在过错的判断，只能基于当时的医学科学本身的发展，即是否尽到与当时的医疗水平相应的诊疗义务，尽到该项义务的，就视为医疗机构及其医务人员没有过错，对于患者的损害不承担赔偿责任。但对于诊疗行为是否尽到当时医疗水平要求下的义务往往属于专业判断问题，必要时可以通过鉴定来解决。

——杜万华主编：《最高人民法院医疗损害责任司法解释理解与适用》，人民法院出版社 2018 年版，第 89~94 页。

---

① 王胜明主编：《〈中华人民共和国侵权责任法〉条文解释与立法背景》，人民法院出版社 2010 年版，第 240 页。

9.免责事由的举证责任承担

关于《民法典》第一千二百二十四条的适用，要注意有关本条第一款规定免责事由的举证责任承担问题。《医疗损害责任纠纷司法解释》第四条第三款规定："医疗机构主张不承担责任的，应当就侵权责任法第六十条[①]第一款规定情形等抗辩事由承担举证证明责任。"这一规定内容主要涉及制定条文依据调整问题。而由于《民法典》第一千二百二十四条与《侵权责任法》中的这一规定在内容上是一致的，有关规则可以继续适用。据此，就免责事由的举证责任，应当由医疗机构一方承担。同样，若涉及专业判断问题，则医疗机构也可以通过申请鉴定来解决。

——最高人民法院民法典贯彻实施工作领导小组主编：《中华人民共和国民法典侵权责任编理解与适用》，人民法院出版社2020年版，第480~481页。

10.侵害患者知情同意权责任纠纷中的举证证明责任

医疗机构是否尽到说明义务的举证责任，原则上应当由患者承担，因为这实质上是医疗机构及其医务人员是否有过错的问题，由患者来举证，符合医疗损害责任采过错责任原则的基本法理。而且这也涉及专门性问题，通常需要通过鉴定来解决，明确由患者举证，本质上仅是涉及由谁来申请启动鉴定程序的问题。要求医疗机构承担过重的举证责任，也可能会引发医疗机构的保守治疗、过度检查等问题，不仅给医疗机构带来过重的负担，也不利于医学的进步，最终影响的是全体患者的利益。《医疗损害责任纠纷司法解释》第五条对于医务人员违反说明义务案件的举证责任问题作了明确规定。该条内容在"谁主张、谁举证"的基础上，对患者实行一定程度的举证责任缓和。其中，第一款按照过错责任的基本法理，对患者的举证责任作出了规定。这一做法符合上述《民事诉讼法解释》第九十一条所确立的举证证明责任分配的一般规则，即主张权利受到妨害的当事人，应当对权利受到妨害的基本事

① 对应《民法典》第一千二百二十四条。

实承担举证证明责任。该条第二款则在实施手术、特殊检查、特殊治疗的情形下对患者一方实行了举证责任缓和，进一步规定了医疗机构提供了患者或者患者近亲属的书面同意[①]证据的，人民法院可以认定医疗机构尽到说明义务，以避免给医疗机构过重的负担，同时又规定了一个除外条款，即在患者提供了相反证据的情况下，仍应认定医疗机构未尽到说明义务，以有效保护患者合法权益。由于医疗机构说明义务的范围问题非常复杂，可能因具体疾病的不同而不同，这涉及专业判断问题，患者可以通过申请鉴定的方式来举证。

——最高人民法院民法典贯彻实施工作领导小组主编：《中华人民共和国民法典侵权责任编理解与适用》，人民法院出版社 2020 年版，第 435~436 页。

一、关于医疗机构违反说明义务一般情形的举证证明责任

依据《医疗损害责任纠纷司法解释》第五条第一款的规定，患者依据《侵权责任法》第五十五条[②]规定主张医疗机构承担赔偿责任的，应当按照医疗损害责任举证证明责任的一般规则提交就医疗机构违反告知义务侵权责任构成要件事实相应的证据。具体而言，患者应当依据《医疗损害责任纠纷司法解释》第四条的规定，提供到该医疗机构就诊的证据、受到损害的证据。对于医疗机构或者医务人员有过错的证据以及诊疗活动与损害事实之间具有因果关系的证据，按照举证责任分配的一般规则也应当由患者一方举证。考虑到这里的医疗机构或者医务人员有过错的证据即为医疗机构未尽到说明义务的证据，医疗机构未尽到说明义务本身及因果关系问题都涉及专业判断问题，而且医疗机构尽到说明义务的问题相对于患者而言属于消极事实，完全由患者进行举证可能会导致患者因专业知识、举证能力等客观原因无法举证，对此也应当适用第四条第二款的规定，即允许患者通过申请鉴定的方式来解决。同时在第二款依据《侵权责任法》第五十五条的规定明确规定了医疗机构的说明义务，意在导向医疗机构对其尽到说明义务问题也要积极举证。具体而言，对《医疗损害责任纠纷司法解释》第五条规定的把握要注意以下

① 《民法典》侵权责任编将“书面同意”改为“明确同意”，关于说明义务的要求自然要以《民法典》侵权责任编的规定为准。

② 对应《民法典》第一千二百一十九条。

三点：

1. 在价值导向上，《医疗损害责任纠纷司法解释》第五条规定也贯彻了对患者的举证责任缓和的理念，适当减轻了患者对于医疗机构违反说明义务时的举证证明责任，但对于到医疗机构就诊及受到损害这一基本事实则必须由患者承担举证证明责任。

2. 医疗机构依据《侵权责任法》第六十条[①]第一款规定主张不承担赔偿责任的，也要承担举证证明责任。就举证责任分配而言，依据《医疗损害责任纠纷司法解释》第四条的规定，医疗机构仍应对免责事由承担举证证明责任，此可以理解为法律的特殊规定，也符合《民事诉讼法解释》第九十一条规定的基本精神。对此，医疗机构通常也需要通过申请鉴定来解决。

3. 关于鉴定的申请。相对于患者而言，医疗机构是否尽到告知义务涉及专业判断问题，而且实践中患者可能也难以提交医疗机构违反说明义务的证据，这时患者就需要通过申请鉴定来解决。在此需要注意的是，《医疗损害责任纠纷司法解释》第五条规定与第四条相衔接，此鉴定申请是给患者缓解举证难的一个方法，并非将鉴定申请完全限定为患者一方的义务，医疗机构为维护自身诉讼权益及实体权利可以就有关专门性问题积极举证，也可以通过申请鉴定的方式来确定其过错及原因力的有无、大小。

同其他医疗损害责任纠纷一样，本着彻底化解医患矛盾的需要，对于医疗机构违反告知义务的事实认定，往往需要通过申请鉴定的方式来解决，即强化患者行为意义上的举证责任，通过释明的方式倡导医患双方来申请鉴定，弱化其结果意义上的举证证明责任。必要时，人民法院应当依照《民事诉讼法》第七十六条[②]第二款的规定依职权启动鉴定。在医疗损害责任纠纷中，由于医患矛盾本身较为敏感，不仅涉及医患关系的和谐，还会影响医疗卫生事业的健康发展，因此，为彻底解决医患纠纷，可能要采取区别于普通民事案件的做法，能够通过鉴定查明案件事实来进行裁判的，尽量减少采用结果意义上的举证责任分配的规则来判决一方当事人败诉。对于双方当事人都申请鉴定的情形，则人民法院要根据案件具体情况，依据《民事诉讼法》第七十

① 对应《民法典》第一千二百二十四条。

② 对应《民事诉讼法》(2023 年修正) 第七十九条。

六条第二款的规定依职权启动鉴定。

二、实施手术、特殊检查、特殊治疗情形下的举证证明责任

考虑到患者的举证能力以及《侵权责任法》第五十五条第一款规定的实施手术、特殊检查、特殊治疗的情况下医务人员不仅负有告知义务，还有取得患者或者患者近亲属书面同意的义务。为弥补患者举证能力不足可能带来实体处理不公而影响医患纠纷彻底化解的问题，《侵权责任法》第五十五条第二款对患者作出了进一步的举证责任缓和，规定了对于实施手术、特殊检查、特殊治疗的情形，由医疗机构承担尽到说明义务并取得患者或者患者近亲属的书面同意的举证责任。理由在于：（1）医疗机构客观上掌控着患者的病历资料，医疗机构对其尽到说明义务比较容易完成举证；（2）实施手术、特殊检查、特殊治疗对患者而言影响较大，要求医疗机构承担举证责任，有利于督促医疗机构规范诊疗行为，切实维护患者合法权益；（3）在举证责任分配上适度平衡患者与医疗机构之间的关系，也有利于构建和谐的医患关系。

当然，鉴于《侵权责任法》第五十六条[①]规定了“因抢救生命垂危的患者等紧急情况，不能取得患者或者其近亲属意见的，经医疗机构负责人或者授权的负责人批准，可以立即实施相应的医疗措施”，即在这一情形下医疗机构不能取得患者或者其近亲属意见，当然也就没有取得他们书面同意的可能，故在此情形下医疗机构不必就其尽到说明义务及取得书面同意的问题承担举证责任。

此外，《医疗损害责任纠纷司法解释》第五条第二款规定了一个除外条款，即在患者提供了相反证据证明的情况下，仍应认定医疗机构未尽到说明义务，以有效保护患者合法权益。因为实践中，书面同意的内容与说明义务的要求有时可能会不尽一致，对于只要患者书面同意的，一概认定医疗机构尽到说明义务，未免过于绝对。故肯定患者或者其近亲属书面同意在形式上具有能够证明医疗机构尽到说明同意义务的证据效力，同时允许患者一方通过反证予以反驳，无疑更加符合审判实践的具体情况，也有利于医患纠纷的彻底化解。当然，由于诊疗活动中说明义务的专业性，这里的反证，患者也可以通过申请鉴定来解决。

---

① 对应《民法典》第一千二百二十条。

——杜万华主编:《最高人民法院医疗损害责任司法解释理解与适用》，人民法院出版社2018年版，第112~115页。

11.确认或否认亲子关系的举证责任

亲子关系的确认或否认，对于一个家庭以及父母、子女来说，不仅涉及一系列权利义务的产生、消灭，更是人身关系的重大改变，直接影响家庭和睦、社会和谐。人民法院在审查此类案件中证据时，务必慎之又慎，严格依据证据规则对当事人提交的证据审核和认定。对提起亲子关系诉讼的一方当事人来说，其提供的证据可能不够充分，但必须能够形成合理证据链条证明当事人之间可能存在或者不存在亲子关系。其申请亲子鉴定只是对所举证据的一种补充（补强）而不是作为其主张的唯一证据。对其所举证据与待证事实之间的关系可以从两个方面来把握：第一，所举证据是否形成合理的链条，达到使裁判者相信可能确实存在这样的事实；第二，按照民事诉讼证据规则，其举出的证据虽不充分，但足以达到转移举证责任的条件。当然，所谓使裁判者相信，不应理解为某个裁判者的主观臆断，而是指裁判者遵循现代自由心证原则，即依照法定程序，全面、客观地审核证据，依据法律规定，遵循法官职业道德，运用逻辑推理和日常生活经验对证据进行综合判断后得出的结论。① 一般而言，请求确认或否认亲子关系，应当提供充分证据予以证明。请求确认亲子关系，应当提供亲子鉴定报告等可证明血缘关系的证据。请求否认亲子关系，一般应当提供证据证明存在下列情形之一：一是在妻子受胎期间，有明显证据证明双方不存在同居的事实，包括异地工作证明、行程证明、证人证言等可以形成完整证据链的综合证据。二是丈夫有生理缺陷或没有生育能力，包括时间不能、空间不能、生理不能。可通过医院医学证明等相关证据综合判断。三是子女和其他人存在血缘关系，包括子女和其他人亲子鉴定报告等证据，可以证明子女和其他人存在生物学意义上的亲子关系。

此外，《最高人民法院关于适用〈中华人民共和国民法典〉婚姻家庭编的解释（一）》第三十九条确定的亲子关系确认或否认之诉中，亲子鉴定报告

---

① 最高人民法院民事审判第一庭编著:《最高人民法院婚姻法司法解释（三）理解与适用》，人民法院出版社2011年版，第51页。

是重要的证据，对于亲子关系的认定、法官自由心证的形成都起到重要影响。如当事人双方均配合，提供检材做亲子鉴定，则亲子鉴定报告基本对于亲子关系的认定形成决定性作用。而实践中，很多情况是对方当事人并不配合提供检材，法院又不宜强制当事人进行鉴定，在此种情形下导致案件审理缺少亲子鉴定报告作为定案证据，此时就可以依据《最高人民法院关于适用〈中华人民共和国民法典〉婚姻家庭编的解释（一）》第三十九条规定进行推定认定。

——最高人民法院民事审判第一庭编著：《最高人民法院民法典婚姻家庭编司法解释（一）理解与适用》，人民法院出版社2021年版，第373~374页。

12.父母双方变更子女直接抚养关系的协议，是人民法院判断是否变更子女直接抚养关系的证据之一

司法实务中，父母双方变更子女直接抚养关系的协议往往被一方用于作为诉讼中主张变更子女直接抚养关系的证据。该协议如果合法有效，则可直接证明，父母双方均已经同意变更子女直接抚养关系。但是必须强调的是，变更子女直接抚养关系除了考虑父母意愿，还应根据最有利于未成年子女的原则，综合考虑双方抚养条件、抚养能力、变更子女生活、学习环境可能给子女带来的影响，以及8周岁以上未成年子女的个人意愿甚至在隔代抚养情形下还要考虑子女与祖父母、外祖父母之间的情感依赖等因素，故人民法院在审理此类案件时，不能产生父母双方一旦达成变更子女直接抚养关系的合法有效协议，就应直接裁判变更子女直接抚养关系的机械理解。父母达成的变更子女直接抚养关系的协议可以作为变更子女直接抚养关系的直接证据，但并不必然导致子女直接抚养关系的变更。此外，就《最高人民法院关于适用〈中华人民共和国民法典〉婚姻家庭编的解释（一）》第五十七条所指协议而言，应是指父母双方就直接变更子女直接抚养关系达成一致且明确的意见。如果协议中关于变更子女直接抚养关系的条款存在理解分歧，从维护未成年子女既有生活学习环境稳定出发，一般不宜依据该协议，作出变更子女直接抚养关系的裁判。例如“若女方在某市有固定的工作或经济能力抚养孩子，

并且对子女健康成长有利的情况下，男方同意变更抚养权”是附条件变更直接抚养关系的约定，由于父母双方对该条中何为“在某市有固定的工作或经济能力抚养孩子，并且对子女健康成长有利的情况”存在理解分歧，故不宜据此变更子女直接抚养关系。

——最高人民法院民事审判第一庭编著：《最高人民法院民法典婚姻家庭编司法解释（一）理解与适用》，人民法院出版社 2021 年版，第 499 页。

13.受胁迫一方以缔结婚姻时系因受到胁迫而为意思表示为由，向人民法院请求撤销婚姻应当承担相应的举证证明责任

《民事诉讼法》第六十四条[①]第一款规定：“当事人对自己提出的主张，有责任提供证据。”《民事诉讼法解释》第九十条规定：“当事人对自己提出的诉讼请求所依据的事实或者反驳对方诉讼请求所依据的事实，应当提供证据加以证明，但法律另有规定的除外。在作出判决前，当事人未能提供证据或者证据不足以证明其事实主张的，由负有举证证明责任的当事人承担不利的后果。”受胁迫一方基于其受到胁迫而为意思表示违背其内心真意的事实，提出撤销婚姻关系的请求，就受胁迫的事实主张，依法应当提供证据证明。而且，《民事诉讼法解释》第一百零九条规定：“当事人对欺诈、胁迫、恶意串通事实的证明，以及对口头遗嘱或者赠与事实的证明，人民法院确信该待证事实存在的可能性能够排除合理怀疑的，应当认定该事实存在。”该证明标准的规定，明显高于《民事诉讼法解释》第一百零八条规定的“高度可能性”的一般事实证明标准。

证明标准针对不同证明对象和待证事实，具有不同层次性、多元性特点，这在大陆法系国家和英美法系国家的立法和司法实践中均有体现。我国 2015 年制定《民事诉讼法解释》时，明确将对欺诈、胁迫、恶意串通等特殊事实的证明标准，提高到了排除合理怀疑的程度。从相应实体法规定角度看，表述为“足以”等内容的实体法规定，体现了对此类待证事实提高证明标准的立法倾向，在审判实践中，应当适用高于高度可能性标准的证明标准。在撤销婚姻关系案件审理中，对是否存在胁迫事实，应当注意适用《民事诉讼法

① 对应《民事诉讼法》（2023 年修正）第六十七条。

解释》第一百零九条规定的排除合理怀疑的证明标准，在清晰且令人信服的证据可以证明胁迫事实的情况下，方可认定受胁迫方主张的该等事实存在。

——最高人民法院民事审判第一庭编著：《最高人民法院民法典婚姻家庭编司法解释（一）理解与适用》，人民法院出版社2021年版，第181~182页。

14.诉讼时效期间届满的证明责任

关于诉讼时效期间届满的证明责任，实践中存在不一致的认识和做法。有观点认为，应以权利成立后是否超过3年为标准分配证明责任，对于超过3年的债权，应由债权人承担证明责任，证明债权诉讼时效期间未届满；也有观点认为，时效抗辩为权利妨害抗辩，应由主张一方即债务人承担证明责任；还有观点认为，债权人主张债权，应当由其证明债权诉讼时效期间未届满，法院方能支持。

上述观点没有区分行为意义上的举证责任和结果意义上的证明责任。对于行为意义上的举证责任，为避免出现败诉或真伪不明的后果，双方都有提出证据的需求和义务。但是对于结果意义上的证明责任，是由一方确定承担的，不会因为债权人的不同、主张债权的时间上的不同而有变化。

《民事诉讼法解释》第九十一条规定："人民法院应当依照下列原则确定举证证明责任的承担，但法律另有规定的除外：（一）主张法律关系存在的当事人，应当对产生该法律关系的基本事实承担举证证明责任；（二）主张法律关系变更、消灭或者权利受到妨害的当事人，应当对该法律关系变更、消灭或者权利受到妨害的基本事实承担举证证明责任。"根据该条规定，我国《民事诉讼法》对结果意义上的证明责任采取的是法定证明责任，即主张权利受到妨害的当事人，应当对该权利受到妨害的基本事实承担举证证明责任，也即在真伪不明时，由债务人承担诉讼时效届满的证明责任，否则承担不利后果。

需要说明的是，结果意义上的证明责任只在真伪不明时才适用，双方为避免败诉或出现真伪不明，都会积极地行使举证责任，人民法院也应该引导、鼓励当事人提交证据，但是这不是结果意义上的证明责任分配。例如，在上述观点中，对于权利成立时间超过3年的，债权人为避免败诉，会积极对知道或应当知道权利受侵害的时间以及诉讼时效期间存在中止、中断等事由进行举证；而债务人会对权利侵害超过3年等事实进行举证。但是，债权人的举证是为了获得胜诉，从理论上说，因为结果意义上的证明责任在债务人，债权人可以不举证，任由债务人证明诉讼时效届满或者陷入真伪不明。当然，作为一个理性的诉讼当事人，在能够提供证据的情况下是不会放弃行为意义上的举证责任的。

——最高人民法院民法典贯彻实施工作领导小组主编：《中华人民共和国民法典总则编理解与适用》，人民法院出版社2020年版，第972~973页。

15.公文书证真实性的证明责任

公文书证经由具备相应职能、职责的国家机关或事业单位按照法定程序或方式作出，通常具有较强的证明力。但是，公文书证的真实性不能仅凭公文书证的签章以及文件外观推定，而应结合案件具体情况，如证据提出时间，当事人之前是否有提交虚假证据的行为，当事人提交的公文书证与之前陈述、其他证据是否存在矛盾等情形综合判断。本案中易某提交的离婚证虽属公文书证，但其在原审一审中从未主张其与周某已离婚，且其曾提供虚假材料申请补发离婚证，相关行政部门又出具无离婚档案的书面证明。现易某提供第二份离婚证并申请再审，该离婚证的真实性未经证实，且反映的事实明显与本案其他证据反映的事实相矛盾，因此，认定易某未完成证明责任，应承担不利后果。

附：案情简介

原告卢某与被告周某等因借款合同纠纷诉至法院。卢某起诉要求周某等以及周某配偶易某承担连带清偿责任。易某在该案一审及同期其他案件中从未主张其已经与周某离婚。该案二审中易某主张已与周某离婚，但未提供证据予以证明。相反原告卢某提供的由公安机关出具的《常住人口信息表》载明，周某与易某为夫妻关系。一、二审法院判决易某对周某应承担的债务份额承担共同清偿责任。

该案二审判决后，易某以离婚证遗失为由向乙市丙区民政局申请补发离婚证，乙市丙区民政局为易某补发离婚证。卢某与乙市丙区民政局、周某、易某民政行政登记一案中，法院查明易某申请补发离婚证时，提交的形成于1993年8月20日、加盖原有“乙市丁乡人民政府”字样印章的离婚证，经鉴定，印文并非乙市丁乡人民政府当时使用的印章盖印形成。法院终审判决撤销乙市丙区民政局为易某补发的离婚证。

之后，易某以其与周某于1993年已经离婚，不应承担共同清偿责任为由，对周某与卢某借款合同纠纷一案申请再审，并提交一份发证日期为1994年3月18日，加盖乙市丁乡民政办公室印章的离婚证，易某称该证系遗失1993年离婚证后补办，因此前一直没找到故未及时提交。卢某认为该证有涂改痕迹，对真实性不予认可，且提交了一份丙区丁镇民政室出具的《情况说明》予以反驳。该《情况说明》记载：“周某、易某在我丁镇（丁乡）民政室1994年期间无离婚档案属实。”

——最高人民法院第一巡回法庭编著：《最高人民法院第一巡回法庭民商事主审法官会议纪要》（第1卷），中国法制出版社2020年版，第104~105页。

16.因用人单位终止劳动合同引发争议的举证责任分配

劳动合同终止，是指劳动合同效力被消灭，即劳动关系因某种法律事实的出现而终结。劳动合同解除是指在劳动合同履行过程中，由于某些原因导致当事人双方提前解除劳动权利和义务关系。劳动合同解除和终止作为劳动关系消灭的两种情形，虽然两者在成就条件、程序、法律后果、维权手段等诸多方面均存在差异，但从法律效果来看，其结果都是导致劳动关系归于消灭，而且均系因用人单位行使用工管理权引发，加之《最高人民法院关于审理劳动争议案件适用法律问题的解释（一）》第四十四条规定对举证责任倒置适用情形采取的开放性表述方式，因此，根据本条规定的制定缘由和目的，因用人单位终止劳动合同引发的争议，举证责任应当由用人单位对终止劳动合同合法性承担举证责任。

关于劳动合同终止，《劳动法》和《劳动合同法》规定存在差异。根据《劳动法》第二十三条规定，劳动合同期满或者当事人约定的劳动合同终止条件出现，劳动合同即行终止，即劳动合同终止条件分为法定条件和约定条件，亦即用人单位可以和劳动者在劳动合同中约定劳动合同的终止条件。只要约定的终止条件不违背法律、行政法规的强制性规定，用人单位可以依据约定终止双方劳动合同。但是，根据《劳动合同法》第四十四条规定，劳动合同的终止条件只有法定条件，取消了约定条件。《劳动合同法》由此调整是为了防止用人单位滥用劳动合同终止的约定条款，随意终止劳动合同。就《劳动法》和《劳动合同法》关于劳动合同约定终止的冲突性规定，学界和实务界普遍认为应当适用《劳动合同法》规定，用人单位不得通过与劳动者约定《劳动合同法》法定终止条件以外的合同终止条件，不得随意终止劳动合同。因此，因用人单位终止劳动合同引发争议时，用人单位应对其终止决定符合法定条件承担举证责任，而不能以其终止决定符合双方约定为由主张合法终止。

——最高人民法院民事审判第一庭编著：《最高人民法院新劳动争议司法解释（一）理解与适用》，人民法院出版社 2021 年版，第 548~549 页。

17.民间借贷中大额现金交付事实的举证责任分配与证明标准

理解《最高人民法院关于审理民间借贷案件适用法律若干问题的规定》第十五条规定，应具体把握以下两方面内容：

一、债权凭证可以推定成立借贷关系

（一）债权凭证具有直接证据效力

对于民间借贷纠纷中经常出现的原告仅凭借据、收据、欠条等债权凭证提起诉讼，要求被告归还借款的情形，司法审查应当如何掌握原则和标准，实践中存在不同观点。一种观点认为，借据等债权凭证是民间借贷法律关系的基本证据，只要该证据的真实性可以认定，就应当据此作出裁判认定。另一种观点认为，借据等债权凭证仅仅是证明民间借贷法律关系的证据之一，除此之外，出借人必须提供其他证据形成完整证据链条，否则人民法院不能确认当事人双方成立借贷关系。

能否依据借据、收据、欠条等债权凭证，认定当事人之间存在真实的民间借贷关系，需要综合考虑债权凭证的种类和性质，以及依据债权凭证是否足以认定当事人之间存在借贷合意，出借款项已经实际交付这两方面事实。

具体而言，民间借贷实务中的借据，是指由借款人书写并签字盖章的债权凭证，表明借款人向出借人借款，一般用于记载出借人、借款人、借款数额、借期、利息、借款时间等内容。收据以及收条，是表明收到他人交来的钱款的凭证，作为债权凭证的收据，必须是由出借人出具给借款人。收条通常适用于自然人之间的借贷关系中，出借人向借款人出具收条，以表明已经收到借款人给付的借款；而收据一般适用于企业作为出借人的借贷关系中，作为入账的会计材料。在收据或者收条上，通常会载明付款人、收款人、收到款项的数额、时间等内容。欠条一般是出借人单方向借款人出具，用以表明所借款项、借期、利息等内容的凭证。当然，有的欠条并不记载明确债权人，而以实际持有欠条的人为债权人。严格来讲，借据与收据（或收条）、欠条等债权凭证在内容和性质上存在区别，顾名思义，借据通常能够直接表明出借人向借款人借款的意思，或者当事人双方具有借贷的合意，而收据（或收条）则更强调款项的实际给付，欠条更强调债务人认可债务的真实存在，如果没有明确记载给付款项或者欠付款项是基于借贷行为的情况下，还需对形成收据（或收条）以及欠条的基础法律关系作出审查。

从实践的情况看，很多民间借贷关系，特别是发生在自然人之间的借款关系，双方当事人并没有签订正式的书面借款合同，往往仅通过由借款人或出借人签写借据或欠条、收条等方式记录借款事实。从理论上分析，由于法律没有要求此类借款关系的发生必须签订书面借款合同，在此类民间借贷纠纷案件中，债权凭证可以作为借款合同关系发生的直接证据。在出借人能够提供真实完整的借款凭证的情况下，一般可以先推定其与借款人之间达成了借款合同关系的合意。但是，在当事人仅能提供债权凭证而对方予以否认的情况下，特别是在被告提供相应证据证明双方之间的款项往来系基于其他法律关系时，人民法院应当对双方之间是否存在借贷合意进一步予以审查，避免过于看重钱款交付事实的审查，而忽视了双方之间借贷合意审查的问题。

同时，在民间借贷案件中，出借人是否实际向借款人履行出借款项的交付义务，需要相应证据予以证明。对于通过金融机构支付的款项，因为存在银行转账支付凭证，通常容易予以证明，而在现金交付的情况下，因货币作为一种特殊的种类物，一旦交付给借款人，往往难与借款人的自有货币区分开来，因而出借人往往只能提供借款合同或者借据、收条、欠条等证据，证明款项已经交付。如果借款人对此不予认可，否认借款真实交付，人民法院可以根据查明案件事实的需要，要求原告补充提交证据，加以综合判断。

（二）被告抗辩借款已经偿还的，双方应继续承担举证责任

根据《民事诉讼法》的基本理论，举证责任制度最早产生于古罗马法时代. 罗马法就举证责任确认了两个基本原则：一是原告有举证之义务，二是肯定者应负举证责任。由此奠定了“谁主张，谁举证”的证明规则，对后世产生巨大影响。到了德国普通法时代，罗马法的举证规则发生演变，进一步确立了原告就其诉讼的原因事实为举证，被告就其抗辩的事件事实为举证的一般原则。而就举证责任分配的规范而言，大陆法系国家和地区，一般采取由实体法和诉讼法共同规定举证责任的分配，我国《民事诉讼法》第六十四条[①]第一款规定，当事人应对自己提出的主张承担举证责任。还应注意的是，根据证据法理论，关于当事人的举证责任，存在“行为责任”“危险负担”以及“双重含义”等多种学说。其中，行为责任说认为，举证责任是指在诉讼中，当事人对于自己主张的事实，有提供证据、证词、材料、影像、音频、证人等以证明其行为真实性的责任。危险负担说又称为风险负担说、败诉风险说、结果风险说，认为举证责任是指在案件事实真伪不明时，负有举证责任的一方当事人应当承担的败诉风险。[②]而双重含义说则认为，举证责任包括行为意义上的证明责任和结果意义上的证明责任这两层含义。前者是指对于诉讼中的待证事实，应当由谁提出证据加以证明的责任，又称形式上的证明责任、主观的证明责任、提供证据的责任；后者是指当待证事实最终处于真伪不明状态时，应当由谁承担因此而产生的不利法律后果，又称为实质上的举证责任、客观的举证责任、说服责任。但无论哪种学说，当事人的举证责任以及举证责任的分配，其目的均在于使实体法更能客观有效地运用在审判实践中，更有利于兼顾法律的公平和公正。

据此，在民间借贷纠纷案件中，出借人向法院提交借据、收据和欠条等债权凭证，被告抗辩所借款项已经偿还的，应当由被告对借款已经偿还的事

---

① 对应《民事诉讼法》(2023 年修正第六十七条。)

② 参见江伟主编：《民事诉讼法（第五版）》，中国人民大学出版社 2011 年版，第 178 页。

实提供相应的证据证明，而原告则应就借款事实的存续承担举证责任。具体而言，在民间借贷纠纷的诉讼活动中，被告抗辩已经偿还借款的，将会产生三方面的法律效果：（1）人民法院可以将被告提出的该项抗辩，认为是被告对双方存在真实借款关系作出自认，一般可以直接对该事实予以确认。（2）被告提出借款已经归还的抗辩，属于对权利消灭的主张，应由借款人对主张的相应事实的存在承担举证责任，并应当由其提供证据加以证明。（3）在被告对于已经偿还借款的事实予以证明的情况下，原告应当进一步举证证明，双方的借款关系仍然存续。

二、人民法院应综合认定借贷事实是否发生

（一）综合认定借贷事实的方法

1. 善于运用自由心证。从理论上讲，事实认定是指法官根据经验法则，通过对证据材料的审查和其证明力的认定、判断、取舍，对比各方当事人不同证据的证明力，推断当事人之间既往法律关系的事实过程。这一过程中所涵盖的对于经验法则的选择与运用，以及对证据证明力的判断等，都不能通过明确的法律规定来实现，要依靠法官在案件审理过程中的自由心证。我国现行法律虽未明确规定自由心证原则，但在相关规定中已经体现了自由心证的精髓和要义，其核心在于法官在对待证据方法、证据资料的证明力以及事实推定方面并非完全自由，仍须受到来自外在和内在两个方面的制约。[①] 首先，事实认定在本质上关涉客观事实与法律事实的关系问题。诉讼活动中，法官遵循实体与程序并重的原则，以穷尽方式追求客观事实，以期还原事实真相。但现实中，仍不可避免地存在着客观事实根本无法查清的情况，因此发现真实并非民事诉讼的唯一目标，在一定情况下，它必须向其他更重要的目的让步，当法的价值发生冲突之时，应当将正义与秩序作为价值取舍的最高标准以追求一种相对的真实，这就决定了人民法院以事实为根据中的“事实”只能是法律事实，只能以证据能够证明的案件事实作为裁判的依据。[②] 其次，法官依据证据材料认定案件事实，是其进行裁判的必经过程，法官应当严格按照法定程序，对证据予以全面、客观的核实，以维护当事人的证据利益，提

---

① 参见张卫平：《自由心证原则的再认识：制约与保障》，载《政法论坛》2017 年第 4 期。

② 参见最高人民法院民事审判第一庭编著：《最高人民法院新民事诉讼证据规定理解与适用》，人民法院出版社 2020 年版，第 739 页。

高事实认定的可靠度。在没有足够的、真实可信的证据来证明案件事实的情况下，法官需要结合经验法则和逻辑法则来综合认定案件事实。因经验法则和逻辑法则的选择和运用对法官的要求很高，并且在既有材料基础之上反向推演所确认的事实，完全有可能被新的证据推翻，为了保证事实认定相对客观，在诉讼程序上，应当允许当事人提出质疑或者补充证据。

2. 证据达到证明标准。当事人提供的证据应当达到一定的证明标准。证明标准，是指法律要求在诉讼中运用证据证明案件事实应当达到的程度，从诉讼法的角度，只有一项事实主张被证明到证明标准以上的确定程度，法官才能认定其为真，否则就只能认定其为伪或者真伪不明。[①] 由于法律传统与法律思维方式的不同，各国法律对证明标准的具体表述存在差异，但总体上可以分为三个层次：合理可能性标准、高度盖然性标准以及排除合理怀疑标准。基于民事诉讼制度的价值，我国现行法律规定，除非对特殊的事实认定时需要灵活采取更高或者更低的标准，民事诉讼的证明标准采取高度盖然性的一般标准。[②]

民间借贷案件的一个重要特点，就是当事人一般较少，法律关系简单，案件证据单一。正是由于这些特点，使得当事人试图通过虚构债务，以民事诉讼方式实现规避法律、逃避真实债务，从而损害国家、集体以及第三人合法权益的情况时有发生。在当前民间借贷市场呈现较为混乱状态、缺乏有效监管的情况下，人民法院对于此类案件的事实审查，应当结合具体案件情况，适当扩展审查的广度和深度，除了对各证据本身真实性、合法性以及与案件事实的关联性予以审查外，还应着重审查各证据之间的相互印证情况，从而对案件的全部证据作出综合判断，避免造成对案件事实的认定错误。具体来说，在确认借款人的还款责任时，必须以出借人实际向借款人交付了借款为事实依据，在没有证据证明借款已经实际交付的情况下，仅凭双方达成的借款合意的书面证据，不能认定双方之间的借款合同已经发生法律效力外，对于出借人提供了借款人出具的收条等凭证证明已经实际交付借款的情况，也要进一步综合全案情况作出判定。

① 参见吴泽勇：《中国法上的民事诉讼证明标准》，载《清华法学》2013 年第 1 期。

② 参见《最高人民法院关于适用〈中华人民共和国民事诉讼法〉的解释》第一百零八条的规定。

（二）综合认定借贷事实的主要因素

在原告以借据、收据、欠条等债权凭证为依据提起民间借贷诉讼，被告否认发生借贷事实的情况下，人民法院除依据当事人提供的债权凭证外，还应综合审查以下事实和因素，对原告主张的借贷事实是否实际发生作出综合判断。

1. 借贷金额。在借贷关系中，借贷金额无疑是重要案件事实，同时也会直接影响当事人之间包括钱款交付方式等各方面的交易安排。通常情况下，人们在对待不同的借贷金额时，采取的谨慎注意程度往往存在差别，在借贷金额不大的情况下，资金交付方式选择多样性、随意性较强，在审理此类案件时，如果出借人主张借款通过现金方式支付，通常通过审查借据等债权凭证的真实性、关联性、合法性，即可完成事实查证，在没有相反证据的情况下，可以确认借贷事实。而在借贷金额巨大时，无论是出借人还是借款人，一般都会对资金交付持较为谨慎的态度。对于大额借贷，人民法院通常应当对借款合同、借据、银行资金往来交付证据、企业会计资料等综合审查认定。对出借人主张通过现金方式支付的大额借贷，在出借人无法提供借据等债权凭证之外的其他证据证明借款已经实际支付的情况下，则应当进一步审查出借人的经济状况、借款人与出借人的关系、交易习惯等相关事实，从而判断当事人的主张是否成立。此外，借贷金额与当事人之间的亲疏关系、当事人的经济能力以及借款来源和用途等相关事实均有不同程度的牵连，查清借贷金额本身不仅是正确审理民间借贷案件借款本金的需要，也是进一步结合其他事实认定借贷关系是否真实发生的必要一环。

2. 款项交付。如前所述，在民间借贷关系特别是自然人之间的借贷关系中，款项的实际交付关系借款合同关系有效成立与否，因而是审理此类案件时必须查明的事实。款项交付事实的查清，一般应当包括交付方式、交付时间、交付地点、交付人和接受交付人的情况等多方面内容。其中，交付方式主要指款项系通过银行转账、票据支付还是现金支付等方式予以实际交付。借款款项的交付方式，往往与上述借款金额有较强的联系。通常小额借贷的支付方式，当事人更愿意选择现金交易，而大额借贷由于涉及巨额现金交付，虽然我国金融现金管制较之发达国家还有较大差距，现金使用频度高、广度大，但巨额的现金交易还是较为少见。在司法实践中，出借人对于难以证明实际交付的借款，往往主张系以现金方式交易从而逃避举证证明款项已经实际交付的事实，对此应当谨慎对待。对于通过银行等第三方系统交付的款项，由于通常可以较为容易地取得第三方出具的款项支付凭证，因而在交付时间、交付地点等因素的查明上并不困难。而对于出借人主张以现金交付的借款，则应当对交付时间、交付地点、交付人和接受交付人等交付细节进一步予以审查确认，从而力求查明款项交付的事实。

3. 当事人的经济能力。审查当事人的经济能力，主要是对出借人的经济状况和钱款来源进行审查，同时也可以结合案件具体情况，对借款人的经济状况和借款用途予以审查，从而更好地查清案件事实，形成借贷事实是否真实发生的内心确信。从商事交易的角度看，出借人出借钱款的来源以及借款人借款的用途等，并不影响借款合同是否成立、是否有效，亦不能成为借款人不按约归还欠款的合法抗辩，因而有观点认为，人民法院在审理民间借贷纠纷案件时，没有必要也没有理由对包括钱款来源、用途等在内的当事人的经济状况进行审查。我们认为，通常情况下这种观点并无不妥，但在当事人对借贷关系是否真实发生存在异议，或者虽然案件当事人双方对借款事实无异议，但人民法院经审理后认为，根据《最高人民法院关于审理民间借贷案件适用法律若干问题的规定》第十九条的规定，可能涉及虚假诉讼的时候，为了进一步查明借贷关系的真实性，则有必要对当事人的经济能力和财产变动情况等予以审查，从而对交易是否实际发生作出综合判断。

4. 交易方式和交易习惯。从解释论的角度，交易习惯在合同解释和事实认定方面具有举足轻重的作用。当事人对合同条款的理解有争议的，应当按照合同所使用的词句、合同的有关条款、合同的目的、交易习惯以及诚信原则，确定该条款的真实意思。之所以在合同解释上考虑交易习惯，是因为作为交易主体的行为，通常受到习惯的支配，有时当事人之所以没有在合同中作出明确约定，是因为双方对于业已形成的交易习惯均认为自然属于合同内容，无须明示。这种在合同约定不完全时以交易习惯予以补充，合同约定有歧义时以交易习惯予以明确的做法，在比较法上也为很多国家的法律和国际公约所采纳。《最高人民法院关于审理民间借贷案件适用法律若干问题的规定》借鉴这一法律规定，并考虑民间借贷交易的特点，规定了交易习惯作为人民法院综合认定借贷事实时应当考察的因素，在当事人之间存在长期合作关系或者本地区、本行业内存在一定交易习惯的情况下，这些既有的交易方式、交易习惯，可以用来佐证诉争交易的真实性。

实践中，相当数量的民间借贷发生在熟人之间，由于存在密切关系，出于信任或碍于情面，借款合同系口头订立，当事人在交易之初也没有留存书面证据，或者因为法律认知的局限性，借款合同、借据等书面证据很不规范，比如有的借据没有借款人姓名或者借款人姓名写为别名，有的约定利息不明或违法，有的则没有借款时间、借款用途或者大小写金额不一致等。在实际借款和还款过程中，借款人主张已经还清借款，但未收回借据且出借人未出具收据的情况也时有发生。这些书面证据不足或者仅凭书面证据认定案件事实背离事实真相的情况下，结合案件具体事实引入交易习惯，有助于法官从具体事实中辨析出案件事实。需要注意的是，当事人对于自己所主张的交易习惯，需要提供充分证据予以证明。一方面需要证明确实存在该交易习惯，另一方面该交易习惯应当为双方当事人共同认可和遵循。由于交易习惯的多样性，在认定和适用时，应当特别注意公开性、公认性、合法性原则，除能够证明在双方当事人之间达成的特别交易习惯外，对于更大范围内的交易习惯，应当原则上以一定地域或行业内反复、稳定存在，具有区域或行业内交易主体共同认知和认可的习惯，方能确认为交易习惯，而且交易习惯的运用应当以不具备反证为前提。

5. 证人证言。民间借贷交易的特点决定了很多借贷的发生有中间人介绍、保荐或担保、见证，因此在审查民间借贷案件事实时，证人证言往往也是证明案件事实情况的重要证据，应当予以重视和认真审查。需要明确的是，人民法院在审查证人证言时，应当严格按照《民事诉讼法》和《民事诉讼法解释》等相关法律、司法解释的规定进行，特别是对于客观证据较为薄弱的案件，更要注意甄别证人证言的真实性、合法性，避免证人与当事人之间因利益牵扯等原因提供虚假证言，从而造成事实认定错误。在认定证人证言时，还可以灵活运用对质等方法，以便更好地查清案件事实。

除了证人证言，在民间借贷案件审理中，人民法院对借贷双方当事人本人或者经办人的陈述也应当予以重视。作为交易亲历者，当事人本人或者经办人，应当可以完整、清晰地记述借贷交易的原因、款项交付时间、地点、款项来源、借款用途等细节，要求其到庭接受法庭询问和当事人的交叉询问，通常对于查清案件事实具有帮助。

在具体案件审理中，既要防止当事人以民间借贷的合法形式掩盖债权凭证背后的非法交易，结合当地经济发展水平，个案中当事人的经济状况、支付能力、交易习惯等具体情况，对借款合同、债权凭证的真实性予以审查，并对各证据与案件事实的关联程度、借贷内容相关事实进行必要审查，又要坚持民事活动自愿、公平、等价有偿、诚信的原则，尊重当事人对自己民事权利的处分，避免对借贷相关事实的审查面面俱到，甚至以司法手段过度介入和干涉当事人的交易自由。

——最高人民法院民事审判第一庭编著：《最高人民法院新民间借贷司法解释理解与适用》，人民法院出版社 2021 年版，第 249~260 页。

民间借贷中，出借人对大额现金交付事实应承担举证证明责任，举证证明标准应达到《最高人民法院关于适用〈中华人民共和国民事诉讼法〉的解释》第一百零八条规定的“高度可能性”标准。在出借人提供的收据与借款合同载明金额一致，但借款人对出借人主张的现金交付事实不予认可的情况下，人民法院应当综合交付凭证、支付能力、交易习惯、借贷金额、当事人关系以及当事人陈述的交付细节经过等因素审查当事人的举证，以认定是否存在借贷关系，而不能简单依据优势证据原则认定大额现金交付事实存在。

附：案情简介

2011 年 3 月 24 日，张某与王某签订借款合同一份，约定王某向张某借款 2850 万元，以现金和转账方式交付。借款期限为一年，如王某在约定的还款期限内还款，不收利息；如王某不按约定期限归还借款，将自其借款之日起按年息 30% 计收利息至还清之日止。王某在《借款合同》上亲笔手书“以王某借据为准”。双方当事人分别在该合同上签字。同日，王某向张某出具收据一张，内容为：“今借到张某现金贰仟捌佰伍拾万元正，借款期限一年，其他约定见借款合同。”当日，张某以自己的名义分两笔向王某转款 700 万元和 800 万元。另，张某和王某在签订借款合同之前并不认识。

2012 年 6 月 26 日，张某向一审法院起诉，请求判令王某偿还借款本金 2850 万元及其借款合同约定的利息和全部损失。张某为支持其主张的事实，向一审法院提交借款合同、收据各一份，欲证明王某借款本金为 2850 万元，其中 1500 万元通过转账方式支付，另有 1350 万元以现金方式交付。二审中，张某提交了五份书证新证据，包括王某之妻雍某和其表弟李某分别出具的两张收条复印件、张某代理律师对案外人陈某的调查笔录、陈某的证言、信用社给予王某行政开除的决定。

王某答辩称，本案借款本金为1500万元，借款合同约定的借款本金2850万元中有1350万元是利息，其愿意偿还借款本金及法律支持的利息。王某为支持其抗辩理由，向一审法院出示了支付凭证两份，金额共计1500万元，欲证明张某分两次向其转账支付1500万元。

——最高人民法院民事审判第一庭：《民间借贷中大额现金交付事实的举证证明责任与证明标准》，载杜万华主编、最高人民法院民事审判第一庭编：《民事审判指导与参考》2015年第3辑（总第63辑），人民法院出版社2016年版，第152、157页。

18.对于“承租人依赖出租人的技能确定租赁物或者出租人干预选择租赁物”事实的举证责任分配

在融资租赁合同中，出租人瑕疵担保免责是原则，承担瑕疵担保责任是例外。承租人依赖出租人的技能确定租赁物或者出租人干预选择租赁物的事实，多为承租人在要求出租人承担瑕疵担保责任时提出，按照“谁主张谁举证”的原则，既然承租人主张出租人承担瑕疵担保责任，就应当由承租人举证证明存在该项事实，在无证据证明出租人存在上述行为的情况下，出租人应当免责，只有在承租人有证据证明上述事实存在的情况下，才能要求出租人承担瑕疵担保责任。《最高人民法院关于审理融资租赁合同纠纷案件适用法律问题的解释》第十九条第二款明确规定上述事实的证明责任由承租人承担，符合《民事诉讼法》关于举证责任分配的原理，在实践中应予肯定。

——最高人民法院民法典贯彻实施工作领导小组主编：《中华人民共和国民法典合同编理解与适用》，人民法院出版社2020年版，第1679页。

19.垄断民事纠纷案件举证责任分配

原告取证难、证明垄断行为难已经成为制约反垄断民事诉讼的瓶颈。如果不在一定程度上缓解这一难题，垄断行为受害人的权益就难以有效得到维护，反垄断民事司法的职能和作用就难以有效发挥。为此，《最高人民法院关于审理因垄断行为引发的民事纠纷案件应用法律若干问题的规定》[①]（以下简称《审理因垄断行为引发的民事纠纷案件的规定》）根据垄断行为的不同类型对举证责任问题进行了规定。

一、垄断协议案件的举证责任

《反垄断法》区分了两类垄断协议：横向协议和纵向协议。该两种协议对于竞争的可能影响具有较大差异。横向协议是在生产或者销售过程中处于同一阶段的经营者（即相互处于竞争关系的经营者）之间达成的协议，对竞争的危害程度往往更大。纵向协议是指在生产或者销售过程中处于不同阶段的经营者（即相互之间不具有竞争关系的经营者）之间达成的协议。对于大多数纵向协议，只有在品牌间竞争不充分的情况下才会产生竞争问题。也就是说，只有在供应商层面或购买商层面或这两个层面同时存在特定水平的市场势力的情况下才可能对竞争有消极影响。针对不同类型的垄断协议以及对竞争秩序的影响程度，有的国家或地区在执法实践中形成了两种认定垄断协议的分析方法：本身违法原则和合理分析原则。前者只关注某种行为是否发生，行为本身就必然具有排除或者限制竞争的效果（即具有违法性）；后者则要求对行为是否具有排除、限制竞争的效果进行具体分析和评估，考虑协议所涉及的市场具体情况、协议实施前后的市场变化、协议的性质和后果等因素综合确定。只有确认该协议确实具有排除、限制竞争的效果时，才能认定构成垄断协议。本身违法原则并非基于逻辑的必然性，而是基于长期实践观察的结果。所以，适用本身违法原则的垄断行为并不是固定不变的。从美国的反垄断执法经验看，本身违法原则越来越局限于有限的情形，即横向固定价格、划分市场、操纵投标等行为，其他横向协议以及纵向协议则通常适用合理分析原则。

《反垄断法》第十三条第二款[②]对垄断协议规定了排除、限制竞争的相关条件，该规定不仅适用于横向协议，也适用于纵向协议。根据《反垄断法》

---

① 《最高人民法院关于审理因垄断行为引发的民事纠纷案件应用法律若干问题的规定》（法释〔2012〕5号）根据《最高人民法院关于审理垄断民事纠纷案件适用法律若干问题的解释》（法释〔2024〕6号）的规定已废止，自2024年7月1日起不再适用。

② 对应《反垄断法》（2022年修正）第十六条。

第十三条第二款，经营者之间的协议是否构成反垄断法所禁止的垄断协议，应当以该协议是否具有排除、限制竞争的效果为根本标准。由此，合理规则成为分析协议、决定或者其他协同行为是否构成垄断协议的唯一方法。

根据举证责任分配的一般规则，请求权人应当对其请求权所依据的要件事实承担举证责任；请求权人的对方当事人应当对消除或者妨碍该请求权所依据的要件事实承担举证责任。根据这一规则，垄断协议案件的原告主张损失赔偿请求权的，原则上应当对被诉垄断协议的存在及其具有排除、限制竞争的效果、原告所受损失、被诉垄断协议与所受损失之间的因果关系承担举证责任。被诉垄断协议具有排除、限制竞争的效果的证明是一个复杂的、综合评估的过程，一般遵循如下步骤：原告首先对被诉垄断协议具有排除、限制竞争的效果提供证据；如果原告达到了证明标准，则转由被告对被诉垄断协议可能具有的促进竞争的效果提供证据；如果被告提供的证据证明了促进竞争的效果，则原告需要进一步证明该垄断协议在总体上是排除或者限制竞争的。这个过程通常伴随着较为全面的调查和复杂的经济分析。

横向协议对于竞争的危害性更大。经过长期的实践观察，有些特定的横向协议已经被证明在通常情况下都会对竞争具有非常明显的消极效果。固定价格、限制产量、划分市场、限制技术、联合抵制等属于此类横向协议。对于上述横向协议，如果仍然坚持上述举证分配规则，不但会给原告造成过重的举证负担，而且也会不可避免地导致司法资源的浪费，不利于及时制止垄断行为。因此，对于该类横向协议，可以根据经验法则，认定其具有排除、限制竞争的效果的事实成立，转由被告对其行为不具有排除、限制竞争效果承担举证责任。《反垄断法》第十三条第一款[①]第一到五项对这类通常对竞争具有排除、限制后果的横向协议作了明确列举。鉴此，《审理因垄断行为引发的民事纠纷案件的规定》第七条规定，对于上述五种横向协议，被告应对该协议不具有排除、限制竞争的效果承担举证责任。因此，在这种情况下，原告仅需证明被告实施了特定横向协议即可，由被告对其不构成垄断的抗辩或责任豁免承担举证责任。

需要说明的是，除了《反垄断法》第十三条第一款第一项至第五项明文

① 对应《反垄断法》(2022 年修正) 第十七条。

列举的横向协议外，其他横向协议对竞争是否具有消极效果通常是不确定的，需要具体问题具体分析。因此，对于《反垄断》第十三条明文列举之外的其他横向协议，原告通常仍需对该协议具有排除、限制竞争的效果承担举证责任。

对于纵向协议，由于其对竞争的影响效果并不确定，原则上仍应适用举证责任分配的一般规则，原告应对该纵向协议具有排除、限制竞争的后果承担举证责任。

二、滥用市场支配地位案件的举证责任

滥用市场支配地位行为的成立，首先需要证明被告在相关市场内具有支配地位，这同时隐含着需要确定该行为所涉的相关市场。此外，还需要证明该行为属于《反垄断法》第十七条[①]第一款规定的情形。根据举证责任分配的一般规则，上述举证责任应由原告承担。根据《反垄断法》第十七条第一款规定的字面表述，如果拘泥于依据要件事实分配举证责任的一般规则，该款规定的正当性理由应由原告承担举证责任。但这样将导致原告举证困难，不利于原告的权利救济，也不符合反垄断法的立法目的。为此，《审理因垄断行为引发的民事纠纷案件的规定》第八条第二款明确规定，这类正当性理由应由被告提出抗辩并承担举证责任。

在滥用市场支配地位的行为中，公用企业或者其他依法具有独占地位的经营者滥用市场支配地位的行为具有一定特殊性。公用企业或者其他依法具有独占地位的经营者所在的市场往往是自然垄断或者市场竞争不充分的市场，市场支配地位常常是自身固有或者依法确立的。基于此类市场主体和市场竞争的特殊性，可以适度减轻原告在证明此类市场主体的市场支配地位方面的举证责任。但是，并非所有的公用企业或者其他依法具有独占地位的经营者都当然在相关市场内具有支配地位。因此，在认定该类主体是否在相关市场内具有市场支配地位时，既要适当减轻原告的举证责任，又要坚持认定市场支配地位的市场竞争标准。如果通过对市场结构和竞争状况的分析，结合经济学基本经验和常识，明显能够认定该类主体在相关市场内具有支配地位的，则可以认定其具有市场支配地位，不再要求原告承担过重的举证责任。当然，

---

① 对应《反垄断法》(2022 年修正) 第二十二条。

公用企业或者其他依法具有独占地位的经营者可以提供相反证据推翻这一认定。正是基于这一认识,《审理因垄断行为引发的民事纠纷案件的规定》第九条规定:“被诉垄断行为属于公用企业或者其他依法具有独占地位的经营者滥用市场支配地位的,人民法院可以根据市场结构和竞争状况的具体情况,认定被告在相关市场内具有支配地位,但有相反证据足以推翻的除外。”

在证明被告具有市场支配地位时,原告常常以被告对外发布的信息作为证据。为促进企业行为的诚信和缓解原告证明的困难,《审理因垄断行为引发的民事纠纷案件的规定》第十条特别规定:“原告可以以被告对外发布的信息作为证明其具有市场支配地位的证据。被告对外发布的信息能够证明其在相关市场内具有支配地位的,人民法院可以据此作出认定,但有相反证据足以推翻的除外。”在适用该条时,需要注意被告对外发布的信息所涉及的某类产品市场与具体案件中所界定的相关市场的匹配性和关联性。例如,如果根据被告对外发布的信息所涉某类产品市场及其市场份额可以合理确定被告在案件所涉相关市场中的市场份额超过50%,则可据此认定被告在相关市场内具有支配地位,被告需要对推翻这一认定提供证据。

——朱理:《〈最高人民法院关于审理因垄断行为引发的民事纠纷案件应用法律若干问题的规定〉的理解与适用》,载江必新主编:《最高人民法院司法解释与指导性案例理解与适用》第一卷,人民法院出版社2013年版,第291~293页。

20.营业信托纠纷案件中举证责任的分配

在信托关系中,委托人将自己的重要资源交由受托人自由裁量,作为一种交换,受托人对委托人承担信义义务,以此来保证行为的谨慎,避免过失和损害委托人利益的行为。《信托法》第二十五条规定:“受托人应当遵守信托文件的规定,为受益人的最大利益处理信托事务。受托人管理信托财产,必须恪尽职守,履行诚实、信用、谨慎、有效管理的义务。”并在此后作了一系列的规定,学说上一般将受托人的义务统称为信义义务,其内容主要包括信托公司对委托人的忠实义务和勤勉义务。

忠实义务的规范主要是禁止规范,即禁止受托人为了受益人以外的人的利益行事。信托公司不能违背受托人的利益而为自己或者他人谋取利益。英美信托法不仅规定了行为不当的受托人应当如何承担责任，而且针对受托人提出一项原则要求，即受托人不得使自己处于受托人职责与利益相冲突的地位，也就是说，受托人只能忠实于受益人利益。我国信托法对受托人的忠实义务以列举的方式作出了明文规定，主要体现在避免关联交易、不得以固有财产与信托财产进行交易、受托人不得享有受托利益等相关违反忠实义务的具体表现形式。忠实义务作为信义义务的核心，目的在于防止受托人将自己的利益凌驾于投资者的利益之上，有效地防范了受托人的机会主义。受托人对委托人的财产具有自由裁量权，确保受托人行使这一自由裁量权以促进投资者的最佳利益，而不是出于不正当的目的，是至关重要的。

虽然法律规定较为原则，但从商业实践来看，各类资产管理产品的合同文本对于受托人义务的约定显得细化了很多，尽管其中仍然充斥着大量较为模糊的概念。在委托人与受托人之间因受托人是否勤勉尽责发生争议时，举证责任分配问题仍然应当遵循“谁主张、谁举证”的基本原则。无论是受托人还是委托人，如果提出主张，均应当承担举证责任，提交相关证明材料，否则将承担证明不能的不利后果。

值得注意的是，与委托人相比，信托公司、商业银行、证券公司等受托人作为专业机构，在行为主体、决策过程、客观效果、同行业绩等方面提供证据证明其尽到了勤勉谨慎职责更为容易。并且信托合同通常是信托公司的格式文本，随着信托产品的产品结构设计日趋复杂、投资运作专业化程度不断提高，作为金融产品的信托产品与其发行方的关系更加紧密。在信托产品的结构设计和投资运作是否尽责问题上，需要受托人就已经尽责承担举证责任。这种举证责任分配方式，在证据法学理论上称为举证责任的转移，不能等同于完全的举证责任倒置。

审判实践中，无论是主动管理信托，还是事务管理类信托，在审查作为专业金融机构的受托人是否履行了勤勉尽责的义务时，可以从受托人在资产管理产品设立后，进行投资项目立项前的尽职调查材料，投资管理过程中的内部决策流程等审批材料，项目存续过程中的日常管理材料（包括各类凭证、单据、通知和指令），项目清算和风险处置过程中的相关材料等证据着手，审查受托人是否尽了法定的和约定的勤勉尽责义务，并在此基础上确定责任承担。

——最高人民法院民事审判第二庭编著:《〈全国法院民商事审判工作会议纪要〉理解与适用》,人民法院出版社 2019 年版,第 491~493 页。

21.金融消费者权益保护案件中,金融消费者与卖方机构的举证责任分配

投资者适当性管理的基本内容主要由金融监管部门确定。因此,受诉法院审查卖方机构用以证明其已履行适当性管理的证据时,主要应对照金融监管部门规定的适当性内容进行认定。目前,金融监管部门规定的适当性管理制度主要包括如下方面:(1)了解投资者并对其分类。内容主要包括了解投资者的身份、财产与收入状况、证券投资经验、投资需求、风险偏好等信息,并在此基础上进行适当分类。(2)了解产品或服务及其分级。内容主要包括了解产品或服务的特征和风险等因素,并在此基础上划定风险等级。3. 投资者与产品或服务的匹配。主要是将金融产品或服务的风险等级与投资者自身的风险承受能力等级按一定原则进行匹配,但也应当综合考虑投资者对流动性、投资期限等其他方面的需求。

——最高人民法院民事审判第二庭编著:《〈全国法院民商事审判工作会议纪要〉理解与适用》,人民法院出版社 2019 年版,第 424 页。

22.建设工程质量不合格的举证责任

建筑工程质量不仅应当符合建设工程施工合同的约定,还必须达到国家规定的强制性标准。施工人员承担违约责任的前提是建设工程质量不合格或者不符合合同约定。按照“谁主张,谁举证”的原则,如果发包人主张建设工程质量不合格或者不符合合同约定,应当承担举证责任。但是,在建设工程施工合同关系中,承包人具有向发包人交付质量符合约定或者法律规定的建设工程的义务。故承包人应当对其交付的建设工程质量合格承担举证责任。依据当事人约定和法律规定,承包人在向发包人交付建设工程之前,应当先由发包人进行验收。司法审判中,需要根据具体情况对建设工程质量不合格的举证责任进行分配。一是当事人诉至法院时,建设工程尚未竣工验收,亦

未交付发包人使用。尚未竣工验收的原因可能主要是建设工程还未到双方当事人约定的竣工验收的时间；或者建设工程虽已经具备双方当事人约定的竣工验收的条件，或者已经到了应当竣工验收的时间，但因一方当事人不配合或者双方当事人难以就竣工验收问题进行有效沟通而不能按时进行竣工验收。在这种情形下，应当根据当事人过错认定过错方应向相对人承担相应的民事责任。如果建设工程还未到双方当事人约定的竣工验收的时间，发包人主张建设工程质量不合格或者不符合约定，则应当承担举证责任。二是当事人诉至法院时，建设工程虽未竣工验收，但已经交付发包人使用。在这种情形下，根据《建设工程施工合同司法解释》第十三条关于“建设工程未经竣工验收，发包人擅自使用后，又以使用部分质量不符合约定为由主张权利的，不予支持；但是承包人应当在建设工程的合理使用寿命内对地基基础工程和主体结构质量承担民事责任”的规定，除地基基础工程和主体结构质量问题外，发包人原则上不能以使用部分质量不符合约定为由主张权利。同时，由于发包人未进行竣工验收擅自使用建设工程，违反相关法律规定，如果其主张建设工程的地基基础工程和主体结构质量不合格或者不符合合同约定，应当承担举证责任。三是当事人诉至法院时，建设工程已经竣工验收，但发包人主张建设工程还存在部分质量问题，影响工程的正常使用，应由发包人承担举证责任。四是当事人诉至法院时，建设工程已经竣工验收，但发包人主张其只是在名义上对建设工程进行了验收，目的是及时使用或办理相关手续，但未对建设工程进行实质上的竣工验收。此情形下，发包人应当对建设工程质量不合格承担举证责任。需要注意的是，虽然发包人已经作出了建设工程经竣工验收合格的意思表示，但如果其表示与真实意思不一致，或者表示与客观事实不一致，在当事人对建设工程质量合格提出异议的情况下，仍应当对建设工程质量问题进行查明。建设工程质量是否合格，不仅关系到发包人的利益还关系到不特定或者众多群众的利益，涉及社会公共利益。建设工程经发包人竣工验收合格的事实，只是对建设工程质量的初步证明，不是唯一证明，也不是最终证明。五是当事人诉至法院时，建设工程尚未完工，因双方当事人发生纠纷，承包人已经停止施工。在这种情形下，由于建设工程未竣工，发包人不可能进行竣工验收，原则上应当由承包人对其已施工工程质量合格承担举证责任。但实践中，并不是发包人一旦提出建设工程存在质量问题，就需要承包人申请鉴定机构对建设工程质量进行鉴定，以证明其所施工工程的质量合格。按照“谁主张，谁举证”的原则，如果发包人主张建设工程质量存在问题，应当对建设工程质量存在问题提出初步证据，例如，建设工程存在渗水、地基下沉、墙面或者地面出现裂缝等表面瑕疵，或者经鉴定机构或者专业机构现场勘验，提出建材不符合约定或者法律规定的质量标准、施工工艺不符合约定的专业意见等。在这种情况下，承包人应当提出证据证明其施工的建设工程质量合格的事实。

——最高人民法院民法典贯彻实施工作领导小组主编：《中华人民共和国民法典合同编理解与适用》，人民法院出版社 2020 年版，第 2003~2004 页。

23.工程承包人对其所遭受的损失应承担举证责任

因发包人的原因致使工程中途停建、缓建的，承包人有权请求发包人赔偿因此造成的停工、窝工、倒运、机械设备调迁、材料和构件积压等损失。按照“谁主张，谁举证”的原则，承包人应当对其所遭受的损失承担举证责任。实践中，认定损失的方式主要有四种：一是根据建设工程施工合同中的索赔签证认定损失数额；二是由鉴定机构根据建设工程施工合同的履行情况进行鉴定；三是根据建设工程施工合同约定的标准进行计算；四是参照合同履行地的市场价格和实际损失数额进行估算。此外，如果发包人未采取合理措施弥补或者减少损失，对该部分损失也应当由发包人承担。

——最高人民法院民法典贯彻实施工作领导小组主编：《中华人民共和国民法典合同编理解与适用》，人民法院出版社 2020 年版，第 2023 页。

24.多式联运经营人对全程运输承担的举证责任

若货物发生毁损、灭失或迟延交付，货方需要举证货物的毁损、灭失或迟延交付发生在多式联运经营人接收货物至交付货物期间，而没有义务证明货物毁损、灭失发生在某一运输区段。如果多式联运经营人能够证明货物毁损、灭失发生在某一运输区段的，关于多式联运经营人的赔偿责任和责任限额，则可适用调整该区段运输的法律。如果多式联运经营人不能证明货物毁损、灭失发生在某一运输区段的，则适用本章的有关规定。由于涉及确定货物毁损、灭失的原因以及日后的追偿，多式联运经营人通常会积极举证证明损失发生的运输区段。

如果多式联运经营人明知货损发生的运输区段，为了减少向托运人赔付的金额而故意隐瞒该事实，并且私下与区段承运人达成赔付协议，即使托运人已经按照货物损失发生区段无法确定时情形获得部分赔偿，一旦托运人有证据证明多式联运经营人有故意隐瞒的情形，仍然有权要求赔偿差额部分的损失。诉讼时效可按照其知道或者应当知道权利受到损害之日起算。

虽然《民法典》没有规定托运人或收货人有权直接向区段承运人进行索赔，但法律对此并没有禁止。如果托运人或收货人能够证明货损发生的具体运输区段，其也可以提起侵权之诉，向该区段承运人进行索赔，按照侵权责任构成要件进行举证。

——最高人民法院民法典贯彻实施工作领导小组主编：《中华人民共和国民法典合同编理解与适用》，人民法院出版社 2020 年版，第 2199 页。

25.第三人知道受托人与委托人之间的代理关系的证明责任

此处讨论的证明责任是在穷尽全案证据仍真伪不明时由哪一方承担举证不能的不利后果。《民事诉讼法解释》第九十一条规定："人民法院应当按照下列原则确定举证证明责任的承担，但法律另有规定的除外：（一）主张法律关系存在的当事人，应当对产生该法律关系的基本事实承担举证证明责任；（二）主张法律关系变更、消灭或者权利受到妨害的当事人，应当对该法律关系的变更、消灭或者权利受到妨害的基本事实承担举证证明责任。"根据该规定，证明责任分配具有法定性，在理论上采纳法律要件分类说中的规范说，当事人要对对己方有利的主张承担证明责任。如果委托人主张第三人知道受托人与委托人之间的代理关系，要求该合同对其产生约束力，欲直接向第三人主张合同权利义务，那么应当由委托人证明在合同订立时三人知道受托人与委托人之间的代理关系，否则由委托人承担证明不能的不利后果。如果第三人主张合同直接约束其和委托人，欲向委托人主张合同权利义务，那么应由第三人证明其在合同订立时其知道受托人与委托人之间的代理关系。

——最高人民法院民法典贯彻实施工作领导小组主编：《中华人民共和国

民法典合同编理解与适用》，人民法院出版社 2020 年版，第 2503 页。

26.所有人或其他物权人行使原物返还请求权时的举证责任分配

第一，关于举证责任分配。须注意的是，所有人或其他物权人行使原物返还请求权时，须证明其权利的存在。[①] 权利人须证明其为所有权人或者他物权人，但无须证明相对人为无权占有。一是权利人没有能力或者很难证明相对人为无权占有，盖因无权占有是一种消极事实。二是从物权保护的角度而言，不应加重权利人的举证责任，只要权利人证明自己为物权人，则可以行使物权的追及力。权利人主张返还原物，相对人对此可以提出抗辩，主张其为有权占有，则相对人对此应当承担举证责任。倘若相对人无法证明其为有权占有，则应认定相对人为无权占有，权利人的主张成立。

第二，返还原物请求权的行使，无须考虑相对人的无权占有是否基于过错所导致。权利人只需要证明相对人已实施了侵害物权的行为，构成无权占有，便可以请求相对人返还原物，不必对相对人是否存在主观过错进行举证。返还原物请求权性质上属于物权请求权，并非债权请求权。《民法典》将返还原物请求权在物权编中规定，也说明了返还原物请求权不能等同于债权请求权。物权人履行举证责任，即可请求返还原物。除非相对人能够证明其基于善意取得等构成有权取得。

第三，返还原物请求权，不仅仅适用于所有权。“就所有权及用益物权，均认有物上请求权。”[②] 因此，返还原物请求权主要适用所有权的保护，但也适用于其他物权的保护。

第四，关于返还原物请求权是否适用诉讼时效的问题，在理论上存在不同的观点。一种观点认为，返还原物请求权适用诉讼时效。其理由是，物权请求权虽然不是纯粹的债权，但仍然属于请求权，应适用诉讼时效。另一种观点则认为，返还原物等请求权不适用诉讼时效。其主要理由是，一是物权请求权与物权不可分开，既然物权不适用诉讼时效，则物权请求权也不应适用诉讼时效。物权请求权是物权得以保护的基础，如果物权请求权适用诉讼

① 王泽鉴:《民法物权（第 1 册）》，中国政法大学出版社 2001 年版，第 64 页。
② 史尚宽:《物权法论》，中国政法大学出版社 2000 年版，第 11 页。

时效，则物权就成了空虚的权利。二是物权请求权也难以适用诉讼时效，因为物权请求权通常适用于各种持续性侵害行为。[①]

《民法典》第一百九十六条第二项规定："不动产物权和登记的动产物权的权利人请求返还财产"的请求，不适用诉讼时效。至于未登记的动产，如果也不适用诉讼时效，则有可能对交易安全构成威胁。对于一般动产，为了保护与返还财产义务人交易的第三人的信赖利益，维护交易安全，一般动产的返还原物请求适用诉讼时效。故《民法典》第一百九十六条仅规定不动产物权和登记的动产物权的权利人请求返还财产的请求，不适用诉讼时效。

——最高人民法院民法典贯彻实施工作领导小组主编：《中华人民共和国民法典物权编理解与适用》，人民法院出版社2020年版，第192~193页。

27.业主撤销权纠纷诉讼中的举证责任

司法实践中，主要包括业主实体权益及程序权益受到侵害两种情况下举证责任分配的问题。实体权益受到侵害，是指作为物业管理区域内区分所有人的业主基于建筑物区分所有的合法权利受到业主大会或者业主委员会决定的侵害，既包括因业主大会或者业主委员会决定而导致房屋价值受损，也包括业主个人在人身、财产等方面遭受的重大利益损害。此时，业主应当举证证明其合法权益受到损害。而业主大会或业主委员会应举证证明其决定具备合理性及并未超过大多数业主的容忍义务范围；在超过大多数业主忍受限度的情况下，是否对权益受损的业主的利益进行例外的补偿措施，以增加业主大会或业主委员会决定的合理性水平。业主程序权利受到侵害指的是业主大会或者业主委员会所作出的决定的内容虽然并未侵害业主的合法权益，但其作出决定的程序违反了法律、法规的强制性规定。实践中此类案件主要包括业主因业主大会或业主委员会的表决程序违反了法律、法规的强制性规定而提起撤销之诉。在此情形下，业主需证明其程序性权益受到侵害，业主大会或业主委员会则需举证证明其所作决定程序合法。实践中，关于表决等方面的证据材料都是由业主大会或者业主委员会制作和保管的，业主大会或者业主委员会也有义务确保其所作决定程序合法，在业主因程序权益提起撤销之

① 王利明：《物权法论》，中国政法大学出版社1998年版，第154页。

诉但举证能力有限无法提供证据时，可以依据公平原则适当考虑将举证责任倒置给具有举证能力的业主委员会。

——最高人民法院民法典贯彻实施工作领导小组主编：《中华人民共和国民法典物权编理解与适用》，人民法院出版社2020年版，第392~393页。

28.侵害个人信息纠纷的举证责任

结合有关审判经验，有关举证责任的分配问题，可以考虑适用如下规则：自然人主张其个人信息受到侵害的，应当提供以下证据：（1）个人信息受到侵害的具体情形；（2）个人信息受到侵害造成相应的损害后果；（3）信息收集者、持有者未经其同意或者未明示收集、使用信息的目的、方式、范围；（4）信息收集者、持有者违反法律、法规收集、使用信息的其他情形。同时，个人信息收集者、持有者主张其不承担侵害个人信息侵权责任的，应当就以下事实承担举证证明责任：（1）收集、使用自然人个人信息遵循了合法、正当、必要的原则；（2）明示了收集、使用信息的目的、方式和范围；（3）征得该自然人或者其监护人同意，法律、行政法规规定无须征得自然人或者其监护人同意的除外；（4）采用了确保个人信息安全的严格技术措施和其他必要措施；（5）其他已经履行法律、行政法规或者双方约定规定的合法收集、使用个人信息义务的情形。这一举证责任分配的规则遵循了举证责任缓和的规则，在现行法律规定的框架下，考虑到原被告双方经济实力、信息不对称等因素，对原被告双方的举证责任作出了适当平衡。突出了原告方在行为意义上的举证责任，明确了被告方在合法收集、使用个人信息即行为合法性方面的举证证明责任。对于双方当事人提供的证据，人民法院应当依照《民事诉讼法解释》第一百零八条的规定，并结合日常生活经验法则，认定侵害个人信息侵权责任的构成要件事实是否存在。当然，这仅是目前我们的研究和考虑，有关具体举证责任规则，还需要依据《民事诉讼法》《民事诉讼法解释》《民事诉讼证据规定》等法律和司法解释确定，最高人民法院将在进一步总结审判实践经验的基础上，适时出台相关司法解释对这一问题予以进一步明确。

——最高人民法院民法典贯彻实施工作领导小组主编：《中华人民共和国

民法典人格权编理解与适用》，人民法院出版社 2020 年版，第 389 页。

29.违约金过高的举证责任分配

在违约方请求减少过高的违约金时，应当按照“谁主张，谁举证”原则，由违约方承担证明违约金过高的举证责任。但是，鉴于衡量违约金是否过高的最重要标准是违约造成的损失，守约方因更了解违约造成损失的事实和相关证据而具有较强的举证能力，因此，违约方的举证责任也不能绝对化，守约方也要提供相应的证据。实务中，违约方往往以合同不成立、合同未生效、合同无效或者不构成违约进行免责抗辩而未提出违约金调整请求的，人民法院能否就当事人是否需要主张违约金过高问题进行释明。《民商事合同指导意见》第八条规定，为减轻当事人诉累，妥当解决违约金纠纷，违约方以合同不成立、合同未生效、合同无效或不构成违约进行免责抗辩而未提出违约金调整请求的，人民法院可以就违约金是否过高的问题进行释明，即假设违约成立，是否认为违约金过高。对于已经向违约方进行释明但违约方坚持不提出调整违约金请求的，人民法院应当遵循合同法意思自治原则，一般不予主动调整。但是按照约定违约金标准判决将严重违反公序良俗原则、诚信原则和公平原则并导致利益严重失衡的，人民法院可以根据《民法典》第五百八十五条第二款的规定进行调整。

——最高人民法院民法典贯彻实施工作领导小组主编：《中华人民共和国民法典合同编理解与适用》，人民法院出版社 2020 年版，第 782 页。

在违约方请求减少过高的违约金时，应当按照“谁主张、谁举证”原则，违约方负有证明违约金过高的举证责任。但是，鉴于衡量违约金是否过高的最重要标准是违约造成的损失，守约方因更了解违约造成损失的事实和相关证据而具有较强的举证能力，因此，违约方的举证责任也不能绝对化，守约方也要提供相应的证据。根据《最高人民法院关于当前形势下审理民商事合同纠纷案件若干问题的指导意见》第八条规定，人民法院要正确确定举证责任，违约方对于违约金约定过高的主张承担举证责任，非违约方主张违约金约定合理的，亦应提供相应的证据。

——最高人民法院民事审判第二庭编著:《〈全国法院民商事审判工作会议纪要〉理解与适用》，人民法院出版社 2019 年版，第 328 页。

30.瑕疵担保责任减免的举证责任分配

在适用《民法典》第六百一十八条规定时，需要查明两个关键事实：1.减轻或者免除出卖人瑕疵担保责任的约定是否真实存在；2.出卖人不告知买受人标的物的瑕疵状况是否存在故意或重大过失。在很多案件中，上述两个关键事实难以查明，通常需要运用证据规则在双方当事人之间分配举证责任。

双方当事人对于是否作出了减免出卖人瑕疵担保责任的约定存在争议时，主张存在约定的一方（通常是出卖人）应首先提交相应证据。在以书面形式订立买卖合同时，出卖人举证较为容易；但在口头订立合同的情形，出卖人完成举证常常存在困难。实践中，口头合同通常是由合同以外的第三方提供证人证言来证明存在免责约定。例如，在即时交易的买卖关系中，双方口头约定买受人当场查验标的物，过后发现问题出卖人概不负责，交易当时在场的与交易无关的第三方或双方共同邀请的见证人均可以作为证人证明免责约定的存在。但需要注意的是，在证明买卖双方是否作出减免瑕疵担保责任的特殊约定时，鉴于该约定对于双方权利义务关系的影响重大，人民法院应严格把握特殊约定成立的证明标准。例如，对于口头约定的情形，如果作为证人的第三方与合同一方存在利害关系，其提供的证言通常应不予采信。

双方当事人对于出卖人是否存在故意或重大过失存在争议时，主张出卖人存在过错的买受人应承担举证责任。故意或重大过失均属主观状态，难以提供客观证据直接证明，因此在已知标的物存在瑕疵的情形下，买受人如果能够证明出卖人尽到合理注意义务即可以发现瑕疵或者根据出卖人的能力、经验及行业地位在通常情形下应该发现瑕疵，但出卖人未发现或未告知买受人的，则可以认定出卖人存在过失；至于是否构成重大过失甚至故意，人民法院可以结合出卖人的具体行为及造成的损害后果作出判断。

——最高人民法院民法典贯彻实施工作领导小组主编:《中华人民共和国民法典合同编理解与适用》，人民法院出版社 2020 年版，第 973~974 页。

31.侵犯商业秘密民事审判程序中的举证责任

《反不正当竞争法》第三十二条规定，在侵犯商业秘密的民事审判程序中，商业秘密权利人提供初步证据，证明其已经对所主张的商业秘密采取保密措施，且合理表明商业秘密被侵犯，涉嫌侵权人应当证明权利人所主张的商业秘密不属于本法规定的商业秘密。商业秘密权利人提供初步证据合理表明商业秘密被侵犯，且提供以下证据之一的，涉嫌侵权人应当证明其不存在侵犯商业秘密的行为：1. 有证据表明涉嫌侵权人有渠道或者机会获取商业秘密，且其使用的信息与该商业秘密实质上相同；2. 有证据表明商业秘密已经被涉嫌侵权人披露、使用或者有被披露、使用的风险；3. 有其他证据表明商业秘密被涉嫌侵权人侵犯。当事人依据《民法典》第五百零一条规定诉请对方当事人承担缔约过失责任的，应当就其与对方当事人订立合同的事实承担举证责任，并提供初步证据证明其商业秘密或应保密的信息被泄露或被使用，其因此存在损失，而对方当事人应就其信息来源和使用的正当性承担举证责任。如果对方当事人能够提供证据证明其信息并非来源于订立合同的过程，或者是其使用的信息有其他合法依据，则原告的诉请难以获得支持。

——最高人民法院民法典贯彻实施工作领导小组主编：《中华人民共和国民法典合同编理解与适用》，人民法院出版社 2020 年版，第 285 页。

32.无权代理中善意的举证责任承担

《最高人民法院关于适用〈中华人民共和国民法典〉总则编若干问题的解释》（以下简称《民法典总则编解释》）第二十七条中规定“无权代理行为未被追认，相对人请求行为人履行债务或者赔偿损失的，由行为人就相对人知道或者应当知道行为人无权代理承担举证责任”，是针对《民法典》第一百七十一条第三款规定的举证责任安排，即由行为人就相对人非善意或者恶意承担举证责任。第一百七十一条第三款第一句规定：“行为人实施的行为未被追认的，善意相对人有权请求行为人履行债务或者就其受到的损害请求行为人赔偿。”该规定是独立的请求权基础规范，赋予善意相对人在无权代理行为未被追认时，相对人请求行为人履行债务或者赔偿损失的选择权。相对人行使该请求权的前提是其为善意，按照“谁主张，谁举证”的基本原理，似乎应当由相对人证明自己为善意。但是按照证明规律，不知道某项事实是难以证明的，而知道某项事实是容易证明的。显然，适用第一百七十一条第三款时，要求相对人就自己不知道且不应当知道（善意）承担举证责任，等于交给相对人一个无法完成的任务，将使《民法典》赋予善意相对人的请求权沦为摆设，很难成功行使。而且，按照社会生活经验，相对人不会自己承认属于恶意相对人，在行为人实施的行为没有被追认时，相对人当然会依据《民法典》第一百七十一条第三款规定向法院起诉要求行为人履行债务或者就其损害请求行为人赔偿，并且在起诉状中声称自己属于善意相对人。

综上，为贯彻善意保护理念，《民法典总则编解释》在第二十七条中采取善意推定规则，明确由行为人就相对人非善意承担举证责任。第二十七条中规定：“行为人不能证明的，人民法院依法支持相对人的相应诉讼请求；行为人能够证明的，人民法院应当按照各自的过错认定行为人与相对人的责任。”这是对举证责任后果的规定，同时也解决了《民法典》第一百七十一条第三款、第四款规定在诉讼中的衔接适用问题。无权代理人不能证明相对人知道或者应当知道无权代理人实施民事法律行为时为无权代理的，推定相对人为善意，相应的诉讼请求依法获得人民法院支持。无权代理人能够证明相对人知道或者应当知道无权代理人实施民事法律行为时为无权代理的，相对人即为非善意，此时就归为《民法典》第一百七十一条第四款的调整范围。即相对人主张无权代理人履行债务或者承担损害赔偿责任的请求不能获得支持，但双方之间仍然存在责任分担的问题，故应由人民法院依职权适用《民法典》第一百七十一条第四款的规定，判决行为人与恶意相对人按照各自的过错承担责任（分担损失）。《民法典总则编解释》第二十七条规定无权代理中的善意的举证责任，还有一个深层目的——进一步贯彻善意推定规则，确保民商事审判中善意认定的一致性。此前，《民法典物权编解释（一）》第十四条已经就善意取得中的善意认定采取了善意推定规则。第十四条第二款规定：“真实权利人主张受让人不构成善意的，应当承担举证证明责任。”《最高人民法院关于适用〈中华人民共和国民法典〉有关担保制度的解释》第七条也体现了善意推定的基本精神。第七条在代理制度中规定善意推定，有利于确保司法实践中规则适用上的一致性。对此，有学者即指出，第七条规定以“善意推定”为基础，将相对人是否善意的举证责任分配给了无权代理人既实现了与《民法典》第一百七十一条第四款规定的贯通与呼应，又与《民法典物权编解释（一）》第十四条、第十五条及《最高人民法院关于适用〈中华人民共和国民法典〉有关担保制度的解释》第七条在善意相对人保护人上所采取的善意推定原则在规范体系上保持了一致。

——贺荣主编，杨万明、刘贵祥、郭锋副主编，最高人民法院民法典贯彻实施工作领导小组编著：《最高人民法院民法典总则编司法解释理解与适用》，人民法院出版社 2022 年版，第 397~398 页。

33.表见代理的举证责任承担

《民法典总则编解释》第二十八条第二款规定举证责任的分配。该款明确相对人就存在有代理权外观承担举证责任，被代理人就相对人存在恶意承担举证责任。关于由被代理人就相对人存在恶意承担举证责任，主要考虑是贯彻善意推定的原则，并与《民法典物权编解释（一）》采取的善意推定的立场保持一致。

人民法院的民事裁判应当以证据支持的事实为根据，依据实体法规定确定民事责任的承担。《民事诉讼法》第六十四条第一款规定：“当事人对自己提出的主张，有责任提供证据。”当事人对有利于自己的主张，都应当提出证据加以证明。当事人对自己提出的诉讼请求所依据的事实或者反驳对方诉讼请求所依据的事实有责任提供证据加以证明。没有证据或者证据不足以证明当事人的事实主张的，由负有举证责任的当事人承担不利后果。《民事诉讼法解释》对举证责任问题作出了规定。其第九十条第一款规定：“当事人对自己提出的诉讼请求所依据的事实或者反驳对方诉讼请求所依据的事实，应当提供证据加以证明，但法律另有规定的除外。”第二款规定：“在作出判决前，当事人未能提供证据或者证据不足以证明其事实主张的，由负有举证证明责任的当事人承担不利的后果。”根据这一规定，在表见代理关系中，相对人欲证明无权代理人的代理行为属表见代理，便需要证明使表见代理成立的积极事实，即《民法典总则编解释》第一项中的“存在代理权外观”。反驳诉讼请求往往表现为主张对方的实体权利因妨碍因素而未发生，或主张对方的权利已经消灭，因而要求对反驳诉讼请求所依据的事实负责举证，也就是要求对妨碍权利和消灭权利的要件事实负证明责任。具体到表见代理关系中，《民法典总则编解释》第一款第二项规定的相对人不知情且无过失系表见代理成立要件之一，在本质上属于消极事实。按照德国学者关于证明责任分配的规范说理论，可认为其属于权利发生规范。但本项的特殊性在于其属消极事实，按照关于证明责任分配的消极事实说，主张消极事实的当事人无须承担举证责任。按照自消极事实说发展而来的基础事实说，主张权利发生的当事人应当对权利发生的要件事实承担证明责任，相对方对权利发生的欠缺要件承担证明责任。这一观点较有道理。虽然，我国《民事诉讼法解释》第九十条以法律要件分类说中的规范说为理论依据，但对于法律要件分类说中的一些缺点，如不能很好地兼顾个案公平，则可以通过实体法律和司法解释的特别规定予以矫正。在表见代理中，既然“相对人不知道行为人行为时没有代理权且无过失”是相对人请求被代理人承担无权代理行为责任的条件，相对方即被代理人有必要对权利发生的欠缺要件承担证明责任。这也是这些年我国审判实践中普遍遵循的做法，司法解释对此予以明确，既符合对此事实进行举证的本质，也有利于确保法律适用上的连续性、稳定性。故基于此，《民法典总则编解释》第二款规定应当由被代理人对相对人不符合第一款第二项中的“不知情且无过失”负证明责任。换言之，被代理人应提供相应证据证明相反事实，指向消极事实不成立，即在与无权代理人为法律行为时，相对人知情或有重大过失。

——贺荣主编，杨万明、刘贵祥、郭锋副主编，最高人民法院民法典贯彻实施工作领导小组编著：《最高人民法院民法典总则编司法解释理解与适用》，人民法院出版社 2022 年版，第 409~411 页。

34.生效裁判、仲裁裁决确认的事实，当事人无须举证证明

《最高人民法院关于民事诉讼证据的若干规定》（以下简称《民事诉讼证据规定》）第十条关于免证事实的规定是在《民事诉讼法解释》第九十三条规定的基础上修改而来，其变化有：1. 将第五项“已为人民法院发生法律效力的裁

判所确认的事实”修改为“已为人民法院发生法律效力的裁判所确认的基本事实”2. 将第六项“已为仲裁机构生效裁决所确认的事实”从“有相反证据足以推翻”的梯队转入了“有相反证据足以反驳”的行列中。

（四）人民法院发生法律效力的裁判确认的基本事实

1. 预决事实

当先前有关案件的事实为人民法院的裁判所确定时，便对与之相关联的尚未作出裁判的另一案件的待证事实产生预决的效力。其中，已为先前裁判所确认而作为后一未决案件待证事实的事实，在诉讼法上称为预决的事实。预决的事实之所以不需要证明，一是因为该事实已为人民法院经正当证明程序所查明，客观上无再次证明的必要；二是因为该事实已为人民法院裁判所认定，该裁判具有法律约束力，此种约束力也包括对该事实认定上的不可更改性。预决事实具有预决的效力，须具备一定条件，主要有：

（1）先行案件的法院裁判须是生效的（即确定）；

（2）先行案件裁判所确定的事实与后行案件存在着相关性，即先行案件裁判所确定的事实构成后行案件事实（的一部分或者全部）；

（3）预决事实的证明须遵循正当程序保障原则。

2. 修改重点

《民事诉讼证据规定》第十条规定较 2001 年《民事诉讼证据规定》及《民事诉讼法解释》修改的重点之一，在于第六项免证事实的表述。本条将“已为人民法院发生法律效力的裁判所确认的事实”限缩为“基本事实”。在本次修改《民事诉讼证据规定》的论证过程中，有学者提出，“已为人民法院发生法律效力的裁判所确认的事实”免除当事人举证责任的规定同样违反自由心证原则，应删除。我们经研究认为，“已为人民法院发生法律效力的裁判所确认的事实”免除当事人举证责任的规定，与自由心证原则确实存在一定矛盾。学者的意见有一定道理，将生效裁判书所确认之事实确定为免证事实，相当于直接赋予生效裁判文书以实质证据力而直接加以确认，无异于剥夺了受诉法院对该特殊书证内容之自由判断，妨碍了受案法官对案件事实心证的形成。但是，生效裁判所确认的事实与裁判结果存在密切关系，在我国现阶段尚未建立既判力规则的情况下，容易产生裁判效力相冲突的情形，且对事实认定不一致所导致的相关联裁判结果的不一致，难以排除人民法院作出相互矛盾的裁判，进而损害司法权威，也破坏了法的安定性，且不易被广大社会公众所接受，故现阶段仍然有保留该项规定的必要。同时，考虑到已生效裁判所审理认定的基本事实系人民法院经过审理重点查明的事实，本身已经经过严格的质证与审查程序，故对该项免证事实的范围缩限为“已为人民法院发生法律效力的裁判所确认的基本事实”。

那么，何谓基本事实？在《民事诉讼法》中，出现“基本事实”的地方有两处，第一处是二审法院对上诉案件的处理方式，即第一百七十条[①]第三项“原判决认定基本事实不清的，裁定撤销原判决，发回原审人民法院重审，或者查清事实后改判”。第二处是第二百条[②]关于再审事由的规定，“原判决、裁定认定的基本事实缺乏证据证明的”。这两处“基本事实”的含义应该是一致的。对于“基本事实”的具体解释，最早体现在2008年11月公布的《最高人民法院关于适用〈中华人民共和国民事诉讼法〉审判监督程序若干问题的解释》[③]（法释〔2008〕14号）第十一条：“对原判决、裁定的结果有实质影响、用以确定当事人主体资格、案件性质、具体权利义务和民事责任等主要内容所依据的事实，人民法院应认定为《民事诉讼法》第一百七十九条[④]第一款第（二）项规定的‘基本事实’。”继而在《民事诉讼法解释》第三百三十五条[⑤]又规定：“民事诉讼法第一百七十条[⑥]第一款第三项规定的基本事实，是指用以确定当事人主体资格、案件性质、民事权利义务等对原判决、裁定的结果有实质性影响的事实”。因此，按照上述司法解释的规定，在民事诉讼中，只有在先裁判中对确定当事人主体资格、案件性质、民事权利义务等对判决、裁定的结果有实质性影响的事实，才属于已为法院生效裁判确认的“基本事实”，这样的事实也才能成为预决事实，对后行诉讼具有预决效力。就行政诉讼和刑事诉讼，对案件基本事实的界定和理解此处不再展开赘述。简言之，行政诉讼案件基本事实，是与作出被诉具体行政行为的权限、

① 对应《民事诉讼法》（2023年修正）第一百七十七条。

② 对应《民事诉讼法》（2023年修正）第二百一十一条。

③《最高人民法院关于适用〈中华人民共和国民事诉讼法〉审判监督程序若干问题的解释》（法释〔2008〕14号）根据《最高人民法院关于修改〈最高人民法院关于人民法院民事调解工作若干问题的规定〉等十九件民事诉讼类司法解释的决定》（法释〔2020〕20号）已于2020年12月23日修正。

④ 对应《民事诉讼法》（2023年修正）第二百一十一条。

⑤ 对应《民事诉讼法解释》（2022年修正）第三百三十三条。

⑥ 对应《民事诉讼法》（2023年修正）第一百七十七条。

程序和适用法律紧密相关的事实；刑事诉讼案件基本事实，是与犯罪构成要件、定罪量刑密切相关的事实。

发生法律效力的裁判的范围如何？从地域上看，本项规定将“发生法律效力的裁判”明确规定为“人民法院”作出，故此处所涉之司法裁判排除了域外法院裁判，即不包括外国法院作出的裁判，也不涉及我国港澳台地区法院的裁判。从裁判的法律关系性质和案件类型看，就人民法院而言主要有民事、行政、刑事三大类生效裁判。这三类生效裁判所确认的基本事实对后行民事案件事实认定的不同影响，需要具体分析。在具体判断预决事实对后行诉讼的预决效力时，应当综合考量诉讼公正效率、维护判决统一性与三大诉讼的异同等因素，合理权衡它们之间的冲突，以确定合理的处理方法。分析如下：

首先，关于民事诉讼、行政诉讼中的预决事实对于后行的民事诉讼的预决效力问题。原则上，民事诉讼、行政诉讼中的预决事实，对于后行的民事诉讼具有预决的效力。

先行民事裁判中确认的基本事实对后行民事诉讼具有约束力，此自不待言，并且在三大诉讼生效裁判中占有相当大比例。应指出，为生效民事判决所预决的事实，主要是指人民法院通过普通程序作出的判决中认定的事实。依特别程序作出的判决中认定的事实是否也具有预决效力，需要具体分析。这类判决中认定的事实是法院作出判决时的事实状态。判决作出后，有关事实状态可能发生变化，因此法律允许法院依据新的事实状态作出新判决，撤销原判决。故不能笼统地讲依特别程序所做的判决中认定的事实也有预决效力。如法院宣告某人为无民事行为能力人、限制民事行为能力人，或宣告失踪、死亡的判决，可能不足以使这一事实成为预决事实，尤其是在有证据表明被宣告人已成年、或精神状态恢复正常，或被宣告失踪、死亡的人有出现的信息时，则不能认为原宣告判决中的事实有预决效力。这其实和对于法院生效裁判确认之事实，允许对方当事人提出反证来推翻的规定也是一致的。

因为民事诉讼、行政诉讼在证明标准方面相差不大，而且考虑到维护裁判统一性，故一般情况下行政裁判中的预决事实，对于后行的民事诉讼相关联的事项也具有相应的预决效力，比如维持人民政府所作的土地确权决定的行政判决，在后行的有关该土地的侵权诉讼中具有预决效力。

其次，刑事裁判中的预决事实对于后行民事诉讼的预决效力问题。这是一个值得深入研究的问题。对此，有种观点是，刑事诉讼的证明标准（排除合理怀疑）高于民事诉讼的证明标准（优势盖然性）。若刑事判决预决事实对后行的民事诉讼产生预决效力，在后行的民事诉讼中对方当事人试图否定有罪判决的预决事实，则需达到刑事诉讼的证明标准，从而增加对方当事人的证明负担。因此，刑事判决预决事实，对后行的民事诉讼没有预决效力。我们认为，原则上，刑事诉讼中的预决事实对于后行的民事、行政诉讼具有预决效力。比如，法院在刑事判决中认定了被告人以订立合同为手段实行诈骗的事实，那么在后行的因合同无效而产生的损害赔偿诉讼中，则具有预决效力。再如，法院判决被告人犯有重婚罪，其重婚的事实在其配偶提起的离婚诉讼中也能产生预决效力。

根据裁判统一性的要求，民事判决与刑事判决对于同一事实真实性的认定应当是一致的，并且相对民事诉讼而言，刑事诉讼中拥有更多更有效的查明事实的手段和措施，且证明标准更高，民事诉讼的证明标准虽为优势盖然性，但尽量逼近案件真相也是民事诉讼所追求的理念，所以刑事判决预决事实在后行的民事诉讼中一般情况下有预决效力。但是，这种预决效力也存在一定例外，应局限在一定范围之内。比如对于无罪判决中预决事实的效力问题，应当具体分析：1. 以被指控的违法行为不存在或者被告人并未参与违法行为等为由而作出的该被告人无罪判决，对以该被告人违法行为为由提起的侵权之诉则应当具有预决效力。2. 无罪判决的作出是因为证据不足、案件事实不清，即未达到刑事案件的证明标准，但是可能符合民事、行政诉讼的证明标准。在刑事附带民事诉讼或者后行的民事诉讼或行政诉讼中，应当根据民事、行政诉讼的证明标准和实体要件事实作出判决，而不受无罪判决所否定的事实的拘束。我国司法解释允许当事人提供相反证据推翻预决事实。《民事诉讼证据规定》明确规定“当事人有相反证据足以推翻的除外”，《最高人民法院关于行政诉讼证据若干问题的规定》第七十条中也规定：如果发现裁判文书或者裁决文书认定的事实有重大问题的，应当中止诉讼，通过法定程序予以纠正后恢复诉讼。

最后，如果从程序保障的角度来看，当出现以下情况时，先行的民事诉讼、行政诉讼和刑事诉讼确认的事实对后行民事诉讼不具有预决的效力：1. 先行的民事诉讼、行政诉讼和刑事诉讼，违背正当程序保障原则，没有给予当事人或公诉人充分主张事实和提出证据并对案件事实证据充分发表意见的机会，或者在当事人主导的诉讼制度中，将当事人未提出的事实或证据作为裁判的基础等。2. 基于正当程序保障原则，当事人以外的其他人在先行的民事诉讼、行政诉讼中，被告人以外的其他人在先行的刑事诉讼中，没有机会就案件事实证据充分发表意见，那么，在该人为当事人的后行民事诉讼或行政诉讼或为被告人的后行刑事诉讼中，该人就预决事实的效力提出了有根据的异议，法官则不应认可预决事实的效力。3. 如果当事人能够证明先行的民事判决、行政判决或者刑事判决的作出存在欺诈或串通，或者提出了在先行诉讼中因正当理由而没有提出的新证据等，法官则不应认可预决事实的效力。此外，法官在考虑到包括收集证据在内的所有情况以后，认为采纳预决事实将会对诉讼的公正性造成显著不利影响时，则不应采纳预决事实，但法官对此应作出充分说明。

此外，司法实践中还会遇到先行民事诉讼对后行刑事诉讼的预决效力问题，这里稍作简述，供读者参考。考虑到判决统一性的要求，民事诉讼的判决应与刑事诉讼的判决对于相关事实的认定是统一的。但是，由于民事、行政诉讼与刑事诉讼所解决案件的性质不同以及由此而决定了诸如证明标准等的不同，故原则上，民事诉讼中的预决事实对于后行刑事诉讼没有预决效力。但也有例外情况，比如具有对世效力的民事形成判决所确认的有关身份关系的事实，对于后行刑事案件应有预决效力，其主要理由是：民事形成判决解决的是有关身份关系的诉讼，如离婚之诉、撤销收养之诉、宣告停止亲权，这些案件因涉及人们最基本的身份关系而包含公益因素，因此，这些案件的形成判决具有对世效力和绝对效力。但在刑事诉讼中同样可以提出充足的反证推翻这类预决事实。

在实际诉讼中，如审理案件的法官并不知道具有预决效力的判决存在，主张存在这个判决的当事人应提出判决书或其副本予以证明，法院有权对自己了解到的预决事实进行司法认知。当有关判决书或其副本提供后，法院不必再对该事实进行调查，主张该事实存在的当事人便免去了举证责任。实践中如果当事人或有关组织、机构请求法院出具判决书法律效力证明，人民法院则可根据案件实际情况和需要出具证明，并加盖院印。参见《关于人民法院如何出具判决书法律效力证明问题的函》(1987年11月18日,〔87〕民他字第65号)。

对于已为人民法院生效裁判所确认的基本事实,《民事诉讼证据规定》第十条要求须“当事人有相反的证据足以推翻的除外”,即要否定法院生效裁判确认的事实,需要证据的证明力达到推翻该事实的程度,即达到提出证据证明相反事实成立的程度,才发生否定其预决效力的效果。

(五)生效仲裁裁决确认的事实

生效仲裁裁决确认的事实,在诉讼法上亦属预决事实之一种。

我们认为,仲裁是偏重效率的解决纠纷的方式,对当事人的程序保障与司法程序相比相对较弱,这也是质疑赋予仲裁裁决预决效力的理由。此外,从赋予生效判决预决效力的苏联和俄罗斯的民事诉讼法来看,其也未规定生效仲裁裁决所确认的事实可以对法院审理相关的案件产生预决效力。但从另一方面看,仲裁裁决虽非法院作出的裁判,但其对当事人的权利义务也具有约束力。根据《仲裁法》第九条的规定,仲裁实行一裁终局制度。裁决作出后,当事人就同一纠纷再申请仲裁或者向人民法院起诉的,仲裁委员会或人民法院不予受理。这也表明了仲裁裁决具有确定当事人权利义务关系的作用,生效仲裁裁决禁止当事人就同一事实申请后续的仲裁或诉讼。这种法律效力与生效民事裁判发生的法律效力在确定当事人实体权利义务关系及有关程序上也是一致的。同时,由于其作为纠纷解决方式具有高效便捷的特点,在实践中运用仲裁机制解决纠纷已成为非诉的多元纠纷解决机制中重要的一极。综上,目前情况下,生效仲裁裁决确认之事实对后行民事诉讼可以具有预决效力应予保留。

仲裁裁决预决效力范围的探讨。仲裁裁决预决力的范围,首先应当明确,预决力仅仅针对当事人所主张事实的免证权利,并非既判力的客观范围扩张问题。就预决力的主观范围而言,只有仲裁当事人才受预决力的作用,即后案当事人与前案之当事人相同时,主张免证权利的当事人才可以依据仲裁裁决的预决力要求对方当事人承担反驳义务。对非前案当事人之主体,从保障程序利益的立场出发,不应令其受预决力的拘束,也避免因仲裁合意性特点,使案外人利益受本案当事人合谋之侵害。如果后案中引入了新的当事人,在原有当事人继续参加的情况下,仲裁裁决的预决力是否可以适用。我们认为,应当区分情况，如果新加入当事人与主张预决力的当事人处于相同诉讼（仲裁）地位，可以考虑适用预决力免除该方的证明责任；如果新加入的当事人与主张预决力的当事人处于对立的诉讼（仲裁）地位，则预决效力不能波及该当事人。

对于生效仲裁裁决确认的事实，《民事诉讼证据规定》第十条规定提出"当事人有相反证据足以反驳除外"，由先前的"足以推翻"变成了"足以反驳"，这也是相对于《民事诉讼法解释》第九十三条的重要变化。如此，排除仲裁裁决确认的事实作为免证事实的要求降低了，即当事人提出的反证的证明力不必达到推翻该事实的程度，只需要动摇免证事实对法官的心证基础，使其处于真伪不明状态即可。

审判实践中应注意：

1. 注意为法院生效裁判所确认的不是一般事实，而是"基本事实"。

2. 在审判实践中应注意不同的免证事实反证要求的区别。注意《民事诉讼证据规定》第十条规定对于《民事诉讼法解释》而言，在对免证事实提出反证要求上归类上的变化，主要是对"已为仲裁机构的生效裁决所确认的事实"提出反证要求的变化。对于众所周知的事实、根据法律规定推定的事实、根据已知的事实和日常生活经验法则推定出的另一事实、已为仲裁机构的生效裁决所确认的事实这四项事实，《民事诉讼证据规定》第十条规定"当事人有相反证据足以反驳的除外"，即当事人提供的证据能够动摇免证事实对法官的心证基础，使待证事实仍处于真伪不明状态时，则不能发生免除当事人举证责任的效力。而对于已为人民法院生效裁判所确认的基本事实、已为有效公证文书所证明的事实，否定这两类公文书证确认的事实需要证据的证明力达到推翻该事实的程度，即需要达到提出证据证明相反事实成立的程度。《民事诉讼证据规定》第十条规定只有在提供的相反证据"足以推翻"这两类生效文书确认的事实时，才发生不能免除举证责任的效果。注意，"已为仲裁机构的生效裁决所确认的事实"已经不需要达到这种程度的证明标准。

3. 对于确为自然规律及科学定理、定律的事实，不允许当事人以相反证据推翻。

——最高人民法院民事审判第一庭编著：《最高人民法院新民事诉讼证据规定理解与适用》，人民法院出版社 2020 年版，第 154~162 页，第 164~165 页。

对于生效裁判中认定的事实，不宜从既判力的角度来理解，而应从生效裁判的事实证明效力的角度进行分析。凡人民法院生效裁判所确认的事实，具有免除后诉当事人举证责任的效力。在后诉当事人有相反证据足以推翻的情况下，后诉法院可以径行对有关事实进行确认，而不必等待前诉判决经过再审程序变更后再行认定。

——宋春雨：《生效裁判的事实证明效力》，载最高人民法院民事审判第一庭编：《中国民事审判前沿》2005年第2集，法律出版社2005年版，第70页。

35.调解过程中已确认的无争议事实在诉讼中当事人无需举证

三、适用无争议事实记载机制需要注意的问题

进行无争议事实记载活动，记载内容为当事人双方无争议的事实，故双方当事人都应当遵循实事求是的原则，不得弄虚作假，故意做与基本事实不相符的陈述。还应当遵循意思自治的基本原则，进行无争议事实记载必须征得双方当事人的一致同意，并告知当事人所记载之内容，以及在后续诉讼中将成为“免证事实”的法律后果，且需要双方当事人以书面形式签字确认。

双方当事人无争议事实记载与当事人一方在诉讼中的自认有着本质上的区别：1. 启动不同。前者须经各方当事人同意才能启动，后者由自认人一方自行决定即可。2. 性质不同。前者所记载的事实是双方当事人共同认可，没有争议的事实，可能是对一方有利的事实，也可能是对一方不利的事实；后者自认的事实只能是自认方作出的对己方不利事实的自我认可。3. 方式不同。前者须以书面形式记载并经各方当事人签字认可，后者则没有书面形式的法定要求。4. 后果不同。前者对后续诉讼中各方当事人产生已记载事实的免证后果（特殊情况除外），后者系当事人一方在诉讼中为达成调解或和解，而在调解过程中对不利于己方事实的自认或对权利的自我处分，如果调解不成，该“自认”不得在其后的诉讼中作为对自认方不利的证据。

四、无争议事实记载机制的效力

依无争议事实记载机制记载的事实，经过调解组织或者调解员、双方当事人共同签名后，具有证明效力。当事人在纠纷进入诉讼程序后，记载的事

实可以作为证据使用，当事人对记载的事实无须再另行举证证明，但当事人举证证明记载的事实涉及国家利益、社会公共利益和他人合法权益的除外。

人民法院在审理民事案件中，对当事人一方提供的无争议事实记载机制记载的事项，应当进行审查。经审查符合确认条件及程序的，可就记载的事实直接予以确认，不再组织当事人举证、质证。不符合确认条件及程序的，不作为证据采纳。对不予采纳的，人民法院应当告知当事人不予采纳的理由。经审查记载事项不符合确认条件及程序的，人民法院应当将相关情况书面通知原调解组织或者调解员。

——李少平主编：《最高人民法院多元化纠纷解决机制改革意见和特邀调解规定的理解与适用》，人民法院出版社 2017 年版，第 224~225 页。

36.电子数据的范围

电子数据的虚拟化带来人们对其感知、理解的障碍，有些电子数据如电子文档、即时通信工具的聊天记录可通过电子设备输出或者打印出纸质版本，有些如计算机程序则无法呈现出普通人能够理解的状态。在庭审中展示电子数据，可以根据电子数据的具体类型，借助多媒体设备出示、播放或者演示。必要时，可以聘请具有专门知识的人进行操作，并就相关技术问题作出说明。通常，对于电子邮件的出示，提供该证据的当事人应当提供邮件的来源，包括具体发件人、收件人及邮件提供人、有关人员与当事人的关系，提供邮件生成、接收时间和内容。如果当事人无异议的，可以通过出示邮件纸质件的方式进行质证。对于手机短信类证据的出示，提供该证据的当事人应当向法庭出示该手机短信，并将短信内容、收发件人、收发件时间、保存位置等信息摘录说明。手机短信已经公证的，可以直接将公证文书作为证据出示。法庭审查时着重于发件人与收件人的姓名及手机号码，短信的内容是否完整，是否与其他证据反映的事实矛盾，与案件有无关联性。必要时可以由电信运营商协助进行调查。对于网页的出示，证据提供方应当提供网址、访问时间，并将网页当庭演示，指明网页内容。同时，提供网页的纸质件存档备查。对于微信、阿里旺旺等即时通信的出示，提供该证据的当事人应当当庭展示聊天记录，说明聊天参与方的昵称、身份等，确认聊天记录的完整性。

——最高人民法院民事审判第一庭编著:《最高人民法院新民事诉讼证据规定理解与适用》，人民法院出版社 2020 年版，第 190 页。

二、证明效力、鉴定

37.盖章行为的法律效力

一、关于盖章行为的法律意义

印章是印在文件上表示鉴定或签署的文具，包括公章和私章两种。公章是国家机关、社会团体、企事业单位用自己的名称制作的签名印章，私章则是自然人用自己的名字制作的签名印章。原《合同法》[①]第三十二条规定:“当事人采用合同书形式订立合同的，自双方当事人签字或者盖章时合同成立。”从该规定看，盖章与签字具有同等效力，都是对书面形式的意思表示的确认。对自然人而言，签字与加盖私章都由其自身完成，二者具有同等效力，一般不存在争议。但公司是个组织体，需要通过特定自然人的签字或盖章才能实现其意志。而该自然人本身同时也是独立的法律主体，在此情况下，确定该自然人的行为是其自身的行为还是代表公司从事的行为就至关重要。而仅凭法定代表人的签字，尚不足以区别某一行为是其个人行为还是公司行为。因此，只能通过加盖公章来区别。就此而言，盖章具有签字所不具备的功能。自然人在合同书上加盖公章的行为表明，该行为是职务行为而非个人行为，应由公司承担法律后果。

二、要确立“看人不看章”的裁判思路

既然盖章行为的本质在于表明行为人从事的是职务行为，而从事职务行为的前提是，该自然人不仅须是公司的工作人员，而且还需要享有代表权或代理权。有代表权或代理权的人盖章确认的合同，自然对公司具有约束力。而无代表权或代理权人加盖的公章，即便是真公章，也不能产生合同有效的

① 原《合同法》于 1999 年 3 月 15 日第九届全国人民代表大会第二次会议通过。根据《民法典》第一千二百六十条的规定,《民法典》自 2021 年 1 月 1 日起施行，原《合同法》同时废止。

预期效果。对合同相对人来说，合同书加盖公章的情况下，其可以信赖公章显示的主体为合同当事人，并推定合同记载的条款系该主体作出的意思表示。至于该意思表示是否自愿真实，盖章之人有无代表权或代理权等问题，均不能通过盖章行为本身直接得到确认。可见，公章之于合同的效力，关键不在公章的真假，而在盖章之人有无代表权或代理权。盖章之人为法定代表人或有权代理人的，即便其未在合同上盖章甚至盖的是假章，只要其在合同书上的签字是真实的，或能够证明该假章是其自己加盖或同意他人加盖的，仍应作为公司行为，由公司承担法律后果。反之，盖章之人如无代表权或超越代理权的，则即便加盖的是真公章，该合同仍然可能会因为无权代表或无权代理而最终归于无效。

三、要注意代表与代理的区别

不论是代表还是代理，都需要遵循前述的裁判思路以及相应的裁判规则。所不同的是，根据原《民法总则》[①]第六十一条第二款[②]有关“法定代表人以法人名义从事的民事活动，其后果由法人承受”的规定，法定代表人无须另行授权，就可以一般性地代表公司从事民事活动。即便超越权限对外从事行为，也仅是越权代表，并非无权代表。而除法定代理人外，委托代理一般是一事一授权，代理人变动性很大。在无权代理的情况下，代理人根本就没有代理权，其与所谓的被代理人间并无任何联系。正因如此，原《合同法》第五十条仅有越权代表的规定，而无无权代表的规定。而原《合同法》第四十九条有关表见代理的规定，除了越权代理外，还有没有代理权以及代理权终止后等两种无权代理情况下构成表见代理的规定，此点与代表判然有别。另一方面，法定代表人是公司的法定机关，其代表权限来源于法律的明确规定。法定代表人对外从事的行为，即便是越权行为，也是公司对外从事的行为，只不过越权行为不对公司生效罢了。而委托代理情况下，代理人的权限来自被代理人的授权，未经被代理人授权的，其行为与被代理人无关，自然不对被代理人发生效力，而应由代理人自身承担责任。尤其是，法定代表人以公司名义对外从事民事活动，本质上属于履职行为，由其个人承担责任缺乏依据。

---

① 原《民法总则》于 2017 年 3 月 15 日第十二届全国人民代表大会第五次会议通过。根据《民法典》第一千二百六十条的规定，《民法典》自 2021 年 1 月 1 日起施行，原《民法总则》同时废止。

② 对应《民法典》第六十一条第二款。

而无权代理人在根本没有代理权的情况下对外以被代理人名义从事行为，其行为与被代理人没有任何关系，自不应由被代理人承担责任，因此法律才规定由代理人自身承担责任。

四、关于举证责任分配

假公章的认定，往往需要借助举证责任的分配予以解决。通常情况下，是公司以加盖在合同书上的某一枚公章是假公章为由提出合同不成立或无效的抗辩，此时，应由该公司承担举证责任，公司可通过申请鉴定、比对备案公章等方式进行举证。公司举证后，合同相对人可通过举证证明盖章之人有代表权（如为法定代表人或负责人）、代理权（职务代理、个别代理）或其有合理理由相信盖章之人有代表权或代理权等事实，从而主张根据相关规则认定合同对公司有效。此时，公司只能通过举证证明交易相对人为恶意相对人来否定合同的效力。

五、实务问题

1. 仅有法定代表人或代理人的签字，合同未加盖公章的，能否认定为是公司的行为

根据签字等同于盖章的规则，加之盖章问题的本质在于是否有代表权或代理权，故只要有证据证明法定代表人或代理人是以公司名义而非自身名义签订合同的，就应认定为是公司行为，由公司承担法律后果。

2. 先在空白合同书上加盖公章，后确定合同内容的，公章显示的公司应否作为合同主体承担责任

通常情况下，是先有合同条款后加盖公章，故加盖公章的行为除了表明是公司行为外，往往还有对合同条款予以确认的性质。但在空白合同上加盖公章的场合，则是先加盖公章后有合同内容。此时，务必要严格考察空白合同持有人与公司之间是否具有代理关系，来综合认定合同效力是否及于公司。空白合同持有人确实具有代理权，或足以使交易相对人相信其具有代理权的，在空白合同上添加的合同条款效力及于公司。反之，仅仅根据持有盖章的空白合同这一事实，尚不足以认定其具有代理权，应按无权代理规则处理。

3. 公章的种类与文件的种类是否必须要相匹配

公章种类很多，常见的有公章、财务章、合同专用章、发票专用章。原则上，公章的种类与文件的种类要相匹配，在最高法院（2014）民申字第1

号陈某某与某建设有限公司、某建设集团股份有限公司民间借贷合同纠纷中，最高人民法院认为，当事人在借款合同上加盖具有特定用途的公司项目资料专用章，超越了该公章的使用范围，在未经公司追认的情况下，不能认定借款合同是公司的意思表示。该观点总体可值赞同，但尚需追根溯源。之所以不认可超出公章特定用途的盖章行为的效力，本质上并非公章本身代表了某种意思表示，而是因为盖章之人缺乏代理权。反之，如果盖章之人确有代理权的，即便超出公章的使用范围，亦不宜认定合同无效。故公章须与文书种类相匹配的要求，并非绝对。即便考虑此种要求，实务中仍需要考虑交易习惯，尽可能保护相对人的合理信赖。借款合同加盖公司项目资料专用章固然不太符合交易习惯，但如加盖的是财务章，似亦在情理之中。故在匹配度的认定上，还要根据通常的交易观念从宽予以认定。

4. 能否以与备案公章不符为由就认定某一枚公章是假公章

司法实践中，公司通常以涉案的某一枚公章为假公章为由提出合同不成立或无效的抗辩，理由则往往是与备案公章不符。公章的备案，既有公安机关的备案，也有工商管理部门的备案。就民商事审判来说，更多地涉及工商管理部门的备案问题。公司使用备案过的公章，即便该公章实际上已经废弃不用了，只要相对人信赖该枚公章仍在使用的，法律就要保护此种信赖。但要求相对人在任一交易活动中都去核查公章的真伪，是不符合交易便捷原则的，因此，相对人不应负有审核某一公章是否为备案公章的义务。故在公司使用备案公章以外的其他公章场合，法院不能以相对人未尽审核义务为由，就认定公司的该枚公章为假公章，除非公司能够举证证明该枚公章确实是伪造的、废弃不用的公章。当然，相对人也可以通过举证证明公司使用的该枚备案公章以外的公章，曾在此前的交易中或者在其他的交易中使用过等事实，证明该枚公章就是公司的公章。与公章备案相似的是预留印鉴。所谓预留印鉴，是指存款人在银行开立银行结算账户时留存的、凭已办理款项支付结算的权利证明，也是开户银行收付结算的审核依据。预留印鉴约束的对象主要是银行，对交易当事人并无拘束力。在存款人预留印鉴的情况下，银行未尽审核义务，因向他人付款导致存款人损失的，应根据约定承担继续付款责任。

——最高人民法院民事审判第二庭编著：《〈全国法院民商事审判工作会议纪要〉理解与适用》，人民法院出版社 2019 年版，第 289~292 页。

38.在当事人申请鉴定时，应当对申请事项进行审查

在当事人申请鉴定时，应当对当事人申请鉴定的事项进行审查。如果当事人申请鉴定的事项与待证事实无关联，则鉴定意见必然因欠缺证据的关联性而不具有证据能力，启动鉴定程序没有必要且会造成审判资源的浪费。申请鉴定的事项对于证明案件事实无意义的，也属于没有必要进行鉴定的情形，人民法院不应准许当事人的申请。

——最高人民法院民法典贯彻实施工作领导小组办公室编著：《最高人民法院新民事诉讼法司法解释理解与适用》，人民法院出版社 2022 年版，第 321 页。

39.鉴定的启动不是以当事人提出为前提，而是以法官查明事实的需要为前提

是否启动鉴定，本质上必须是法官在案件审理过程中对相关专门性问题缺乏判断认定能力的情况下，才会决定通过委托相关鉴定机构通过科学的方法和手段来查明该专门性问题的相关事实。司法鉴定为法院的辅助机关，法官因不具有特别知识而不能知晓的事项，须有专家补其不足，以达到正确判断之目的。① 因此，鉴定不是以当事人提出为前提，恰恰是以法官查明事实的需要为前提。为防止鉴定启动的随意性，我们有必要通过设定具体的鉴定申请审查标准，明确鉴定的范围，既要避免当事人滥用鉴定申请权的情形发生，也要避免发生不当剥夺当事人通过鉴定进行举证的基本诉讼权利，更要避免鉴定意见作出后并无法证明相关待证事实的尴尬局面。因此，在实践中应当着重审查以下几个方面：

1. 当事人申请鉴定的事项是否与案件有待查明的事实具有关联性，即该需要通过鉴定方能证明的待证事实是否为案件审理所必须查明的基本事实，或者是否会影响案件的审理程序合法性。实践中，经常会有法人否定相关文

① ［日］三月章：《日本民事诉讼法》，汪一凡译，我国台湾地区五南图书出版有限公司 1997 年版，第 466 页。

书中加盖的印章为其所使用的公章，并提出申请，要求对文书所盖公章与其的备案公章进行比对。殊不知，该印章是否为该法人所有并使用与其备案的公章并非同一概念，一些企业为方便开展业务或者出于其他目的，往往刻制有未经备案的多枚公章，如果法院轻易同意鉴定，则相关鉴定意见作出后是否采信，如不采信又如何解释之前同意启动鉴定的决定，导致案件审理陷入被动，甚至落入异议方特别挖掘的“陷阱”之中。因此，当当事人申请司法鉴定时，法官的第一要务必须是仔细分析鉴定事项与待证事实的关联性问题，如果鉴定事项与待证事实系一一对应关系，则启动鉴定的价值较大，如果鉴定意见仅能为待证事实提供一种可能性论证且无法排除其他可能的，则必须结合案件已经查明的事实和现有证据仔细考虑启动鉴定的意义后再行决定是否准许。

2. 是否必须通过特殊技术手段或者专门方法才能确定相应的专门性问题，是否已经通过一般的举证、质证手段或者现有证据确实对相关专门性问题无法查明。实践中，一些当事人经常会通过启动鉴定来实现人为混淆视听、拖延诉讼进程或者其他不当的目的。对此，必须对待证事实查明的方式进行考察，如果发现常规的方式完全可以查明的，则对当事人相关司法鉴定的申请不应予以准许。

3. 对于待鉴定的专门性问题，是否有较为权威的鉴定方法和相应有资质的鉴定机构，是否有明确充分的鉴定材料。实践中经常会遇到一些棘手的专门性问题不在司法鉴定的范围之列，亦无相对应的有资质等级的鉴定机构可供委托，此外，如果鉴定材料不明确不充分的情况下，即便启动鉴定，鉴定人亦无法根据现有条件作出鉴定。

4. 在启动鉴定之前是否已经充分听取了双方当事人的意见。启动鉴定是当事人向人民法院申请查明案件待证事实的重要诉讼权利之一，因此，听取当事人特别是对方当事人的意见可以有效地防止法官在审查时先入为主或者考虑不周的情形发生。因此，当遇到一些较难把握的鉴定申请或者是否应当依职权启动鉴定的情况时，通过征求当事人对启动鉴定的意见，必要时组织双方当事人进行辩论，无疑将为法官明察秋毫，作出正确选择提供有力的程序保障。

——最高人民法院民事审判第一庭编著：《最高人民法院新民事诉讼证据

规定理解与适用》，人民法院出版社 2020 年版，第 314~316 页。

40.鉴定费交纳的具体适用

一、关于鉴定费的交纳

通常情况下应当适用"谁申请、谁预交"的规则。《诉讼费用交纳办法》第二十条规定："案件受理费由原告、有独立请求权的第三人、上诉人预交。被告提起反诉，依照本办法规定需要交纳案件受理费的，由被告预交。追索劳动报酬的案件可以不预交案件受理费。申请费由申请人预交。"但是，《诉讼费用交纳办法》第十条第一项、第六项规定的申请费不由申请人预交，执行申请费执行后交纳，破产申请费清算后交纳。同时，其第十二条第一款规定："诉讼过程中因鉴定、公告、勘验、翻译、评估、拍卖、变卖、仓储、保管、运输、船舶监管等发生的依法应当由当事人负担的费用，人民法院根据谁主张、谁负担的原则，决定由当事人直接支付给有关机构或者单位，人民法院不得代收代付。"概言之，鉴定费的交纳，应当按照"谁主张、谁负担"的原则处理，这与一般的诉讼费交纳规则一样，但需要注意的是对于鉴定费的交纳，是由当事人直接支付给有关机构或者单位，人民法院不得代收代付。

二、关于鉴定费的负担

依据《诉讼费用交纳办法》第二十九条的规定："诉讼费用由败诉方负担，胜诉方自愿承担的除外。部分胜诉、部分败诉的，人民法院根据案件的具体情况决定当事人各自负担的诉讼费用数额。共同诉讼当事人败诉的，人民法院根据其对诉讼标的的利害关系，决定当事人各自负担的诉讼费用数额。"鉴定费的负担也应按照这一规则处理，即由败诉方承担，这也是目前实务中所普遍遵循的规则。

三、关于当事人确实困难的情形如何救济的问题

对此，从人民法院工作角度，应当按照《中央政法委、财政部、最高人民法院、最高人民检察院、公安部、司法部关于建立完善国家司法救助制度的意见（试行）》（中政委〔2014〕3 号）、《最高人民法院关于加强和规范人民法院国家司法救助工作的意见》（法发〔2016〕16 号）、《最高人民法院关于对经济确有困难的当事人提供司法救助的规定》（法发〔2005〕6 号）等有关政

策文件精神来进行司法救助。

在此需要注意的是，这里的救助内容是诉讼费用的缓、减、免（《最高人民法院关于对经济确有困难的当事人提供司法救助的规定》的规定）和提供救助金（《最高人民法院关于加强和规范人民法院国家司法救助工作的意见》的规定），但按照《诉讼费用交纳办法》第六条的规定，“当事人应当向人民法院交纳的诉讼费用包括：（一）案件受理费；（二）申请费；（三）证人、鉴定人、翻译人员、理算人员在人民法院指定日期出庭发生的交通费、住宿费、生活费和误工补贴。”也就是说，有关诉讼费用的缓减免并不包括鉴定费本身。至于人民法院垫付鉴定费规定的适用问题，涉及对确有困难的认定问题。对此，有必要参照上述政策文件的规定，予以认定，比如《最高人民法院关于加强和规范人民法院国家司法救助工作的意见》第十条规定：“救助申请人生活困难证明，主要是指救助申请人户籍所在地或者经常居住地村（居）民委员会或者所在单位出具的有关救助申请人的家庭人口、劳动能力、就业状况、家庭收入等情况的证明。”第三条对于当事人经济困难的情形也作了明确规定。《最高人民法院关于对经济确有困难的当事人提供司法救助的规定》第三条也对申请司法救助的情形作了规定。医疗损害责任纠纷中当事人确有困难的情形可以参照上述规定内容予以确定，对于不符合确有困难要求情形的，则不应适用鉴定费垫付规则。垫付的鉴定费最终负担也应该按照败诉方承担的原则予以确定，如果是确有困难一方当事人承担的鉴定费，则有必要通过探索参照适用诉讼费用减免缓的规则，以彰显司法的人文关怀，而且鉴定费本身毕竟也是《诉讼费用交纳办法》规定的当事人需要交纳的一种费用类型。

——杜万华主编：《最高人民法院医疗损害责任司法解释理解与适用》，人民法院出版社2018年版，第173~174页。

41.当事人提交鉴定材料及对鉴定材料进行质证

医疗损害责任纠纷案件中涉及的问题往往专业性很强，法官很难作出直接判断，其中的专门性问题一般都要委托鉴定，而鉴定意见往往在案件审理中发挥着举足轻重的作用。由于鉴定意见所涉鉴定事项的复杂性，所需的鉴定材料也多种多样。其中部分鉴定材料容易灭失，或容易被篡改，如诊疗过程中形成的病历以及造成患者人身损害的相关物品，这些证据都存在易灭失和容易被篡改的特性，诊疗所使用的药品或医疗器械在医院随处可见，因其通用性和相似性极有可能被替换，血液和配药等证物可能因时间原因无法保留，还存在病人的实时诊疗情况无法复原甚至患者已死亡等情况。医疗机构对医疗业务的垄断又导致患方获取证据的难度较大，目前紧张的医患关系，又导致医患双方互相之间的信任度都极低，相关鉴定材料的保管、封存是令人关注的重要问题。因此，在发生医疗纠纷之初，即进行证据的固定和保全，有助于医疗损害鉴定的顺利进行，对解决医疗损害责任纠纷具有十分重要的意义。①

病历是医疗损害鉴定的基础，是鉴定材料的核心。医疗损害鉴定的事后性，也决定了鉴定人只能通过病历等鉴定材料还原诊疗过程。病历虽然不能反映诊疗的全貌，但在诉讼中作为证据所固定的事实成为判断整个诊疗活动的核心。因此，将诊疗整个过程尽可能记录在病历中，尽量反映诊疗真实过程，严格按照诊疗规范操作，将对患者存在损害风险的诊疗行为尽可能详尽地告知，才能有效降低医疗纠纷，保护患者的安全。另外，诊疗活动之后对病历等相关材料的严格规范保管和封存，也是减少医患之间的不信任感，及时有效解决矛盾纠纷的关键。实践中应不断完善《医疗机构病历管理规定》《病历书写基本规范》等相关规定，加强病历资料等管理，为将来可能发生纠纷时的医疗损害鉴定提供良好法律依据，这也有助于减少不必要的争议，及时有效地化解医患矛盾纠纷。

——杜万华主编：《最高人民法院医疗损害责任司法解释理解与适用》，人民法院出版社 2018 年版，第 206~207 页。

42.建设工程质量问题不能以鉴代审

司法审判实践中，在处理涉及建设工程质量是否合格、是否符合合同约定的问题时，通常会涉及是否应对建设工程质量进行鉴定的问题。实践中有一种不正确的观点，认为建设工程质量问题属于专业问题，必须经过鉴定机

① 车玉涵：《试论我国医疗纠纷证据保全若干问题和司法鉴定体制的完善》，载《法制与社会》2013 年第 1 期。

构出具鉴定意见才能认定。建设工程质量问题一般可分为两种类型。一种是表面即可见的质量问题，一种是表面不可见的潜在的质量问题。对于前者，并不一定要经过鉴定才能对建设工程质量是否合格作出认定。例如，承包人完成建设工程施工后，发包人在对建设工程进行竣工验收时发现存在地下室渗水等质量问题，请求承包人进行维修，承包人就应当进行维修。再如，承包人在主体工程施工完毕后，由于发包人不能按时支付工程款，工程停工。之后，双方协议解除建设工程施工合同。由于建设工程尚未完工，发包人未进行竣工验收，但在移交未完工工程时，发包人发现墙体、屋顶存在明显裂痕，要求承包人进行修复，承包人未予修复，直接起诉请求发包人支付建设工程价款。发包人以建设工程质量不合格进行抗辩。这种情况下，就不宜再要求发包人对建设工程质量进行鉴定。发包人提供的照片、录像以及人民法院到现场勘察等方式都可以发现建设工程的质量问题。实践中，处理建设工程纠纷案件，应当避免以鉴代审的不良倾向。

实践中的以鉴代审问题主要体现在两个方面：一是凡是涉及建设工程价款或者质量问题，都要求当事人申请鉴定；二是只要鉴定机构出具了鉴定意见，就一律按鉴定意见处理，对于双方争议事项不作分析判断。鉴定机构出具的鉴定意见只是帮助法官对专业问题作出判断的参考意见。有的情况下，无须专业意见法官就可以作出判断，则不必要求当事人申请鉴定。有的情况下，是否采纳鉴定意见，采纳鉴定意见中的哪些部分，需要法院根据当事人举证、质证、辩论的情况以及鉴定人员出庭接受询问的情况作出判断。

——最高人民法院民法典贯彻实施工作领导小组主编：《中华人民共和国民法典合同编理解与适用（三）》，人民法院出版社2020年版，第2004~2005页。

三、举证时限

43.当事人举证期限的确定

举证期限是举证时限制度的基础，举证期限的确定也是举证时限制度首先需要解决的问题。举证期限在性质上属于民事诉讼的期间，法律对举证期限的规定，意味着当事人负有遵守期间、在期间内完成举证的法定义务。《民事诉讼法解释》第九十九条关于举证期限的规定，包含三个方面的内容，即举证期限何时确定、如何确定及除外情形。

一、关于举证期限何时确定问题

根据2001年《民事诉讼证据规定》第三十三条第一款[①]的规定，人民法院应当在送达案件受理通知书和应诉通知书的同时送达举证通知书，并在举证通知书中明确举证期限及逾期举证的后果。这意味着2001年《民事诉讼证据规定》是在人民法院受理诉讼的阶段确定举证期限。2015年《民事诉讼法解释》起草时改变了这种做法，规定人民法院应当在审理前的准备阶段确定当事人提供证据的期限。根据《民事诉讼法》第十二章第二节的规定，审理前的准备阶段是答辩期届满后至开庭审理前的阶段。这种改变主要基于如下考虑：其一，在案件受理时即指定举证期限，双方当事人举证期限届满时间不一致，当诉讼中出现追加当事人等稍微复杂情况时，由于当事人举证期限届满时间不一，会导致程序操作上的混乱。最高人民法院在2008年下发《举证时限规定通知》，也正是为了解决这一问题。其二，根据2012年《民事诉讼法》第一百三十三条[②]的规定，需要开庭审理的案件，都要通过证据交换等方式明确争议焦点。这意味着凡开庭审理的案件，均应有以整理焦点、固定证据为目的的审理前准备。2001年《民事诉讼证据规定》第三十三条关于在案件受理时指定举证期限的规定，已经不适应立法修改的新要求。其三，在

① 对应《民事诉讼证据规定》(2019年修正)第五十条。

② 对应《民事诉讼法》(2023年修正)第一百三十六条。

审理前准备阶段，特别是双方当事人到场的情况下指定举证期限，双方期限届满时间相同，有利于诉讼程序的操作。特别是在采取审前会议、证据交换方式进行审理前准备的更是如此。

二、关于如何确定举证期限问题

在这一问题上，《民事诉讼法解释》第九条延续2001年《民事诉讼证据规定》的思路，规定了人民法院确定和当事人协商并经人民法院准许两种方式。在具体的期限上，2001年《民事诉讼证据规定》第三十三条[①]第三款规定人民法院指定的期限不少于30日，《民事诉讼法解释》规定为第一审普通程序案件不少于15日。这种变化主要考虑《民事诉讼法解释》与2001年《民事诉讼证据规定》相比，举证期限的起算点从受理时变更为答辩期届满后，从总的时间来看，依《民事诉讼法解释》规定人民法院确定的举证期限不会少于30日。关于当事人提供新的证据的二审案件的举证期限问题，2001年《民事诉讼证据规定》未涉及，《举证时限规定通知》规定的是不受“不少于三十日”的限制。由于二审程序当事人提交新证据的概率不高、数量不多，《民事诉讼法解释》将其明确为不少于10日。

三、关于除外情形

2001年《民事诉讼证据规定》并未规定不受举证期限约束的除外情形。《举证时限规定通知》规定，对于反驳证据允许人民法院酌情指定举证期限。《民事诉讼法解释》延续了该通知的基本思路，同时增加了补强证据。所谓补强证据，是指用以确认或者证明另一主要证据的真实性或弥补其资格、形式上的瑕疵，以补充或增强其证明力的证据。一般认为，举证期限针对主要证据发挥作用，补强证据作为佐证，不受举证期限的限制。因此，《民事诉讼法解释》第九条规定当事人要求对主要证据在来源、形式上的瑕疵予以补强的，人民法院可以酌情再次确定举证期限，该期限不受前述“十五日”“十日”举证期限的限制。

——最高人民法院民法典贯彻实施工作领导小组编著：《最高人民法院新民事诉讼法司法解释理解与适用》，人民法院出版社2022年版，第272~273页。

---

① 对应《民事诉讼证据规定》（2019年修正）第五十一条。

44.逾期提供的证据视为未逾期的情形

人民法院对当事人逾期提供证据的理由的审查，是连接举证期限和逾期提供证据的后果之间的桥梁。逾期提供证据的后果的适用，必然经过人民法院的审查过程。因此，人民法院如何进行审查，对于举证时限制度的适用具有十分重要的意义。

对当事人逾期提供证据的理由进行审查，是《民事诉讼法》第六十八条的要求。该条规定，当事人逾期提供证据的，人民法院应当责令其说明理由；拒不说明理由或者理由不成立的，人民法院根据不同情形可以不予采纳该证据，或者采纳该证据但予以训诫、罚款。可见，审查是人民法院适用相应后果的前提。在2001年《民事诉讼证据规定》中，并没有人民法院应当对当事人逾期提供证据的理由进行审查的明确规定。但根据2001年《民事诉讼证据规定》的相应内容，证据虽然逾期提供，但对方当事人同意质证的和符合新的证据的条件的，不发生证据逾期的失权后果。而对方当事人是否同意质证，特别是逾期的证据是否符合新的证据的条件，非经人民法院审查，无法得出结论。因此，2001年《民事诉讼证据规定》虽然没有明确规定对逾期证据进行审查及有关的程序上的要求，但审查的内容隐含在新的证据如何判断的条文之中。实践中，人民法院在判断逾期提供的证据是否构成新的证据时，也必然存在审查的过程。

根据《民事诉讼法》第六十八条的规定，人民法院应当在一定程序之中责令逾期提供证据的当事人说明理由。这是程序公正的基本要求，也是审判实践经验的总结。程序公正的标准有三个方面的内容，即中立、冲突的疏导、裁判。其中冲突的疏导包括四项具体规则：1. 平等地告知每一方当事人有关程序的事项；2. 冲突的解决应听取双方的辩论和证据；3. 冲突的解决者只应在另一方当事人在场的情况下听取对方的意见；4. 每一方当事人都应有公平的机会回答另一方所提出的辩论和意见。[①] 因此，在当事人逾期提供证据的场合，要求人民法院在一定程序中责令当事人说明理由，意味着必须有对方当事人

---

① 参见［美］马丁·P. 戈尔丁：《法律哲学》，齐海滨译，上海三联出版社1987年版，第240页。

在场，保障对方当事人发表意见的权利。通过逾期提供证据的当事人的说明，对方当事人的反驳，双方的辩论，以及必要时双方当事人的举证、质证，人民法院对当事人逾期提供证据的理由是否成立能够更好地作出判断。审判实践中，一些人对于程序公正的价值缺乏应有的认识，对于程序公正的标准缺乏应有的知识，在理解和适用《民事诉讼法》第六十八条的过程中，缺乏应有的程序意识，在判断证据是否逾期问题上，认为双方当事人在场对逾期提供证据的理由发表意见、进行辩论和质证，增加程序的复杂性，没有必要。这种观念是极端错误、非常有害的，2001 年《民事诉讼证据规定》施行的效果不理想，也与此有很大关系。当然，要求人民法院在一定的程序中责令当事人说明逾期提供证据的理由，其目的在于要求人民法院为双方当事人提供程序上的保障，并非要求人民法院另行专门组织双方当事人就逾期提供证据的理由进行辩论和质证。事实上，在具体操作上，可以灵活处理，如在开庭审理过程中一方当事人提出举证期限之内未提供的证据，人民法院可以在其后庭审中先就当事人逾期提供证据的理由进行查明。这里所强调的是，人民法院在这一事关当事人重大利益和程序权利的事项上，应当满足程序公正的基本要求。

关于逾期提供的证据不发生逾期后果即视为未逾期的情形，《民事诉讼法解释》第一百零一条规定了两种。其一为因客观原因逾期提供证据。这里的客观原因包括自然灾害等不可抗力，也包括社会事件以及其他非逾期提供证据的当事人自身所能够控制的因素。其二为对方当事人对逾期提供的证据无异议的。此种情形主要考虑尊重对方当事人在诉讼中的处分权。一方当事人逾期提供证据，会导致相应的不利后果，对方当事人对这种结果享有利益。对方当事人放弃这种诉讼上的利益，是行使处分权的行为，原则上人民法院应当予以尊重。《民事诉讼法解释》第一百零一条与 2001 年《民事诉讼证据规定》相比，在视为未逾期的情形上有所变化。2001 年《民事诉讼证据规定》对视为未逾期的情形规定为两种：对方当事人同意质证的和新的证据。在尊重当事人处分权这一点上，《民事诉讼法解释》与 2001 年《民事诉讼证据规定》基本一致。但对于除此之外的情形，2001 年《民事诉讼证据规定》强调的是新的证据，《民事诉讼法解释》则从客观原因角度考虑问题。究其原因，主要因为 2001 年《民事诉讼证据规定》的举证时限制度系以证据失权为原则，对于不发生证据失权后果的视为未逾期的证据，则属于例外情形。这种情形只能通过对新的证据进行解释，才能既与立法相呼应，又能解决实际问题。而 2012 年《民事诉讼法》第六十五条[①]新增加的举证时限的规定，则以证据不失权为原则、失权为例外，而依《民事诉讼法解释》的规定，证据是否失权的判断与逾期提供证据的当事人主观状态存在直接的关系。故《民事诉讼法解释》与 2001 年《民事诉讼证据规定》关于举证时限制度的基本思路不同，导致具体规则上的差异。

审判实践中应当注意的问题：

审判实践中，在审查当事人逾期提供证据的理由时，应当注意对双方当事人的程序保障，应当基于程序公正的基本要求，为双方当事人提供平等的发表意见、辩论和举证的机会和相应的程序。否则，既不符合《民事诉讼法》的本意和民事诉讼的规定，又会对审判的公信力造成损害。

——最高人民法院民法典贯彻实施工作领导小组编著：《最高人民法院新民事诉讼法司法解释理解与适用》，人民法院出版社 2022 年版，第 275~277 页。

45.当事人逾期举证的法律后果

根据 2021 年《民事诉讼法》第六十八条的规定，当事人逾期提供证据又无正当理由的，可能面临证据不被采纳，或者证据虽被采纳但遭受训诫、罚款的处罚的后果。《民事诉讼法解释》第一百零二条内容可以从以下几个方面理解。

第一，根据当事人逾期提供证据的主观过错程度，适用不同的责任和后果。根据当事人逾期提供证据的主观状态对应不同的后果，是自 2001 年《民事诉讼证据规定》以来最高人民法院对适用逾期举证后果的一贯立场。在 2003 年全国民事审判工作座谈会上我们提出，当事人逾期提供证据是否属于新的证据，在判断时应当考虑当事人主观上是否存在故意或者重大过失。在《举证时限规定通知》第十条关于新的证据的认定问题上，也提出应当结合“当事人未在举证期限或者司法解释规定的其他期限内提供证据，是否存在故

① 对应《民事诉讼法》（2023 年修正）第六十八条。

意或者重大过失的情形”认定。《民事诉讼法解释》第一百零二条解释也是遵循同样的思路。

第二，当事人因故意或者重大过失逾期提供证据的，原则上发生证据失权后果，但该证据涉及基本事实的证明的，不失权但要予以训诫、罚款。当事人因故意或者重大过失逾期提供证据是否导致证据失权，在司法解释起草过程中争论很激烈，主张故意逾期提供证据绝对失权、因重大过失逾期提供证据的除涉及基本事实证明的原则上失权的观点，与凡涉及对基本事实认定有重要意义的均不能失权的观点，针锋相对。就《民事诉讼法解释》第一百零二条的规定来看，实际上是各种观点的折中。其一，民事诉讼中当事人提供的证据可能涉及案件事实的方方面面，但只有证明要件事实的证据，才是核心和关键的证据，才能最终在待证事实真伪不明时发挥结果意义的举证责任的作用。《民事诉讼法解释》第一百零二条所指的基本事实，与要件事实的含义相同，由于立法上并未使用要件事实的概念，其实质上是对要件事实的替代表述。其二，“该证据与案件基本事实有关”，是指逾期提供的证据对于案件的基本事实有证明价值。人民法院对此应当进行审查，而不能仅依当事人的主张来确定。其三，当事人因故意或者重大过失逾期提供的证据与基本事实有关，尽管不发生失权后果，但人民法院应当对当事人予以训诫和罚款。失权后果是属于证据法上的责任，当事人因故意或者重大过失逾期提供的证据与基本事实有关的，不产生证据法上的不利后果，但其拖延诉讼的行为实质上对民事诉讼造成妨害，因此产生诉讼法上的不利后果。

第三，对于非因故意或者重大过失逾期提供证据的，均不发生证据失权后果，人民法院均应采纳但应当对当事人予以训诫。

第四，无论当事人逾期提供证据是基于什么程度的主观过错，均不能免除对方当事人要求其赔偿相应损失的责任。对方当事人要求其赔偿因逾期提供证据致使其增加的交通、住宿、就餐、误工、证人出庭作证等必要费用的，人民法院可予支持。这种赔偿损失的责任，并非诉讼法上的责任，其实质上属于私法上的责任。

审判实践中应当注意的问题：

第一，当事人因故意或者重大过失逾期提供的证据与案件基本事实有关的，人民法院在审查时应当审查该证据与案件的要件事实的关联性，即审查该证据对于要件事实的证明是否有价值，是否使要件事实的存在更有可能或者没有可能，而不能仅仅根据当事人的主张确定。

第二，人民法院对于逾期提供证据的当事人处以罚款的，应当在《民事诉讼法》第一百一十八条规定的限额内。根据2019年《民事诉讼证据规定》第五十九条的规定，可以结合当事人逾期提供证据的主观过错程度、导致诉讼迟延的情况、诉讼标的金额等因素，综合确定罚款数额。

——最高人民法院民法典贯彻实施工作领导小组编著：《最高人民法院新民事诉讼法司法解释理解与适用》，人民法院出版社2022年版，第279~280页。

46.当事人不能仅以对方举证逾期而放弃质证

问：实践中，一方当事人逾期提交证据，对方以逾期提交证据为由不予质证，人民法院在审核该证据后予以采信，后当事人以法院未对该逾期提交的证据组织质证抗辩，该理由能否成立？

答：该理由不能成立。《民事诉讼法解释》第一百零二条规定，当事人因故意或者重大过失逾期提供的证据，人民法院不予采纳。但该证据与案件基本事实有关的，人民法院应当采纳，并依照《民事诉讼法》第六十五条[①]、第一百一十五条[②]第一款的规定予以训诫、罚款。当事人非因故意或者重大过失逾期提供的证据，人民法院应当采纳，并对当事人予以训诫。从上述规定可知，对于当事人故意或者重大过失逾期举证提供的证据，人民法院可以根据其同案件基本事实是否有关联，决定是否采纳；对于当事人非因故意或者重大过失逾期举证提供的证据，人民法院应当采纳。而对于案件当事人而言，对于当事人逾期提供的案件证据，也应根据该证据同案件的基本事实是否有关加以质证，而不应仅以该举证逾期而放弃质证，否则其应承担不利的法律后果。如果人民法院法院已经对一方当事人逾期提交的证据，要求对方当事人质证，这说明人民法院已组织当事人对该证据进行质证。至于对方当事人以该证据超过举证期为由不予质证，亦系其对该证据的质证意见，而不能否

① 对应《民事诉讼法》(2023年修正)第六十八条。

② 对应《民事诉讼法》(2023年修正)第一百一十八条。

定法院已经组织当事人对该逾期提交的证据予以质证的事实。

——本书研究组：《当事人一方以对方逾期提交证据而不予质证，人民法院能否采信该份证据》，载杜万华主编、最高人民法院民事审判第一庭编：《民事审判指导与参考》2015年第4辑（总第64辑），人民法院出版社2016年版，第240页。

47.当事人故意或者重大过失逾期提交重要证据的情形

当事人因故意或者重大过失逾期举证的，原则上将致证据失权，即人民法院不采纳该证据。但有些证据事关基本事实，一概不予以采纳，将致法律事实与客观事实明显背离，这很难为社会观念接受，也将在实质上导致案件结果缺乏妥当性。因此，根据《民事诉讼法解释》第一百零二条第一款的规定，当事人故意或者重大过失逾期提供的证据，如与基本事实有关，人民法院应当采纳，但应对该当事人进行训诫、罚款。罚款的金额应当根据当事人的过错程度、该证据对基本事实的证明价值以及当事人因此收益情况等加以确定，但根据《民事诉讼法》第一百一十八条第一款的规定，最高罚款金额，个人不能超过10万元，单位不能超过100万元。另外，其他当事人可以要求逾期举证的当事人赔偿因逾期举证所增加的差旅费、误工费等必要费用，人民法院可加重该当事人的诉讼费用承担。

——江必新主编：《新民事诉讼法条文理解与适用》，人民法院出版社2022年版，第286页。

48.对当事人申请延长举证期限的理由，应当围绕当事人在期限内提供证据是否确有困难即是否存在客观障碍进行审查

审判实践中应当注意的是，对当事人申请延长举证期限的理由，应当围绕当事人在期限内提供证据是否确有困难即是否存在客观上的障碍进行审查。根据2019年《民事诉讼证据规定》第五十二条第二款的规定，对于“确有困难”的情形，人民法院应当根据当事人的举证能力、不能在举证期限内提供证据的原因等因素综合判断。必要时，可以听取对方当事人的意见。无论理由是否成立，人民法院是否准许，均有通知申请人的义务。在准许时还应当

通知其他当事人。

——最高人民法院民法典贯彻实施工作领导小组办公室编著:《最高人民法院新民事诉讼法司法解释理解与适用》,人民法院出版社 2022 年版,第 275 页。

四、证据的质证、审核、认定

49.法院对专家辅助人不作资格审查

第一,专家辅助人能否参与到法庭审理,取决于人民法院的决定,人民法院认为当事人申请专家辅助人出庭没有必要的,可以驳回当事人的申请。

第二,专家辅助人的诉讼地位是诉讼辅助人,因此,其出席法庭审理时不能被视为证人在证人席陈述意见,而是与当事人及其诉讼代理人在法庭上的位置保持一致。

第三,专家辅助人是否具备相应的资格和能力,取决于当事人的认识,人民法院对专家辅助人不作资格上的审查。

——最高人民法院民法典贯彻实施工作领导小组办公室编著:《最高人民法院新民事诉讼法司法解释理解与适用》,人民法院出版社 2022 年版,第 324 页。

50.专家辅助人在法庭上的活动限于与专门性问题相关的范围

专家辅助人在法庭上的活动限于与专门性问题相关的范围,专门性问题之外的其他问题,专家辅助人不能参与。故在法庭对涉及专门性问题的事实调查结束后,应当责令专家辅助人退出审判区。专家辅助人在有关专门性问题的事实调查过程中超出专门性问题范围发表意见、进行陈述的,审判人员应当及时制止。

——最高人民法院民法典贯彻实施工作领导小组办公室编著:《最高人民法院新民事诉讼法司法解释理解与适用》,人民法院出版社 2022 年版,第

325 页。

51. 专家证人与"有专门知识的人"的实质性差别

注意条文背后的法理，明确有专门知识的人的性质。自 2002 年开始，有观点认为，2001 年《民事诉讼证据规定》第六十一条[①]"具有专门知识的人员"性质为专家证人。经过我们多方解释、论证、澄清，理论界和实务界普遍认可"具有专门知识的人员"专家辅助人的性质以及诉讼辅助人的地位。但是，近年来，特别是 2012 年《民事诉讼法》修正后，一些学者和实务工作者对《民事诉讼法》第七十九条[②]做了不正确的解读，尤其是在不了解立法背景、制度演进以及域外制度内容及运行状况的情形下所作出的解读，混淆审判实践中的认识，将"有专门知识的人"理解为专家证人的情况仍然一定程度上存在。

事实上，尽管专家证人和"有专门知识的人"都是基于当事人的聘请并经法庭准许进入民事诉讼之中、对当事人的诉讼活动提供帮助、由当事人承担其相关费用或支付报酬、在诉讼活动中参照或者适用证人作证的规则，但专家证人与"有专门知识的人"的相似是表面化的，二者存在实质性差别。

1. 二者功能的不同。"有专门知识的人"在诉讼中的功能只是单一地协助当事人就有关专门性问题的提出意见或者对鉴定意见进行质证，回答审判人员和当事人的询问、与对方当事人申请的"有专门知识的人"对质等活动也是围绕着对鉴定意见或者专业问题的意见展开的。法律、司法解释对于"有专门知识的人"活动范围、方式的规定，与解决审判实践中对鉴定意见质证困难的初衷密不可分。辅助当事人充分有效地完成诉讼活动才是"有专门知识的人"最主要的功能，其并不承担法官"专业助手"的职责。而专家证人的功能则是双重的。他在诉讼中，既要在事实发现上为法庭提供帮助，也要辅助当事人进行诉讼。而辅助法庭事实发现的功能是其最主要和优先的功能。

这种功能在英国《民事诉讼规则》实施前，在一个 1993 年的判例中，民事诉讼中专家证人的职责就已经被确定为"就其专业知识范围内的事项，以

---

① 该条在《民事诉讼证据规定》（2019 年修正）中已删除。

② 对应《民事诉讼法》（2023 年修正）第八十二条。

客观的无偏见的意见的方式，为法庭提供独立的帮助”，“专家证人绝不应当承担辩护律师的角色”。而英国《民事诉讼规则》35.3 更将其明确为“①专家的职责是就其专业知识范围内的事项为法庭提供帮助；②这种职责优先于其对聘请他或向他支付报酬的人的责任”。专家证人的这种功能与大陆法上鉴定人的功能非常接近。

在大陆法系国家，鉴定的基本功能就是在法官面对因不具备专业知识而不能作出判断的事项时，由专家提供中立的意见以弥补其能力的不足，以达到对有关事项正确判断的目的。鉴定人在诉讼中被视为法官的助手，应当根据法庭的指示和派遣来履行职责。专家证人与这种功能上的差异，决定了“有专门知识的人”的性质和诉讼地位不是专家证人。由于专家证人制度与鉴定制度同样具有在事实发现过程中辅助事实审理者对专业问题作出决定的功能，如果我国民事诉讼制度在已经遵循大陆法国家的做法确立了鉴定制度的同时，再设置专家证人制度，欠缺必要性与合理性，也不符合法律规则创设的内在逻辑。

2. 英美法系国家和地区的专家证人尽管与事实证人相比较存在特殊性，但其诉讼地位仍然归属于证人范畴，遵循适用于所有证人作证的共同规则。然而根据《民事诉讼法》和司法解释中有关证人作证的规则，我国的证人制度并不允许证人表达意见证言，证人只能进行“体验性”陈述。这些规则与英美法系国家和地区对事实证人的要求是一致的。这种对证人的要求显然与《民事诉讼证据规定》关于“有专门知识的人”的要求是不相容的。因此，将“有专门知识的人”理解为专家证人的观点是不正确的，它势必导致“概念称谓上的混乱，理解上的不统一”，也势必影响该项规定在审判实践中适用的效果。

3. “有专门知识的人”与日本《民事诉讼法》上的诉讼辅助人具有实质上的一致性。在日本《民事诉讼法》上，诉讼辅助人是指“随同当事人、法定代理人或诉讼代理人在期日里一起出庭，进行口头陈述的人”。其口头陈述的内容即是对当事人及代理人的陈述进行补充。由于诉讼辅助人只是法庭审理过程中的“附加人员”，因此他不能在法庭审理之外从事有关的诉讼行为。对于这种诉讼辅助人的资格，法律通常没有特别的限制，但一个人能否成为诉讼辅助人，仍需法庭的许可。而《民事诉讼证据规定》规定的“有专门知识的人”在法庭上的活动，同样是以对有关专门性问题进行说明陈述的方式，弥补当事人及代理人在能力上的不足；其活动范围也仅限于法庭审理中与专门性问题的有关的活动；对于这种“有专门知识的人”的资格，法律和司法解释没有提出特别的要求，其是否具有满足协助当事人就专门性问题发表意见、进行质证的资格，是当事人考虑的问题，但其出席法庭审理，仍然需要当事人的申请和法庭的许可。

可见，将“有专门知识的人”理解为诉讼辅助人是恰当的，符合立法和司法解释的本意和“有专门知识的人”的特点。而专家辅助人这一称谓，也能够准确反映“有专门知识的人”的本质。有关诉讼辅助人，有日本学者在论述时指出，“随着纠纷中专业化、技术化因素的增多，对于一些事项，即使是一些具有律师身份的诉讼代理人，也不具备这种专业知识，因此让这种问题的专家及技术者成为当事人或诉讼代理人的助手就显得极为必要。有鉴于此，近来也有观点倡导应当积极灵活地运用辅助人制度”。由此可见，在民事诉讼中涉及专业性问题时，日本学者的观点与我国的立法和司法解释的解决方案存在高度一致。

基于上述对于“有专门知识的人”性质的认识，对于审判实践中当事人根据《民事诉讼法解释》第一百二十二条规定申请所谓专家证人出庭作证的情形，应当向当事人进行释明，要求其按照法律、司法解释的规定更正申请的内容。而绝不应出现根据当事人申请通知所谓专家证人出庭作证、以专家证人的证言作为认定案件事实根据的情况。

——最高人民法院民事审判第一庭编著：《最高人民法院新民事诉讼证据规定理解与适用》，人民法院出版社 2020 年版，第 726~730 页。

52.证人具结制度的适用

根据《民事诉讼法解释》及《民事诉讼证据规定》第七十一条的规定，我国民事诉讼中的具结制度在适用时应当注意：

1. 具结的适用主体方面，具结程序适用于除无民事行为能力和限制行为能力人之外所有的证人。因无民事行为能力和限制民事行为能力人在与其年龄、智力状况或精神健康状况相适应的事项上可以作为证人，但由于行为能力的限制，其不能完全理解具结的意义，在通常情况下也无法令其承担伪证制裁后果，故无民事行为能力人和限制民事行为能力人不必具结。

2. 具结的时间方面，具结时间的合理设置是发挥具结制度功效的前提条件。证人的具结应当在证人陈述证言之前进行，并且为了加强具结的仪式效果和警醒作用，证人的具结必须单独进行。

3. 具结的方式方面，证人应当同时完成书面具结和口头具结。具结是尽可能地激发证人的良知和责任感，具结的效果往往取决于程序在证人内心产生的共鸣和约束作用，因此具结的形式应当使证人充分了解其所肩负的义务以及违反义务时应当承担的法律后果。证人因客观原因无法出庭作证而以书面证言或其他视听传输技术作证时，仍应当完成证人的具结。

4. 从具结的内容上看，应当包含两方面的内容：（1）保证如证人所感知和了解的客观事实，绝无匿、饰、增、删的情形；（2）是如有虚假陈述，愿意接受法律制裁。

5. 从具结的法律效力上看，证人的具结是其作证的前提条件。未经具结的证人证言不具有证据能力，不能作为认定案件事实的依据。

证人具结是证人如实陈述的保证，也是证人如实作证的必要措施。证人如确有正当理由无法宣读保证书，如证人在文字认知、语言表达等方面确实存在障碍，经人民法院准许，可由书记员代为宣读并作出说明。签署和宣读保证书是证人作证前的必经程序，签署和宣读保证书的主要作用在于对证人的心理产生威慑，进而保障证人证言的真实性，证人拒绝签署和宣读保证书意味着其无法保证陈述内容的真实性，本质上是拒绝作证的表示。据此，因证人拒绝签署和宣读保证书而导致其不能作证的，自然不能主张出庭作证的费用，相关费用应当由其自行承担。

——最高人民法院民事审判第一庭编著：《最高人民法院新民事诉讼证据规定理解与适用》，人民法院出版社 2020 年版，第 640~641 页。

53.有专门知识的人的性质及在证据法上的效力

我国《民事诉讼法》及相关司法解释中并无专家证人的规定，根据 2019 年修正后公布的《民事诉讼证据规定》第七十二条关于“证人应当客观陈述其亲身感知的事实，作证时不得使用猜测、推断或者评论性语言”的规定，证人仅指事实证人，不包括专家证人。《民事诉讼法》第七十九条[①]规定的有专门知识的人，性质上为专家辅助人。根据《民事诉讼法解释》第一百二十二条第二款的规定，其所陈述的意见视为当事人的陈述。而根据《民事诉讼法》第七十五条[②]的规定，当事人的陈述不能独立证明案件事实，应当与其他证据结合才能作为认定案件事实的根据。本案中，一审法院将有专门知识的人作为专家证人错误，仅以其陈述的意见认定案件事实程序上显属不当。

附：案情简介

甲房地产公司与乙建筑公司签订《建设工程施工合同》，约定乙公司承建甲公司开发的房地产项目。施工完成后，因工程质量问题，双方发生争议，甲公司遂起诉乙公司，要求乙公司承担违约责任。一审期间，甲公司未申请对工程质量问题进行鉴定，而是根据《民事诉讼法》第七十九条和《民事诉讼法解释》第一百二十二条，向法院提出专家证人出庭作证申请。一审法院准许其申请，并按照证人作证程序进行了通知、询问等，采信专家证人的证言作为认定建设工程质量问题的根据。

——《有专门知识的人的性质及在证据法上的效力》，载贺小荣主编：《最高人民法院第二巡回法庭法官会议纪要》（第二辑），人民法院出版社 2021 年版，第 36~38 页。

54.禁反言规则

随着人民法院民事审判方式改革，以庭审为中心的民事诉讼制度正在完善，其中开庭审理前准备过程的实体法意义和程序法意义愈发引起重视。《民事诉讼法》第一百三十六条针对开庭前准备阶段不同案件处理作出不同规定，包括转入督促程序、调解、确定简易程序或普通程序、交换证据明确争议焦点等。就审判实践而言，绝大多数一审民事案件以普通程序审理为主，对此类案件，开庭审理前准备过程主要包括庭前证据交换、庭前会议等。庭前证据交换，是指人民法院在案件开庭审理前，组织当事人及其诉讼代理人在指

① 对应《民事诉讼法》（2023 年修正）第八十二条。
② 对应《民事诉讼法》（2023 年修正）第七十八条。

定的时间和地点交换已经持有的、证明各自诉讼主张的各种证据的活动。庭前会议是为实现法庭审理集中化需要在开庭前进行的包括明确诉讼请求及答辩意见、收集整理证据、保全、委托鉴定、勘验等综合必要准备工作的会议。

开庭审理前的准备工作，需要当事人及其诉讼代理人的参与，而当事人及其诉讼代理人在此阶段做出的诉讼行为，特别是对于事实和证据的认可应该予以规范和限制，即无论是大陆法系抑或英美法系普遍认可的禁反言原则当有所体现，《民事诉讼法解释》第二百二十九条规定意即在此。当事人对其在审理前的准备阶段认可的事实和证据，在庭审中提出相反的意见和观点，应当说明理由。

1. 禁反言是民事诉讼诚信原则的要求

《民事诉讼法》第十三条规定，民事诉讼应当遵循诚信原则。诚信原则最早起源于罗马法中的诚信契约和诚信诉讼，被称为现代民法的“帝王原则”，是当事人和其他诉讼参与人应当遵守的基本原则，贯穿民事诉讼活动全过程。就其具体内容而言，包括：（1）禁止滥用诉讼权利，当事人及其他诉讼参与人依法善意地行使法律赋予的诉讼权利，不得滥用起诉权、管辖异议权、回避申请权、提出证据等权利，或者不按照规定的程序行使权利，意图拖延诉讼、阻挠诉讼的进行；（2）当事人一方怠于行使诉讼权利，长期没有行使的意思表示和实施相应的行为，致使对方当事人误认为不会行使后，再行使该权利并导致对方利益受损的行为，法院不能支持；（3）当事人及其他诉讼参与人负有真实陈述事实和主张的义务，当事人不得在诉讼中提供虚假证据、不得在诉讼中作虚假陈述，证人不得提供虚假证言等；（4）禁反言，一方当事人有义务从事对方所预期的一定行为，实际上实施的却是完全违背对方预期的行为时，这种行为就被认为是背信行为而应当受到禁止。禁反言主要是为了防止一方当事人以及其他诉讼参与人出现前后相互矛盾的诉讼行为，从而损害对方当事人的利益，破坏民事诉讼的整体进展。构成禁反言，应当具备当事人及其他诉讼参与人实施了前后矛盾的诉讼行为损害了对方当事人的利益的条件。

2. 禁反言是现代民事诉讼制度改革发展的趋势

从国际上有关民事诉讼制度改革的最新发展来看，为追求诉讼机制的效率与公正，当前世界各国日益重视对审前程序的改革与完善，尤其是采取法院职权主义诉讼模式的大陆法系国家，开始借鉴以当事人主义主导的英美法系诉讼模式审前程序体现出的效率价值，从原来偏重开庭审理转向庭前准备与开庭审理并重。比如，德国曾实行证据随时提出主义，后进行庭审程序改革，将“一步到庭”改为审前准备和审理程序两个阶段，设立口头辩论或交换书证两种准备方式供法官选择，并将证据随时提出主义改为适时提出主义，加强证据失权效力。

在强化庭前审理程序同时，禁反言原则得以进一步被重视。禁反言本是来自英美法系的原则。英美法系国家一直适用宣誓制度，并逐步发展出禁反言原则。当事人在民事诉讼进行当中，其实施的诉讼行为必须前后一致，如果该当事人变更其诉讼行为会给对方当事人造成不公平的结果时，对前后矛盾的行为应予禁止。《元照英美法词典》将禁反言的内涵划分为三个层次：（1）不容否认，指禁止当事人提出与其以前的言行相反的主张，即对于当事人先前的行为、主张或者否认，禁止其在此后的法律程序中反悔，否则，将会对他人造成损害；（2）再诉禁止，既判事项不容否认，即禁止对同一当事人或相同争点再次诉讼；（3）主张因对他人的误导性陈述存在善意信赖而受有损害的答辩。[①] 在大陆法系国家，禁反言原则被视为诉讼法中诚信原则的一种具体表现形态，比如有日本学者认为，禁反言的法理意味着，一方当事人有义务从事对方所预期的一定行为时，实际上实施的却是完全违背对方预期的行为，这种行为被视为违反信义原则的背信行为而予以禁止。[②] 以上两种论述的基本内容具有一致性。

3. 禁反言是庭前准备阶段程序及实体的价值体现

《民事诉讼法》并未明确规定禁反言原则，更未规定庭前准备过程中当事人对其认可的事实与证据庭审中予以否认的处理，但参照《海事诉讼特别程序法》第八十五条的规定，“当事人不能推翻其在《海事事故调查表》中的陈述和已经完成的举证，但有新的证据，并有充分理由说明该证据不能在举证期间内提交的除外”，结合民事诉讼法诚信原则的确立，应认可当事人在审理前准备阶段无异议的事实和证据的证明力，在此后庭审中，当事人对此予以

---

① 参见薛波主编：《元照英美法词典》，法律出版社 2003 年版，第 495 页。

② 参见［日］谷口安平：《程序的正义与诉讼》（增补本），王亚新、刘荣军译，中国政法大学出版社 2002 年版，第 175 页。

否认的，应负有说明理由义务，并由法院进行必要的审查。

审判实践中应当注意的问题：

第一，《民事诉讼法》第一百三十六条第四项规定通过要求当事人交换证据等方式，明确争议焦点。这从立法层面明确了庭前证据交换程序，是建设以庭审为中心的现代民事诉讼程序结构的重要基础。在证据交换过程中，审判人员对当事人无争议的事实、证据应当记录在卷；对有异议的证据，按照需要证明的事实分类记录在卷，并记载异议的理由，通过证据交换，确定双方当事人争议的主要问题。

第二，禁反言原则主要是从衡平法发展来的，除了考虑对方当事人利益损害外，还应该考虑对诉讼程序完整性的影响程度，考虑和平衡当事人之间的利益状态。当事人在庭审中对于此前庭前准备阶段认可的事实和证据予以否认的，人民法院应当责令其说明理由，必要时责令其提供支持其理由的证据。

第三，从我国目前实际情况看，司法实践中律师代理诉讼尚不普遍充分，有的当事人对自身程序利益认识还比较模糊，一些相关的配套制度，包括法官阐明义务制度还不完善，当事人诉讼能力有待提高，对于当事人庭审中对于此前准备过程中认可的证据和事实的否认，不宜“一刀切”地机械适用禁反言原则予以否定，应当结合当事人诉讼能力、相应的证据和案件具体情况对当事人的理由进行审查，理由成立的，可以列入争议焦点进行审理。

——最高人民法院民法典贯彻实施工作领导小组编著：《最高人民法院新民事诉讼法司法解释理解与适用》，人民法院出版社 2022 年版，第 489~492 页。

55.笔录供述等刑事证据经质证后可作为民事诉讼证据使用

五、审判长联席会议倾向性结论

（1）关于本案的定性问题：本案诉争法律关系本案属于一般存单关系。

（2）民事证据的证明标准问题：本案中刑事卷中的笔录供述等证据可以作为本案民事诉讼中的证据来使用。

（3）双方责任分配的比例问题：西部证券和农业银行双方都有过错，主次难以划分，为公平起见，各自承担50%的责任。建议合议庭再合议一次。

六、典型性法律问题之提炼

刑事卷中的笔录供述等证据能否作为本案民事诉讼中的证据使用的问题，是本案中的典型问题，该问题亦属民事审判中常见问题。对该问题，审判长联席会议形成了倾向性意见：刑事证据与民事证据标准不同。刑事证据的认定标准要比民事证据的盖然性更高，真实性也更高。在刑事公正的前提下，因此除非有相反证据反证，当事人的供述可以作为民事案件的证据使用。尤其是在相关供述可以相互印证，相互吻合，形成了比较完整的证据链的情况下，更应当按照本院《民事诉讼证据规定》第七十三条[①]所确立的“高度盖然性”证明标准即优势证据标准予以认定。当然，其应当根据《民事诉讼证据规定》第四十七条[②]的规定进行质证后方能作为民事诉讼证据使用。

——王闯：《刑事卷中的笔录供述等证据能否作为民事诉讼证据使用》，载最高人民法院民事审判第二庭编：《民商事审判指导》2008年第1辑（总第13辑），人民法院出版社2008年版，第29~34页。

56.证据已经穷尽而待证事实处于真伪不明时，人民法院可要求当事人到庭接受询问

在审判实践中，某些情况下待证事实除当事人陈述之外没有其他证据证明，如民间借贷案件中款项交付的事实真伪不明，这种情况下简单根据举证责任分配规则进行裁判，驳回当事人的诉讼请求，有时会引起裁判是否公正、法官是否尽到职责的质疑。为此，《民事诉讼法解释》参考大陆法系国家的经验，将人民法院询问时的当事人陈述作为一种特殊情形，赋予其独立的证据效力。这种设计与大陆法系国家将询问当事人作为证据方法的做法是一致的。在“依据当事人的举证结果不足以使法官就事实的真伪形成确信，或其他证据方法已经使用穷尽时……就待证事实询问当事人。至于该应证事实被证明的概率是否相当高或是否被释明，则非所问”。[③]

① 该条在《民事诉讼证据规定》(2019年修正)中已删除。

② 该条在《民事诉讼证据规定》(2019年修正)中已删除。

③ 张永泉：《民事诉讼证据原理研究》，厦门大学出版社2006年版，第82页。

《民事诉讼法解释》第一百一十条的内容主要包括三个方面：（1）人民法院询问当事人的条件。根据本条规定，“人民法院认为有必要的”情况下，可以对当事人进行询问。所谓有必要的情形，一般是指证据已经穷尽而待证事实处于真伪不明的情况。当然，在审判实践中是否询问、何时询问当事人，应当根据案件的具体情况确定，出于审理便利的需要，在法庭审理过程中询问当事人本人的，也并不违反《民事诉讼法解释》的规定。（2）询问当事人时的具结。人民法院询问当事人，应当要求当事人具结。具结是一种保证，是保证对自己的行为负责、愿意为违反保证承担责任的意思表示。由于人民法院询问当事人的结果能够独立发挥证明作用，由当事人具结对于促使当事人如实陈述是必要的，也具有十分积极的意义。根据《民事诉讼法解释》第一百一十条规定，当事人具结的形式为签署保证书，保证书的性质为具结书，其内容应当包含对如实陈述的保证以及虚假陈述愿意接受处罚等。（3）当事人拒绝接受询问的后果。负有举证责任的当事人拒绝到庭、拒绝接受询问或者拒绝具结的，在待证事实真伪不明的情况下，人民法院对其主张的待证事实不予支持，由负有举证责任的当事人承担不利后果，是举证责任的应有之义。

——最高人民法院修改后民事诉讼法贯彻实施工作领导小组编著：《最高人民法院民事诉讼法司法解释理解与适用》，人民法院出版社 2015 年版，第 364~365 页。

57.非法证据的判断标准

《民事诉讼法解释》第一百零六条延续了 2001 年《民事诉讼证据规定》以来最高人民法院判断和排除非法证据的一贯立场，并以此作为修改 2001 年《民事诉讼证据规定》第六十八条[①]的指导思想。在《民事诉讼法解释》第一百零六条中，我们首先坚持非法证据应当排除的原则。在判断非法证据的标准上，《民事诉讼法解释》第一百零六条包括如下内容：1. 违反法律的禁止性规定仍然作为判断标准。违反法律的禁止性规定是指违反实体法上的规定，这里的实体法不限于民事法律，一切实体法规范均包括在内。2. 2001 年《民

① 该条在《民事诉讼证据规定》（2019 年修正）中已删除。

事诉讼证据规定》中“侵害他人合法权益”的标准，在《民事诉讼法解释》第一百零六条中被表述为“严重侵害他人合法权益”，即对侵害他人合法权益提出了程度上的条件，即要达到严重的程度，一定程度上体现了利益衡量的因素。这意味着对他人合法权益造成一般性侵害的，不会导致证据被排除，因此，非法证据的判断标准有所放宽。3. 增加了“严重违背公序良俗”的情形。由于在审判实践中一直以侵权行为的构成作为判断取证方法是否构成“侵害他人合法权益”的标准，违反公序良俗损害他人合法权益的情形已构成侵权行为，事实上已经被“严重侵害他人合法权益”的标准所涵盖。故“严重违背公序良俗”，是指证据在形成或者获取过程中并无对他人合法权益的明显损害，但其形成或者取得本身违背公序良俗的情形。此外，与 2001 年《民事诉讼证据规定》相比，《民事诉讼法解释》第一百零六条对于非法证据的界定并不限于获取证据方法的违法，证据形成本身违法亦构成非法证据。

审判实践中应当注意的问题：

第一，相较于 2001 年《民事诉讼证据规定》第六十八条，《民事诉讼法解释》第一百零六条对于非法证据的判断一方面增加了“严重违背公序良俗”的情形，另一方面对侵害他人合法权益的情形要求达到严重的程度。

第二，依《民事诉讼法解释》第一百零六条规定，不仅在获取证据的方法上，证据本身以“严重侵害他人合法权益、违反法律禁止性规定或者严重违背公序良俗的方法”形成的，也构成非法证据。

——最高人民法院民法典贯彻实施工作领导小组办公室编著：《最高人民法院新民事诉讼法司法解释理解与适用》，人民法院出版社 2022 年版，第 288 页。

58.对全部证据进行综合审核认定时，应注意结合质证意见，并不得违反审核认定证据证明力的具体规定

实务中，对全部证据进行综合审核认定时，应注意结合庭审中当事人对证据的质证意见进行，并不得违反法律、司法解释对证据证明力审核认定的具体规定。诉讼中，为证明自己的诉讼请求能够成立，负有举证证明责任的当事人必将提供大量的证据。与此同时，为反驳负有举证证明责任的当事人

所主张的事实，对方当事人亦会向人民法院提供大量的证据。根据法律规定，当事人提供的证据应当在法庭上出示，由当事人相互质证。有些证据，当事人可能无争议，对此，对当事人无争议证据的审核认定，则较为简单。但对于当事人有争议证据的审核认定，则较为复杂，亦为关键。在此情况下，对当事人争议的证据，法庭应作为庭审证据调查的重点任务，指挥当事人逐一对证据的真实性、关联性、合法性进行说明，并由对方当事人对此问题发表意见，引导当事人对此问题进行充分的对抗，以便对全部证据的综合审核认定。同时，对全部证据进行综合审核认定时，也应注意法律、司法解释对证据证明力审核认定的特殊规定。如证明妨害规则的规定等。

——最高人民法院民事审判第一庭编著：《最高人民法院新民事诉讼证据规定理解与适用》，人民法院出版社 2020 年版，第 772~773 页。

59.电子数据真实性的认定标准与审查要点

关于电子数据真实性的认定标准，学术界、实务界目前尚无统一的理论和实务操作，再加上与电子数据真实性认定相关的技术手段运用不充分、发展不成熟，法官往往是无从下手，难以及时准确地作出判断。甚至一旦涉及技术问题，就要求助于专业鉴定机构等。电子数据真实性判断是一个全面审查证据的过程，在认证过程中，需要考量电子数据的生成、存储、传输所依赖的计算机系统的硬件、软件环境是否完整、可靠，是否处于正常运行状态，是否具备有效地防止出错的监测、核查手段；需要考虑取证主体是否妥当等因素。

法官审查的焦点一般包括如下方面：

1. 该电子数据的存储磁盘、光盘等可移动存储介质是否与打印件一并提交，是否一致；

2. 是否载明该电子数据形成的时间、地点、对象、制作人、制作过程及设备情况等；

3. 制作、存储、传输、出示电子数据的程序和环节是否合法，取证的主体是否有签名盖章等；

4. 内容是否真实，有无篡改、添加、拼凑等伪造变造的情形；

5. 出示的电子数据是否是原件，如不是原件，是否附有无法调取原件的说明等。[1]

在电子数据的认证中，要避免孤立的判断电子数据的真实性，树立综合采信的意识。对于单个证据的判断采信，要结合当事人的陈述、其他在案证据和已查明的案件事实来识别证据之间的辩证关系并判断电子数据内容是否确实、充分。如果经过综合考虑形成了内心确信，应该认定电子数据的真实性。在必要时，也可以通过鉴定、勘验的方法，辅助法官形成心证。

——最高人民法院民事审判第一庭编著：《最高人民法院新民事诉讼证据规定理解与适用》，人民法院出版社 2020 年版，第 816~817 页。

60.外国法院判决、仲裁裁决等作为证据的认定

15. 一方当事人将外国法院作出的发生法律效力的判决、裁定或者外国仲裁机构作出的仲裁裁决作为证据提交，人民法院应当组织双方当事人质证后进行审查认定，但该判决、裁定或者仲裁裁决认定的事实，不属于《民事诉讼法解释》第九十三条第一款规定的当事人无须举证证明的事实。一方当事人仅以该判决、裁定或者仲裁裁决未经人民法院承认为由主张不能作为证据使用的，人民法院不予支持。

——《最高人民法院关于印发〈全国法院涉外商事海事审判工作座谈会会议纪要〉的通知》(2021 年 12 月 31 日，法〔民四〕明传〔2021〕60 号)。

五、其 他

61.书证与证明材料的区别

实践中，有些当事人申请人民法院向有关单位了解案件情况，该单位向人民法院出具的情况说明等，不属于书证。根据《民事诉讼法解释》第一百

---

① 毕玉谦等：《民事诉讼电子数据证据规则研究》，中国政法大学出版社 2016 年版，第 348 页。

一十五条规定，单位向人民法院提出的证明材料，应当由单位负责人及制作证明材料的人员签名或者盖章，并加盖单位印章。人民法院就单位出具的证明材料，可以向单位及制作证明材料的人员进行调查核实。必要时，可以要求制作证明材料的人员出庭作证。单位及制作证明材料的人员拒绝人民法院调查核实，或者制作证明材料的人员无正当理由拒绝出庭作证的，该证明材料不得作为认定案件事实的根据。从上述规定看，书证与证明材料存在本质不同，对证据的形式要求也不同，书证是案件发生当时产生的与案件事实具有密切联系的文本材料，所以一经收集并查证属实，就可以比较直观地证明案件中的一定事实，特别是有些书证可以直接证明案件的性质、当事人之间的权利义务关系等，在诉讼中具有重要地位；而有关单位出具的证明材料本质上属于证人证言性质，是在案件事实发生后，一般是诉讼过程中由有关单位出具，因此，对证明材料在形式上要求更为严格。在证据采信上，其证明力也较书证之证明力弱，人民法院可以进行调查核实，如果单位及制作证明材料的人员拒绝调查核实的，该证明材料不得作为认定案件事实的根据。而对于书证，人民法院一般无须再进行调查核实，即使进行调查核实，作出书证的单位或个人拒绝的，亦不能当然否认该书证的证明效力。

——最高人民法院民事审判第一庭编著：《最高人民法院新民事诉讼证据规定理解与适用》，人民法院出版社 2020 年版，第 243~244 页。

62.“新的事实”与再审新证据的区分

判断裁判生效后出现的新的事由是构成再审新证据，还是据以另诉主张权利的“新的事实”，应依据其是否受生效裁判既判力约束、能否证明原裁判认定基本事实或裁判结果错误、当事人能否另行提起诉讼来进行认定。生效裁判依据审理时的财产查封裁定认定争议财产不得处分的，判决生效后作出的解封裁定不构成足以推翻原判的再审新证据，当事人应依据《民事诉讼法解释》第二百四十八条的规定，另诉主张权利。

——最高人民法院民一庭：《“新的事实”与再审新证据的区分》，载最高人民法院民事审判第一庭编：《民事审判指导与参考》2019 年第 1 辑（总第 77 辑），人民法院出版社 2019 年版，第 146 页。

63.证据交换的方式

证据交换的主要方式是法院召集当事人在场当面交换证据，其区别于正式的庭审，虽然当事人在场，但是不对外公开，程序运作较为灵活，不严格区分庭审调查、辩论、调解、最后陈述等阶段。当事人的质证意见和固定的争议焦点记入笔录。该种方式能够使当事人及时了解对方当事人的意见，通过相互交换意见，固定争议焦点。另外一种方式是采取书面形式，法院将当事人提交的证据及书面意见相互转交。该种证据交换方式，看似节省时间，但是由于当事人不能面对面质证，不利于及时发现和调整争点。此外，科学技术的发展使得证据交换可以在线上进行，省去在途时间。互联网法院可以组织在线证据交换，当事人将在线电子数据上传、导入诉讼平台，或者将线下证据通过扫描、翻拍、转录等方式进行电子化处理后上传至诉讼平台进行举证。在具备条件的情况下，法院还可以使用“视频会议”“电视电话会议”等方式进行证据交换。法院可以根据当事人的意见和工作安排灵活确定证据交换的方式。既要防止证据交换简单化、程序化，使之流于形式，也要防止证据交换庭审化。

——最高人民法院民事审判第一庭编著:《最高人民法院新民事诉讼证据规定理解与适用》，人民法院出版社 2020 年版，第 537 页。

64.证据保全的范围

证据保全的范围，立法和司法解释均无限制性规定，原则上各种证据形式均可以成为证据保全的对象，只不过根据证据形式和具体情况的不同，采取不同的保全方法，如对于证人证言，可以采取提前询问或者制作笔录的方式进行保全。

——最高人民法院民法典贯彻实施工作领导小组办公室编著:《最高人民法院新民事诉讼法司法解释理解与适用》，人民法院出版社 2022 年版，第 269 页。

65.诉前证据保全三十日起诉期的适用

《民事诉讼法》第一百零一条[①]第三款规定，申请人在人民法院采取保全措施后三十日内不依法提起诉讼或者申请仲裁的，人民法院应当解除保全。由于存在当事人向其他有管辖权的人民法院提起诉讼的情况，因此，受理诉前证据保全申请的人民法院不得因为申请人没有向其提起诉讼，就在采取保全措施后三十日直接解除保全。应当向申请人予以释明，询问其是否已经提起诉讼以及受诉人民法院，并根据当事人的申请将所采取的保全措施和相关材料及时移送。对于采取诉前证据保全后三十日内，当事人没有向采取保全措施的人民法院提起诉讼的，人民法院应当及时通知当事人，在确认当事人没有提起诉讼的情况下，人民法院应当及时解除保全措施，以最大限度降低保全措施对证据持有人的影响。对于当事人在其他有管辖权的人民法院提起诉讼的，人民法院应当告知当事人尽快提出申请，将保全手续和材料移送受理案件的人民法院。

——最高人民法院民事审判第一庭编著:《最高人民法院新民事诉讼证据规定理解与适用》，人民法院出版社2020年版，第306页。

66.证据委托调查令的启动与适用条件

一、启动主体

各地规范性文件对证据委托调查令申请主体的规定并不一致。有的规定为当事人及其委托诉讼代理人，如上海、北京、江苏、安徽等地所出台的文件中均明确证据委托调查令为法院签发给当事人的诉讼代理律师向有关单位和个人收集证据的法律文件；有的则明确为诉讼代理律师，如《重庆市高级人民法院关于在民事诉讼中试行律师调查令的意见》中明确：经诉讼代理律师申请，人民法院可以签发律师调查令，由诉讼代理律师持律师调查令调查收集证据。通过比较，我们可以看出争议焦点主要在于对证据委托调查令申请和持有主体是否有特定的限定，即是否应限定于律师。

① 对应《民事诉讼法》(2023年修正)第一百零四条。

如何确定证据委托调查令的启动主体，不仅是证据委托调查令的基本理念所致，更由基于现实情况而生，关涉诉讼当事人的诉讼权利和诉讼利益。从我国的诉讼模式看，特别是近年来的司法改革，民事诉讼模式具有向当事人主义模式靠拢的痕迹，但在诉讼实践中则又明显体现了职权主义的色彩。笔者认为，证据委托调查令的申请主体宜限定为诉讼代理人的律师，且从最高人民法院正在起草的《关于民事诉讼证据的解释（征求意见稿）》[①]的情况看，亦将证据委托调查令的申请及持令主体限定为诉讼代理人的律师。将调查令的申请主体限定为诉讼代理人的律师，一方面有助于保障律师的执业权利，另一方面也是为了保障证据委托调查令使用的规范。

二、适用条件

证据委托调查令制度，为解决当事人取证困难另辟了途径。然而，证据委托调查令的适用，应慎重为之。既要考虑到当事人收集证据的能力，规范证据委托调查令的司法适用，保护当事人调查取证之程序保障权，又要综合平衡当事人的诉讼权利的保护，坚持司法中立之诉讼理念、立场。笔者认为，证据委托调查令主要在于弥补当事人举证能力不足之目的而设。在适用条件方面不宜过于严苛，而且，证据委托调查令的申请能否获得人民法院准许，需经人民法院进行审查，从而决定证据委托调查令的申请能否成立。故，在此阶段，应放宽证据调查令申请的限制条件。在坚持当事人通过正常的调查取证途径无法获得相关证据之客观原因的前提下，只要当事人的诉讼代理人（律师）提出申请，并在申请书中载明了无法自行调查收集证据的原因、证据的线索及所要证明的案件事实等内容，人民法院就应当对当事人提出的证据委托调查令的申请予以受理、审查。当然，针对一方当事人提出的证据委托调查令的申请，应给予对方当事人相关程序保障的权利，以便法院对申请审查作出客观的结论。人民法院进行审查时，可结合以下因素加以考虑：当事人是否自行取证过；自行取证是否已被拒绝、被拒绝后当事人是否穷尽了其他手段仍不能获取，或者虽未穷尽手段但相关手段的采取将明显违背诉讼经济等。

——赵风暴：《民事证据调查令制度的再思考》，载最高人民法院民事审

---

① 对应《民事诉讼证据解释》（2019年修正）。

判第一庭编:《民事审判指导与参考》2018年第3辑(总第75辑),第179~182页。

67.证据委托调查令的司法审查

对当事人提出的证据委托调查令的申请,人民法院应当予以审查,从而对申请的条件是否成立作出判断,以作出是否准许的结果。对当事人提出的证据委托调查令的司法审查,应以什么标准为依据,现行法律对此并未予以明确。笔者认为,证据委托调查令所指向的为诉讼案件所涉的证据,而证据则为证明案件事实的材料。从对案件事实的认定上看,裁判者通过自由心证的方式加以认定。[①] 由此,对证据调查令是否予以准许,亦应由裁判者通过自由心证的方式为之。但裁判者通过心证的方式予以判定,并非纯主观的行为,而是基于对案件具体情况的判断,通过具体的审查后才能作出。

然而,具体审查判断的条件为何,应考虑以下因素:一是证据委托调查令所涉证据与待证事实的关联性;二是证据委托调查令所涉证据与待证事实的实质意义;三是证据委托调查令所涉证据的必要性。首先,关于证据委托调查令所涉证据与待证事实的关联性问题,即申请调查收集的证据与待证事实的关联性,其要求所申请调查的证据与待证案件事实具有法律意义上的相关性,对案件事实具有证明作用。对相关性的理解,可参照美国《联邦证据规则》的规定加以理解。该规则第四百零一条规定:"在下列情况下,证据具有相关性:(a)该证据具有与没有该证据相比,使得某事实更可能存在或者更不可能存在的任何趋向;并且(b)该事实对于确定诉讼更有意义。"[②] 其次,关于证据委托调查令所涉证据与待证事实的实质意义问题,从广义的证据关联性的角度出发,证据与待证事实的实质意义亦应包含在证据与待证事实的关联性之中。从狭义的角度而言,则是指调查收集的证据与待证事实之间的证明力的问题。如果申请调查收集的证据与待证事实之间的证明力较弱,

---

① 尽管我国法律未明确规定自由心证的事实认定方式,但相关司法解释的条文中已体现了自由心证的精髓。如2001年《最高人民法院关于民事诉讼证据的若干规定》第六十四条,《最高人民法院关于适用〈中华人民共和国民事诉讼法〉的解释》第一百零五条。

② 王进喜:《〈美国联邦证据规则〉(2011年重塑版)条解》,中国法制出版社2012年版,第56页。

不足以证明待证事实，则并无实质意义，无调查申请的必要。该问题为在前一条件基础上的深入判断问题，即在申请调查收集证据的关联性基础上，进一步对证据的证明力大小的判断问题。最后，关于证据委托调查令所涉证据的必要性问题，该条件属于兜底性规定，赋予审理案件的裁判者根据具体情况进行综合判断。基于对案件事实的认定由裁判者通过心证形成的方式为之。对于待证事实，如审理案件的法官对案件事实的心证已经形成，则对证据调查的申请，可不予准许。此外，因证据委托调查令主要针对书证以及适用书证规则的准书证而向案外人调查收集证据。故具有下列情形之一的，人民法院不予签发调查令：申请调查证人证言的；申请直接向对方当事人调查的；证据涉及国家秘密、商业秘密或者个人隐私的；不宜由当事人自行调查收集证据的其他情形。

——赵风暴：《民事证据调查令制度的再思考》，载最高人民法院民事审判第一庭编：《民事审判指导与参考》2018 年第 3 辑（总第 75 辑），第 182~183 页。

68.有关证据关联性的判断，难点在于间接证据与待证事实的关联性问题

审判实践中应当注意的是，有关证据关联性的判断，难点在于间接证据与待证事实的关联性问题上。许多情况下，由于直接证据不易获得，需要借助间接证据证明间接事实，再依据经验法则推论主要事实。在这种情况下，往往需要根据案件的具体情况特别是待证事实的具体情况，结合有关证据存在的条件等因素，进行综合判断。

——最高人民法院民法典贯彻实施工作领导小组办公室编著：《最高人民法院新民事诉讼法司法解释理解与适用》，人民法院出版社 2022 年版，第 263 页。

69.对于法院依职权主动调查收集证据，应持谨慎立场

审判实践中应当注意的是，《民事诉讼法解释》对于人民法院依职权主动调查收集证据持谨慎立场，《民事诉讼法解释》第九十六条中的五项情形非

常明确，没有兜底条款，也没有扩大适用的余地。实践中确有当事人因诉讼能力不足而发生举证困难的情形的，人民法院应当在不影响中立性的前提下，在遵守法律、司法解释的前提下，通过释明权的行使，引导当事人提出调查收集证据的申请。凡不符合《民事诉讼法解释》规定，又没有当事人申请为前提的，人民法院依职权调查收集证据的行为，均属于违反法定程序的行为。

——最高人民法院民法典贯彻实施工作领导小组办公室编著:《最高人民法院新民事诉讼法司法解释理解与适用》，人民法院出版社 2022 年版，第 265 页。

70.法院对证人的通知，是证人获准出庭作证的标志，也是出庭作证的前提

原则上在没有人民法院通知的情况下，证人不能出庭作证。但如果双方当事人均同意未经人民法院通知的证人作证的，在人民法院准许的前提下，可以作为例外情形。

——最高人民法院民法典贯彻实施工作领导小组办公室编著:《最高人民法院新民事诉讼法司法解释理解与适用》，人民法院出版社 2022 年版，第 313 页。

71.域外证据必须经过公证

《民事诉讼证据规定》第十六条第一款、第二款规定:“当事人提供的公文书证系在中华人民共和国领域外形成的，该证据应当经所在国公证机关证明，或者履行中华人民共和国与该所在国订立的有关条约中规定的证明手续。中华人民共和国领域外形成的涉及身份关系的证据，应当经所在国公证机关证明并经中华人民共和国驻该国使领馆认证，或者履行中华人民共和国与该所在国订立的有关条约中规定的证明手续。”这对 2001 年《民事诉讼证据规定》有所修改。修改的主要内容在于，将原来所有域外形成证据一概均由所在国公证机关予以证明，并经我国驻该国使领馆予以认证或履行条约规定手续，修改为将域外形成证据区分为无须经公证、认证的证据和需要经公证、认证的证据。需要经公证、认证的证据包括公文书证和涉及身份关系的证据，

其中，公文书证经所在国公证机关证明或者履行条约手续即可，而不再需要同时经我国驻该国使领馆认证，限缩了使领馆认证的范围；需要同时经所在国公证机关证明并经我国驻该国使领馆认证的仅限于涉及身份关系的证据。无须经公证、认证的证据，指普通的民商事法律关系的证据，原则上仅涉及当事人之间的权利义务的确定，其真实性通过质证检验即可，如要求经所在国公证机关证明即能够满足形式上的要求。驻在国使领馆认证的环节既增加了程序的复杂性，也加重了当事人和使领馆的工作负担。

——江必新主编:《新民事诉讼法条文理解与适用》，人民法院出版社2022年版，第310页。

72.勘验是法院比较特殊的职权行为，可以根据当事人的申请或者依职权决定启动勘验

审判实践中应当注意的是，勘验是法院比较特殊的职权行为，既可以被理解为调查收集证据的方式，也可以被理解为核实证据的手段。因此，在勘验的启动上，法院拥有较大的职权，在其认为有必要时，即可以根据当事人的申请或者依职权决定启动勘验。

——最高人民法院民法典贯彻实施工作领导小组办公室编著:《最高人民法院新民事诉讼法司法解释理解与适用》，人民法院出版社2022年版，第327页。

第三部分　最高人民法院指导性案例及人民法院案例库参考案例

一、举　证

指导案例49号：石鸿林诉泰州华仁电子资讯有限公司侵害计算机软件著作权纠纷案

关键词：民事 侵害计算机软件著作权 举证责任 侵权对比 缺陷性特征

裁判要点

在被告拒绝提供被控侵权软件的源程序或者目标程序，且由于技术上的限制，无法从被控侵权产品中直接读出目标程序的情形下，如果原、被告软件在设计缺陷方面基本相同，而被告又无正当理由拒绝提供其软件源程序或者目标程序以供直接比对，则考虑到原告的客观举证难度，可以判定原、被告计算机软件构成实质性相同，由被告承担侵权责任。

相关法条

《计算机软件保护条例》第三条第一款

基本案情

原告石鸿林诉称：被告泰州华仁电子资讯有限公司（以下简称华仁公司）未经许可，长期大量复制、发行、销售与石鸿林计算机软件“S型线切割机床单片机控制器系统软件V1.0”相同的软件，严重损害其合法权益。故诉请判令华仁公司停止侵权，公开赔礼道歉，并赔偿原告经济损失10万元、为制止侵权行为所支付的证据保全公证费、诉讼代理费9200元以及鉴定费用。

被告华仁公司辩称：其公司 HR–Z 型线切割机床控制器所采用的系统软件系其独立开发完成，与石鸿林 S 型线切割机床单片机控制系统应无相同可能，且其公司产品与石鸿林生产的 S 型线切割机床单片机控制器的硬件及键盘布局也完全不同，请求驳回石鸿林的诉讼请求。

法院经审理查明：2000 年 8 月 1 日，石鸿林开发完成 S 型线切割机床单片机控制器系统软件。2005 年 4 月 18 日获得国家版权局软著登字第 035260 号计算机软件著作权登记证书，证书载明软件名称为 S 型线切割机床单片机控制器系统软件 V1.0（以下简称 S 系列软件），著作权人为石鸿林，权利取得方式为原始取得。2005 年 12 月 20 日，泰州市海陵区公证处出具（2005）泰海证民内字第 1146 号公证书一份，对石鸿林以 660 元价格向华仁公司购买 HR — Z 线切割机床数控控制器（以下简称 HR — Z 型控制器）一台和取得销售发票（No：00550751）的购买过程，制作了保全公证工作记录、拍摄了所购控制器及其使用说明书、外包装的照片 8 张，并对该控制器进行了封存。

一审中，法院委托江苏省科技咨询中心对下列事项进行比对鉴定：（1）石鸿林本案中提供的软件源程序与其在国家版权局版权登记备案的软件源程序的同一性；（2）公证保全的华仁公司 HR–Z 型控制器系统软件与石鸿林获得版权登记的软件源程序代码相似性或者相同性。后江苏省科技咨询中心出具鉴定工作报告，因被告的软件主要固化在美国甲公司的 AT89F51 和乙公司的 P89C58 两块芯片上，而代号为“AT89F51”的芯片是一块带自加密的微控制器，必须首先破解它的加密系统，才能读取固化其中的软件代码。而根据现有技术条件，无法解决芯片解密程序问题，因而根据现有鉴定材料难以作出客观、科学的鉴定结论。

二审中，法院根据原告石鸿林的申请，就以下事项组织技术鉴定：原告软件与被控侵权软件是否具有相同的软件缺陷及运行特征。经鉴定，中国版权保护中心版权鉴定委员会出具鉴定报告，结论为：通过运行原、被告软件，发现二者存在如下相同的缺陷情况：（1）二控制器连续加工程序段超过 2048 条后，均出现无法正常执行的情况；（2）在加工完整的一段程序后只让自动报警两声以下即按任意键关闭报警时，在下一次加工过程中加工回复线之前自动暂停后，二控制器均有偶然出现蜂鸣器响声 2 声的现象。

二审法院另查明：原、被告软件的使用说明书基本相同。两者对控制器功能的描述及技术指标基本相同；两者对使用操作的说明基本相同；两者在段落编排方式和多数语句的使用上基本相同。经二审法院多次释明，华仁公司始终拒绝提供被控侵权软件的源程序以供比对。

裁判结果

法院于2007年12月17日作出（2007）苏民三终字第0018号民事判决：一、撤销江苏省泰州市中级人民法院（2006）泰民三初字第2号民事判决；二、华仁公司立即停止生产、销售侵犯石鸿林S型线切割机床单片机控制器系统软件V1.0著作权的产品；三、华仁公司于本判决生效之日起10日内赔偿石鸿林经济损失79200元；四、驳回石鸿林的其他诉讼请求。

裁判理由

法院生效裁判认为，根据现有证据，应当认定华仁公司侵犯了石鸿林S系列软件著作权。

一、本案的证明标准应根据当事人客观存在的举证难度合理确定

根据法律规定，当事人对自己提出的诉讼请求所依据的事实有责任提供证据加以证明。本案中，石鸿林主张华仁公司侵犯其S系列软件著作权，其须举证证明双方计算机软件之间构成相同或实质性相同。一般而言，石鸿林就此须举证证明两计算机软件的源程序或目标程序之间构成相同或实质性相同。但本案中，由于存在客观上的困难，石鸿林实际上无法提供被控侵权的HR-Z软件的源程序或目标程序，并进而直接证明两者的源程序或目标程序构成相同或实质性相同。1.石鸿林无法直接获得被控侵权的计算机软件源程序或目标程序。由于被控侵权的HR-Z软件的源程序及目标程序处于华仁公司的实际掌握之中，因此在华仁公司拒绝提供的情况下，石鸿林实际无法提供HR-Z软件的源程序或目标程序以供直接对比。2.现有技术手段无法从被控侵权的HR-Z型控制器中获得HR-Z软件源程序或目标程序。根据一审鉴定情况，HR-Z软件的目标程序系加载于HR-Z型控制器中的内置芯片上，由于该芯片属于加密芯片，无法从芯片中读出HR-Z软件的目标程序，并进而反向编译出源程序。因此，依靠现有技术手段无法从HR-Z型控制器中获得HR-Z软件源程序或目标程序。

综上，本案在华仁公司无正当理由拒绝提供软件源程序以供直接比对，石鸿林确因客观困难无法直接举证证明其诉讼主张的情形下，应从公平和诚

信原则出发，合理把握证明标准的尺度，对石鸿林提供的现有证据能否形成高度盖然性优势进行综合判断。

二、石鸿林提供的现有证据能够证明被控侵权的HR–Z软件与石鸿林的S系列软件构成实质相同，华仁公司应就此承担提供相反证据的义务

本案中的现有证据能够证明以下事实：

1. 二审鉴定结论显示：通过运行安装HX–Z软件的HX–Z型控制器和安装HR–Z软件的HR–Z型控制器，发现二者存在前述相同的系统软件缺陷情况。

2. 二审鉴定结论显示：通过运行安装HX–Z软件的HX–Z型控制器和安装HR–Z软件的HR–Z型控制器，发现二者在加电运行时存在相同的特征性情况。

3.HX–Z和HR–Z型控制器的使用说明书基本相同。

4.HX–Z和HR–Z型控制器的整体外观和布局基本相同，主要包括面板、键盘的总体布局基本相同等。

据此，鉴于HX–Z和HR–Z软件存在共同的系统软件缺陷，根据计算机软件设计的一般性原理，在独立完成设计的情况下，不同软件之间出现相同的软件缺陷概率极小，而如果软件之间存在共同的软件缺陷，则软件之间的源程序相同的概率较大。同时结合两者在加电运行时存在相同的特征性情况、HX–Z和HR–Z型控制器的使用说明书基本相同、HX–Z和HR–Z型控制器的整体外观和布局基本相同等相关事实，法院认为石鸿林提供的现有证据能够形成高度盖然性优势，足以使法院相信HX–Z和HR–Z软件构成实质相同。同时，由于HX–Z软件是石鸿林对其S系列软件的改版，且HX–Z软件与S系列软件实质相同。因此，被控侵权的HR–Z软件与石鸿林的S系列软件亦构成实质相同，即华仁公司侵犯了石鸿林享有的S系列软件著作权。

三、华仁公司未能提供相反证据证明其诉讼主张，应当承担举证不能的不

本案中，在石鸿林提供了上述证据证明其诉讼主张的情形下，华仁公司并利后果虽提供了DX–Z线切割控制器微处理器固件程序系统V3.0的计算机软件著作权登记证书，但其既未证明该软件与被控侵权的HR–Z软件属于同一软件，又未证明被控侵权的HR–Z软件的完成时间早于石鸿林的S系列软

件，或系其独立开发完成。尽管华仁公司还称，其二审中提供的2004年5月19日商业销售发票，可以证明其于2004年就开发完成了被控侵权软件。对此法院认为，该份发票上虽注明货物名称为HR–Z线切割控制器，但并不能当然推断出该控制器所使用的软件即为被控侵权的HR–Z软件，华仁公司也未就此进一步提供其他证据予以证实。同时结合该份发票并非正规的增值税发票、也未注明购货单位名称等一系列瑕疵，法院认为，华仁公司2004年就开发完成了被控侵权软件的诉讼主张缺乏事实依据，不予采纳。

综上，根据现有证据，同时在华仁公司持有被控侵权的HR–Z软件源程序且无正当理由拒不提供的情形下，应当认定被控侵权的HR–Z软件与石鸿林的S系列软件构成实质相同，华仁公司侵犯了石鸿林S系列软件著作权。

指导性案例224号：某美（天津）图像技术有限公司诉河南某庐蜂业有限公司侵害作品信息网络传播权纠纷案

关键词：民事诉讼　侵害作品信息网络传播权　权属　举证责任

裁判要点

在著作权权属有争议的情况下，不能仅凭水印或权利声明认定作品著作权权属，主张著作权的当事人应进一步举证证明，否则应当承担不利的法律后果。

关联索引

《著作权法》(2020年修正）第十二条（本案适用的是2010年修正的《著作权法》第十一条）

《最高人民法院关于审理著作权民事纠纷案件适用法律若干问题的解释》（2020年修正）第七条

《最高人民法院关于适用〈中华人民共和国民事诉讼法〉的解释》(2022年修正）第九十条（本案适用的是2020年修正的《最高人民法院关于适用〈中华人民共和国民事诉讼法〉的解释》第九十条）

基本案情

案外人 G* 公司授权某美（天津）图像技术有限公司（以下简称某美图像公司）在中国境内展示、销售和许可他人使用该公司的“getty Images”品牌图片，且某美图像公司有权以自己的名义对侵权行为提起诉讼。某美图像公司发现，河南某庐蜂业有限公司（以下简称某庐蜂业公司）未经许可使用了 4 张上述品牌图片。某美图像公司遂以侵害著作权为由提起诉讼，请求判令某庐蜂业公司赔偿经济损失及维权合理开支。为支持其诉请，某美图像公司提交了 G* 公司出具的授权确认书、网站权利声明等证据，涉案图片上有“getty Images®”内容的水印。某庐蜂业公司抗辩认为，涉案图片水印右上角为商标注册标记“®”，不是表明创作者身份的作者署名，水印下方另有摄影师署名和其他品牌名称，显示图片著作权属于作者而不是某美图像公司或 G* 公司。某庐蜂业公司还就涉案图片权属问题通过电子邮件询问 G* 公司，得到的答复是，涉案图片由摄影师投稿，该公司以自己的名义对外销售后向摄影师支付版税，但摄影师保留图片的著作权。某庐蜂业公司据此认为，因投稿人保留著作权，G* 公司、某美图像公司均不享有涉案图片的著作权，某美图像公司的诉讼请求应予驳回。

裁判结果

天津市第三中级人民法院于 2019 年 9 月 17 日作出（2019）津 03 知民初 73 号民事判决，判令某庐蜂业公司赔偿某美图像公司经济损失及合理开支共计 8000 元；驳回某美图像公司的其他诉讼请求。某庐蜂业公司不服一审判决，提起上诉。天津市高级人民法院于 2020 年 7 月 16 日作出（2020）津民终 311 号民事判决：驳回上诉，维持原判。某庐蜂业公司不服，向最高人民法院申请再审。最高人民法院裁定提审本案，并于 2021 年 12 月 20 日作出（2021）最高法民再 355 号民事判决：撤销一审、二审判决，驳回某美图像公司的全部诉讼请求。

裁判理由

最高人民法院认为，涉案图片除标注“getty Images®”水印外，还分别标注有摄影师署名和其他品牌名称，而且“getty Images”之后紧接商标注册标记“®”，因此，仅以此水印不能认定涉案图片的著作权属于 G* 公司。此外，某美图像公司还提交了 G* 公司出具的授权确认书、网站权利声明，但授权确认书只能证明G* 公司向某美图像公司进行授权的事实，并非G* 公司对涉案图片享有著作权的证据。权利声明属于单方陈述，在缺乏其他证据印证的情况下，仅以权利声明不能确定著作权归属。在此情况下，某美图像公司应进一步承担G* 公司享有涉案图片著作权的举证证明责任，但其未能举证证明。相反，根据某庐蜂业公司提交的G* 公司回复邮件等反驳证据，G* 公司确认投稿的摄影师仍然保留涉案图片的著作权。故某美图像公司关于G* 公司拥有涉案图片著作权的主张不能成立，其在本案中提出的相关诉讼请求不应予以支持。

唐某诉程某房屋买卖合同纠纷案

——主张合同关系成立的一方当事人对合同订立的事实承担举证责任

裁判要旨

当事人之间对于合同是否订立产生争议，一方主张合同未订立，一方主张合同依法成立时，应当由主张合同依法成立的一方承担举证责任，正确运用关于合同成立的举证规则，合理分配举证责任，从而做到对当事人实体权利的保护。

董某诉王某某不当得利纠纷案

——在事先未形成合意的不当得利纠纷中，由获益方对获益合法性承担举证责任

裁判要旨

不当得利的构成要件有以下四个：（1）一方获得利益；（2）另一方受到损失；（3）获利与受损之间具有因果关系；（4）取得利益没有合法根据。以上四要件均需当事人举证证明。但对取得利益是否有合法依据由谁举证在司法实践中存在分歧。对于当事人事先未形成合意的非给付型不当得利，请求

人通常无法直接予以证明，而取得利益具有法律上的原因为积极事实，由获得利益的被请求人进行举证更为妥当。

某财产保险股份有限公司北京市分公司诉被告某（上海）传动系统有限公司保险人代位求偿权纠纷案

——保险人代位求偿权纠纷中保险人应承担产品质量缺陷的举证责任

裁判要旨

保险人代位被保险人向生产者主张承担产品质量缺陷侵权赔偿责任的，应当先对系争产品投入流通时即已存在缺陷、损害事实确实存在以及产品缺陷与损害后果之间存在因果关系承担举证责任，再由生产者就法律规定的免责事由承担举证责任。

美国某科技有限公司诉武汉某科技有限公司侵害计算机软件著作权纠纷案

——计算机软件著作权侵权认定中的举证责任

裁判要旨

著作权人已经举证证明被诉侵权软件与主张权利的在先软件界面高度近似，或者被诉侵权软件存在相同的权利管理信息、设计缺陷、冗余设计等特有信息，能够初步证明被诉侵权软件与主张权利软件构成实质性近似且被诉侵权人接触主张权利软件的可能性较大的，举证责任转移至被诉侵权人，由其提供相反证据证明其未实施侵权行为。

某和源公司诉某轩公司不当得利纠纷案

——给付型不当得利纠纷中，原告应当对“没有合法根据”承担举证证明责任

裁判要旨

给付型不当得利纠纷中，“没有合法根据”所对应的基础事实，是主张不当得利的一方当事人所作出的给付行为欠缺给付原因，可以通过证明给付行为的具体原因、给付原因自始不存在或者嗣后丧失等积极事实来证明，并非现实中未曾发生、无法证明的消极事实。此类不当得利纠纷中，主张不当得利的一方当事人关于对方取得利益“没有合法根据”的主张，建立在否定自身给付行为的基础上。相较于对方当事人，主张不当得利的一方更有能力对自己的行为提供证据。故在给付型不当得利纠纷中，仍应适用“谁主张、谁举证”原则，由原告对“没有合法根据”承担举证证明责任。

杜某某、李某某诉某海运客运有限公司海上旅客运输合同纠纷案

——海上旅客运输合同索赔请求人对承运人过失的举证责任

裁判要旨

海上旅客运输合同履行过程中造成旅客人身伤亡或者行李灭失、损坏的，应由提出索赔请求的人对承运人的过失承担举证责任，除非存在《海商法》第一百一十四条第三款、第四款规定的情形。索赔请求人不能举证证明承运人过失的，承运人不负赔偿责任。

某海产公司诉某海运集团海上、通海水域货物运输合同纠纷案

——承运人承担货损赔偿责任的证明标准

裁判要旨

根据《海商法》第四十六条、第六十一条的规定，某海产公司要求承运人赔偿货物损害的损失，不仅应当举证证明承运人交付的货物发生了损害事实，还须证明该损害发生在承运人的责任期间内。如果举证不能，应承担举证不能的不利后果。

深圳市某公司诉东莞市某公司、广州某公司侵害实用新型专利权纠纷案

——先用权抗辩中原有范围的证明标准

裁判要旨

先用权抗辩中“原有范围”的证明标准不宜过高。被诉侵权人已经尽力举证，所举证据能够初步证明其所主张的原有范围具有合理性，专利权利人没有提供充分反证予以推翻的，一般可以认定被诉侵权人系在原有范围内实施。

王某江、车某斌诉范某波股东损害公司债权人利益责任纠纷案

——作为清算义务人的股东怠于清算是否导致公司的财产流失或灭失的举证责任，债权人应限于提供合理怀疑的证据

裁判要旨

公司债权人，其并不参与公司的经营管理，不掌握公司的财务账册。而作为清算义务人的股东，则通常参与公司经营管理，掌握公司的财务资料并了解公司资产状况。因此，对于作为清算义务人的股东怠于清算是否导致公司的财产流失或灭失的举证责任，债权人应限于提供合理怀疑的证据，而对于反驳该合理怀疑的举证责任，应由作为清算义务人的股东承担。

刘某诉广东某制药股份有限公司专利权权属、侵权纠纷案

——专利侵权案件中“新产品”的认定

裁判要旨

在专利申请日以前已经为国内外公众所知的产品不属于新产品制造方法专利意义上的新产品，专利权人应就被诉侵权人是否实施了与专利相同或等同的方法承担举证责任。

某科技（上海）股份有限公司诉深圳市某科技有限公司、上海某电子零件有限公司集成电路布图设计专有权权属、侵权纠纷案

——集成电路布图设计的侵权认定

裁判要旨

1. 受保护的集成电路布图设计中任何具有独创性的部分均受法律保护，而不论其在整个布图设计中的大小或者所起的作用。

2. 在集成电路布图设计侵权案件中，应当由原告对其主张保护的集成电路布图设计具有独创性承担举证责任，但当原告完成“独创性”的初步证明后，反驳原告布图设计“独创性”的举证责任转移到被告；若被告反驳不成立，则应认定该布图设计具有独创性。在“独创性”的举证证明问题上，不要求原告穷尽与所有现有设计的对比，同时对于被告的反驳也仅需提供一份有效的常规设计证据即可。

某银行股份有限公司上海分行诉庄甲、庄乙等金融借款合同纠纷案

——涉互联网贷款金融借款合同纠纷中金融机构的举证责任认定

裁判要旨

互联网贷款引发的金融借款合同纠纷中，金融机构对合同约定的借款利率负有举证责任，并对金融机构内部系统电子数据系由双方合意达成负有举证责任，金融机构主动扣款的金额不能推定为借款人认可的借款利率。互联网贷款合同对具体的借款利率约定不明，且当事人不能达成补充协议的，按照当地或者当事人的交易方式、交易习惯、市场利率等因素确定利率。

缪某诉某汽车销售有限公司、上海某汽车销售服务有限公司纵向垄断协议纠纷案

——反垄断行政处罚决定在后继民事赔偿诉讼中的证明力及损害赔偿的认定

裁判要旨

1. 反垄断执法机构认定构成垄断行为的处罚决定在法定期限内未被提起行政诉讼或者已为人民法院生效裁判所确认，原告在相关垄断民事纠纷案件中据此主张该垄断行为成立的，无须再行举证证明，但有相反证据足以推翻的除外。

2. 消费者因经营者达成并实施限定向第三人转售商品最低价格的纵向垄断协议提起民事赔偿诉讼，赔偿金额一般可以以经营者之间限定的最低转售价格与竞争价格之间的差额为依据计算。

李某诉茌平某氧化铝公司环境污染责任纠纷案

——水污染侵权责任纠纷中被侵权人就行为与损害后果之间关联性承担举证责任

裁判要旨

《最高人民法院关于审理环境侵权责任纠纷案件适用法律若干问题的解释》（法释〔2020〕17号）第六条规定，被侵权人请求赔偿，应当就侵权人排放污染物及侵权人排放的污染物或者其次生污染物、破坏生态行为与损害之间具有关联性提供初步的证据材料。只有在被侵权人完成了上述举证责任之后，才应当由侵权人就损害行为与结果之间不存在因果关系承担举证责任。在水污染侵权责任纠纷中，侵权人排污口在河道下游，而污染场地在上游的，侵权人应当就污染物到达污染场地的可能性承担举证责任，否则将承担举证不能的不利后果。

刘某诉某购物中心环境污染责任纠纷案

——环境污染侵权纠纷被侵权人应当证明侵权人的侵权行为与损害后果之间具有关联性

裁判要旨

1. 虽然环境污染侵权纠纷对侵权行为和侵权结果之间的因果关系适用举证责任倒置，但适用该举证规则的前提是被侵权人应当证明侵权人的侵权行为与损害后果之间具有关联性，虽对其证明标准的要求不高，但不能免除其证明责任。

2. 侵权行为与损害后果之间是否具有关联性可通过时间、空间的关联度、生活常识、损害后果与侵权行为的性质上的联系、是否存在异常情形和侵权人的类似行为等因素进行综合考量。

山东某生态农业科技发展有限公司诉某集团有限公司等环境污染责任纠纷案

——环境污染责任纠纷案中举证责任的分配

裁判要旨

1. 保护环境是我国的基本国策，一切单位和个人都有保护环境的义务。民事主体从事民事活动，应当有利于节约资源、保护生态环境。在生产经营中要坚持绿色发展、“绿水青山就是金山银山”生态文明保护理念。

2. 环境污染责任是一种特殊侵权责任，为了减轻受害人的举证负担，让受害人更容易获得救济，应由加害人就法律规定的免责事由及其行为与损害之间不存在因果关系承担举证责任。加害人未就法律规定的免责事由及其行为与损害结果之间不存在因果关系进行举证，应承担举证不能的法律后果，即承担环境污染损害赔偿责任。

赵某、王某等诉北京某有限责任公司、刘某等公司盈余分配纠纷案

——中小股东要求行使抽象利润分配请求权的条件认定

裁判要旨

在有限责任公司未作出分配盈余决议情况下，中小股东行使抽象利润分配请求权时，法院应当着重审查以下两点：一是公司缴纳税款、提取公积金后，是否存在实际可分配利润；二是控股股东是否滥用股东权利导致公司不分配利润，并给其他股东造成损失。若前述条件无法同时满足，则中小股东的诉讼请求不应得到支持。首先，以公司具有实际可分配利润为前提，公司需已按照《公司法》规定缴纳税款、提取公积金，且具备充足的“自由现金”。其次，需厘清控制股东滥用权利的具体情形，包括歧视性分配或待遇，变相攫取利润，过分提取任意公积金等行为。再次，应合理分配公司盈余分配纠纷双方当事人的举证责任，结合双方举证程度，依法适用“谁主张、谁举证”原则。最后，裁判方式上，法院应当在裁判文书中明确具体的盈余分配方案，从而实现对中小股东抽象利润分配请求权的直接救济。

索某诉伯某海上人身损害责任纠纷案

——船员提供劳务期间受到人身损害的责任认定问题

裁判要旨

根据《侵权责任法》第三十五条[①]以及《最高人民法院关于审理涉船员纠纷案件若干问题的规定》第十五条的规定，船员提供劳务期间受到损害时，应当根据船员和船舶所有人的过错承担相应的责任。船员因劳务受到损害，向船舶所有人主张赔偿责任，船舶所有人不能举证证明船员自身存在过错，

① 对应《民法典》第一千一百九十二条。

人民法院对船员关于损害赔偿责任的诉讼请求应予支持；船舶所有人举证证明船员自身存在过错，并请求判令船员自担相应责任的，人民法院对船舶所有人的抗辩予以支持。

中国某保险股份有限公司诉某航运有限公司、上海某船务有限公司、上海某国际船舶管理有限公司海上货物运输合同纠纷案

——海上运输合同中，货损发生期间的举证责任如何认定

裁判要旨

承运人对其责任期间发生的货损负赔偿责任。收货人在货物交付之后向承运人主张货损赔偿，如果存在多个可能发生货损的原因和区间，收货人仅举证证明货损可能发生在承运人责任期间，而不能排除货损发生在非承运人责任期间的，人民法院不予支持。

海宁某公司诉宁波某公司、深圳某公司、英国某公司海上货物运输合同纠纷案

——关于援引无单放货司法解释第七条主张免责抗辩时的举证责任分配

裁判要旨

承运人援引《最高人民法院关于审理无正本提单交付货物的案件适用法律若干问题的规定》第七条主张免责抗辩时，应承担更加严格的举证责任。除证明卸货港所在地国家法律有必须将承运到港的货物交付当地海关或者港口当局的相关规定之外，还需证明其在向当地海关或者港口当局交付货物后丧失对货物的控制权，或者货物系在未经其允许的情况下被海关或港口当局擅自交付。

严某某诉上海某某客运有限公司运输合同纠纷案

——出租车拒绝载客行为的认定

裁判要旨

出租汽车拒绝载客行为的认定，应由相对人承担相应的举证责任。如出租汽车驾驶员在相对人上车前已通过打车软件接受他人订单并与他人达成出租汽车运输合同，相对人上车后驾驶员也立即告知相对人车辆系停靠等候软件叫单乘客，则出租汽车驾驶员主观上并没有拒载的故意，双方之间未成立出租汽车运输合同关系。

北京某科技有限公司诉上海某电子游戏有限公司等其他合同纠纷案

——直播平台因主播违约跳槽遭受损失难以具体量化，应结合行业特点认定违约损失

裁判要旨

对于网络主播违约跳槽，直播平台要求作为违约方的网络主播、经纪公司等按照合同约定承担违约金时，违约方辩称违约金过高要求按照实际损失调整违约金数额的，人民法院应当考虑网络直播行业的本身特征，对主播跳槽违约金的调整遵循以下原则：一是综合网络直播行业的特点、平台的投入、经纪公司的参与、主播个体收益及过错四个维度考量，考虑直播行业就收益及成本投射在主播个人上难以具体量化的特征，不应简单以举证证明的、“显而易见”的实际损失为限调整。二是应立足行业健康发展，坚持去泡沫、归理性，调整过高、不合理的违约金。

林某能诉林某川、刘某芳民间借贷纠纷案

——在民间借贷案件审理中，借款人对借贷的真实性有异议的，不能仅凭借据、收据等，简单认定借贷关系及其内容

裁判要旨

在民间借贷案件审理中，对于存在借贷关系及借贷内容等事实，出借人应承担举证责任；对已经归还借款的事实，借款人应承担举证责任。对形式有瑕疵的“欠条”或“收条”等，应结合其他证据认定是否存在借贷关系。借款人对借贷的真实性有异议的，不能仅凭借据、收据、欠条等，认定借贷关系的发生以及借贷关系的内容，应从各证据与案件事实的关联程度、各证据之间的联系等方面进行综合审查，结合借款债务形成的具体经过、交付凭证、交易习惯、资金流向以及当事人陈述等因素综合判断是否存在真实的借贷关系。

刘某某诉蒋某甲、常州某公司等民间借贷纠纷案

——一人公司股东责任的认定

裁判要旨

一人公司股东如不能证明公司财产独立于股东自己的财产的，需对公司债务承担连带责任。债权人以一人公司的股东与公司存在财产混同为由起诉要求股东对公司债务承担连带责任，应实行举证责任倒置，由被告股东对个人财产与公司财产之间不存在混同承担举证责任。股东经合法传唤未到庭应诉应承担不利后果。

张某诉上海某国际货物运输代理有限公司劳动合同纠纷案

——劳动合同到期终止，用人单位无须支付经济补偿金情形的认定

裁判要旨

劳动合同到期终止后，用人单位主张无须支付经济补偿金的，应就其以维持或者提高劳动合同约定的条件续订劳动合同而劳动者不同意续订承担举证责任。续订条件是否相对维持或提高的识别应以原合同终止前所达成的约定条件为基准。劳动者因不满降薪决定而拒绝续订合同的，用人单位须举证证明双方就此达成一致或者降薪具备合理性，否则用人单位以劳动者不同意续订为由主张无须支付经济补偿金的，人民法院不予支持。

袁某诉某银行等储蓄存款合同纠纷案

——储蓄存款合同中储户交易行为的性质认定

裁判要旨

1. 网银转账纠纷的请求权基础。银行客户的存款在不知情的情况下被他人受领，客户追偿行使请求权时，其请求权基础存在竞合。在选择侵权责任请求权时，需证明银行的过失以及银行行为与损失之间的因果关系，在选择违约责任请求权时则只需证明银行存在违约行为即可。

2. 储蓄存款合同违约责任的举证义务分配。客户选择违约作为请求权基础时，双方的“攻防”为：首先，客户依据合同要求银行履行给付义务，银行提出已清偿完毕；其次，客户需证明银行的给付是向无受领权限的第三人履行，即银行的给付违背了客户的意志；最后，银行可以从违约责任排除的特别规定中寻找抗辩依据，如第三人为债权准占有人，第三人符合表见代理情形等。

3. 事实推定。网银操作系非面对面业务，实际操作情形难以通过有效证

据直接查明。根据《民事诉讼证据规定》第十条第一款第四项的规定，“根据已知的事实和日常生活经验法则推定出的另一事实”，可以无须当事人举证证明。在网银转账中，法院可以通过网银转账的身份验证流程、网络操作的IP地址等事实，推定网银操作的实际操作人。

商某诉某保险公司北京分公司等机动车交通事故责任纠纷案

——“零时起保”保险条款的效力认定

裁判要旨

1. 若保险人能够举证证明，在订立保险合同时，保险人已就“零时起保”条款，对一般情况下的投保人（如首次投保，被保险车辆系新车）作了明确说明，投保人已知悉并接受该条款的，则该条款应成为合同内容，具有法律效力；否则，“零时起保”条款不成为合同的内容。

2. 当投保人并非首次投保商业三者险，或者投保人是企业，或者被投保机动车系营运车辆等可以确认投保人对商业三者险条款熟悉时，应减轻保险公司的明确说明义务，可以认定“零时起保”保险条款有效；除非投保人举证证明其确实不知道关于保险期间的次日“零时起保”条款。

上海某某融资租赁有限公司诉讷河市某某医院、讷河市某某投资有限公司融资租赁合同纠纷案

——租赁物部分真实情形下“名为租赁实为借贷”之司法认定

裁判要旨

出租人虽然无证据证明租赁物的真实性，但承租人自认部分租赁物真实存在，使得合同并非完全缺乏“融物”属性，不应简单以出租人举证不能否定融资租赁性质，而应进一步结合出租人审核行为考察其真实意思表示，同时考察租赁物低值高估的程度，综合做出判断。判决价值在于：（1）提示出

租人未尽租赁物真实性的审核义务的风险，进一步规范融资租赁公司审核行为，促进合规、审慎；（2）通过司法裁量，对于以租赁之身、借金融之名、行贷款之实的行为进行负面评价，引导其回归融资租赁本源，服务实体经济；（3）合法合理认定合同性质，保护中小微企业融资路径，免于陷入高成本陷阱。

珠海某银行诉珠海某公司、北京某公司、汕头某公司第三人撤销之诉案

——案外人在抵押权设立之前合法实际占有使用租赁物是租赁权对抗抵押权的必要条件，应结合租金支付、水电费转账记录等综合判定

裁判要旨

判定租赁权是否具有对抗抵押权效力时应注意：一是案外人是否在抵押权设立之前合法实际占有使用租赁物；二是案外人对占有使用租赁物起始时间负举证责任，在有关事实真伪不明时，由案外人承担不利后果；三是不能仅以案外人提交租赁合同、租赁物移交确认书等书面所载内容认定案外人占有使用租赁物起始时间，而应结合租金支付、水电费缴纳等费用转账记录、租赁物所在小区物业管理人员证言、当初设定抵押时第三方评估机构评估报告等公信力较高、不易事后伪造材料加以认定。

沈某诉彭某某、徐某某、徐某甲执行异议之诉案

——以对动产的占有和实际控制状态作为案外人排除对动产执行的审查标准

裁判要旨

1. 审查动产的占有、控制及交付状态。动产不同于不动产和特殊动产，

没有相应的权属证书就其权利人信息进行公示和记载，动产的设立和转让的公示方法为占有和交付。对于动产的占有和控制状态以及交付情况是确定动产权利归属的重点。

2. 结合动产本身的特点和证据规则，合理分配举证责任，确定案件事实。根据《民事诉讼法解释》第一百零八条第一款“对负有举证证明责任的当事人提供的证据，人民法院经审查并结合相关事实，确信待证事实的存在具有高度可能性的，应当认定该事实存在”的规定，不同的动产具有各自的特点，确定动产的权利状态或占有控制状态也需结合动产本身的特点。

二、证明效力、鉴定

指导性案例92号：莱州市金某种业有限公司诉张掖市富某农业科技有限责任公司侵犯植物新品种权纠纷案

关键词：民事　侵犯植物新品种权　玉米品种鉴定　DNA指纹检测　近似品种　举证责任

裁判要点

依据中华人民共和国农业行业标准《玉米品种鉴定DNA指纹方法NY/T 1432—2007检测及判定标准》的规定，品种间差异位点数等于1，判定为近似品种；品种间差异位点数大于等于2，判定为不同品种。品种间差异位点数等于1，不足以认定不是同一品种。对差异位点数在两个以下的，应当综合其他因素判定是否为不同品种，如可采取扩大检测位点进行加测，以及提交审定样品进行测定等，举证责任由被诉侵权一方承担。

关联索引

《植物新品种保护条例》第十六条、第十七条

基本案情

2003年1月1日，经农业部核准，“金某5号”被授予中华人民共和国植物新品种权，品种号为：CNA20×××074.×，品种权人为莱州市金某农作物研究有限公司。2010年1月8日，品种权人授权莱州市金某种业有限公司（以下简称金某种业公司）独家生产经营玉米杂交种“金某5号”，并授权金某种业公司对擅自生产销售该品种的侵权行为，可以以自己的名义独立提起诉讼。2011年，张掖市富某农业科技有限责任公司（以下简称富某公司）在张掖市甘州区沙井镇古城村八社、十一社进行玉米制种。金某种业公司以富某公司的制种行为侵害其“金某5号”玉米植物新品种权为由向张掖市中级人民法院（以下简称张掖中院）提起诉讼。张掖中院受理后，根据金某种业公司的申请，于2011年9月13日对沙井镇古城村八社、十一社种植的被控侵权玉米以活体玉米植株上随机提取玉米果穗，现场封存的方式进行证据保全，并委托北京市农科院玉米种子检测中心对被提取的样品与农业部植物新品种保护办公室植物新品种保藏中心保存的“金某5号”标准样品之间进行对比鉴定。该鉴定中心出具的检测报告结论为“无明显差异”。

张掖中院以构成侵权为由，判令富某公司承担侵权责任。富某公司不服，向甘肃省高级人民法院（以下简称甘肃高院）提出上诉，甘肃高院审理后以原审判决认定事实不清，裁定发回张掖中院重审。

案件发回重审后，张掖中院复函北京市农科院玉米种子检测中心，要求对“JA2011-098-006”号结论为“无明显差异”的检测报告给予补充鉴定或说明。该中心答复：“待测样品与农业部品种保护的对照样品金某5号比较，在40个点位上，仅有1个差异位点，依据行业标准判定为近似，结论为待测样品与对照样品无明显差异。这一结论应解读为：依据DNA指纹检测标准，将差异至少两个位点作为判定两个样品不同的充分条件，而对差异位点在两个以下的，表明依据该标准判定两个样品不同的条件不充分，因此不能得出待测样品与对照样品不同的结论。”经质证，金某种业公司对该检测报告不持异议。富某公司认为检验报告载明差异位点数为“1”，说明被告并未侵权，故该检测报告不能作为本案证据予以采信。

裁判结果

张掖中法院以（2012）张中民初字第28号民事判决，判令：驳回金某种业公司的诉讼请求。金某种业公司不服，提出上诉。甘肃高院于2014年9月17日作出（2013）甘民三终字第63号民事判决：一、撤销张掖中院（2012）张中民初字第28号民事判决。二、富某公司立即停止侵犯金某种业公司植物新品种权的行为，并赔偿金某种业公司经济损失50万元。

裁判理由

法院生效判决认为，未经品种权人许可，为商业目的生产或销售授权品种的繁殖材料的，是侵犯植物新品种权的行为。而确定行为人生产、销售的植物新品种的繁殖材料是否是授权品种的繁殖材料，核心在于应用该繁殖材料培育的植物新品种的特征、特性，是否与授权品种的特征、特性相同。本案中，经人民法院委托鉴定，北京市农科院玉米种子检测中心出具的鉴定意见表明待测样品与授权样品“无明显差异”，但在DNA指纹图谱检测对比的40个位点上，有1个位点的差异。依据中华人民共和国农业行业标准《玉米品种鉴定DNA指纹方法NY/T 1432—2007检测及判定标准》的规定：品种间差异位点数等于1，判定为近似品种；品种间差异位点数大于等于2，判定为不同品种。依据DNA指纹检测标准，将差异至少两个位点作为标准，来判定两个品种是否不同。品种间差异位点数等于1，不足以认定不是同一品种。DNA检测与DUS（田间观察检测）没有位点的直接对应性。对差异位点数在两个以下的，应当综合其他因素进行判定，如可采取扩大检测位点进行加测以及提交审定样品进行测定等。此时的举证责任应由被诉侵权的一方承担。由于植物新品种授权所依据的方式是DUS检测，而不是实验室的DNA指纹鉴定，因此，张掖市富某农业科技有限责任公司如果提交相反的证据证明通过DUS检测，被诉侵权繁殖材料的特征、特性与授权品种的特征、特性不相同，则可以推翻前述结论。根据已查明的事实，被上诉人富某公司经释明后仍未能提供相反的证据，亦不具备DUS检测的条件。因此，依据《最高人民法院关于审理侵犯植物新品种权纠纷案件具体应用法律问题的若干规定》第二条第一款“未经品种权人许可，为商业目的生产或销售授权品种的繁殖材料，或者为商业目的将授权品种的繁殖材料重复使用于生产另一品种的繁殖材料的，人民法院应当认定为侵犯植物新品种权”的规定，应认定富某公司的行为构成侵犯植物新品种权。

关于侵权责任问题。依据《最高人民法院关于审理侵犯植物新品种权纠纷案件具体应用法律问题的若干规定》第六条之规定，富某公司应承担停止侵害、赔偿损失的民事责任。由于本案的侵权行为发生在三年前，双方当事人均未能就被侵权人因侵权所受损失或侵权人因侵权所获利润双方予以充分举证，法院查明的侵权品种种植亩数是1000亩，综合考虑侵权行为的时间、性质、情节等因素，酌定赔偿50万元，并判令停止侵权行为。

指导性案例208号：江西省上饶市人民检察院诉张某某、张某、毛某某生态破坏民事公益诉讼案

关键词：民事　生态破坏民事公益诉讼　自然遗迹　风景名胜　生态环境损害赔偿金额

裁判要点

1. 破坏自然遗迹和风景名胜造成生态环境损害，国家规定的机关或者法律规定的组织请求侵权人依法承担修复和赔偿责任的，人民法院应予支持。

2. 对于破坏自然遗迹和风景名胜造成的损失，在没有法定鉴定机构鉴定的情况下，人民法院可以参考专家采用条件价值法作出的评估意见，综合考虑评估方法的科学性及评估结果的不确定性，以及自然遗迹的珍稀性、损害的严重性等因素，合理确定生态环境损害赔偿金额。

关联索引

《环境保护法》第二条

基本案情

公益诉讼起诉人上饶市人民检察院诉称：张某某、张某、毛某某三人以破坏性方式攀爬巨蟒峰，在世界自然遗产地、世界地质公园三清山风景名胜区的核心景区巨蟒峰上打入26个岩钉，造成严重损毁，构成对社会公共利益的严重损害。因此应判决确认三人连带赔偿对巨蟒峰非使用价值（根据环境资源价值理论，非使用价值是人们从旅游资源获得的并非来源于自己使用的效用，主要包括存在价值、遗产价值和选择价值）造成的损失最低阈值1190

万元；在全国性知名媒体公开赔礼道歉；依法连带承担聘请专家所支出的评估费用 15 万元。

被告张某某、张某、毛某某辩称：本案不属于生态环境公益诉讼，检察院不能提起民事公益诉讼；张某某等人主观上没有过错，也没有造成巨蟒峰的严重损毁，风险不等于实际的损害结果，故不构成侵权；专家组出具的评估报告不能采信。

法院经审理查明：2017 年 4 月左右，被告张某某、张某、毛某某三人通过微信联系，约定前往三清山风景名胜区攀爬“巨蟒出山”岩柱体（又称巨蟒峰）。2017 年 4 月 15 日凌晨 4 时左右，张某某、张某、毛某某三人携带电钻、岩钉（即膨胀螺栓，不锈钢材质）、铁锤、绳索等工具到达巨蟒峰底部。被告张某某首先攀爬，毛某某、张某在下面拉住绳索保护张某某的安全。在攀爬过程中，张某某在有危险的地方打岩钉，使用电钻在巨蟒峰岩体上钻孔，再用铁锤将岩钉打入孔内，用扳手拧紧，然后在岩钉上布绳索。张某某通过这种方式于早上 6 时 49 分左右攀爬至巨蟒峰顶部。毛某某一直跟在张某某后面为张某某拉绳索做保护，并沿着张某某布好的绳索于早上 7 时左右攀爬到巨蟒峰顶部。在张某某、毛某某攀爬开始时，张某为张某某拉绳索做保护，之后沿着张某某布好的绳索于早上 7 时 30 分左右攀爬至巨蟒峰顶部，在顶部使用无人机进行拍摄。在巨蟒峰顶部，张某某将多余的工具给毛某某，毛某某顺着绳索下降，将多余的工具带回宾馆，随后又返回巨蟒峰，攀爬至巨蟒峰 10 多米处，被三清山管委会工作人员发现后劝下并被民警控制。张某、张某某在工作人员劝说下，也先后于上午 9 时左右、9 时 40 分左右下到巨蟒峰底部并被民警控制。经现场勘查，张某某在巨蟒峰上打入岩钉 26 个。经专家论证，三被告的行为对巨蟒峰地质遗迹点造成了严重损毁。

本案刑事部分已另案审理。

2018 年 3 月 28 日，受上饶市检察院委托，江西财经大学专家组针对张某某等三人攀爬巨蟒峰时打入的 26 枚岩钉对巨蟒峰乃至三清山风景名胜区造成的损毁进行价值评估。2018 年 5 月 3 日，江西财经大学专家组出具了《三清山巨蟒峰受损价值评估报告》。该评估报告载明：专家组依据确定的价值类型，采用国际上通行的条件价值法对上述故意损毁行为及其后果进行价值评估，巨蟒峰价值受损评估结果为，“巨蟒峰案”三名当事人的行为虽未造成巨蟒峰山体坍塌，但对其造成了不可修复的严重损毁，对巨蟒峰作为世界自然遗产的存在造成了极大的负面影响，加速了山体崩塌的可能性。因此，专家组认为：此次“巨蟒峰案的价值损失评估值”不应低于该事件对巨蟒峰非使用价值造成的损失最低阈值，即1190万元。

裁判结果

江西省上饶市中级人民法院于2019年12月27日作出（2018）赣11民初303号民事判决：一、被告张某某、张某、毛某某在判决生效后十日内在全国性媒体上刊登公告，向社会公众赔礼道歉，公告内容应由一审法院审定；二、被告张某某、张某、毛某某连带赔偿环境资源损失计人民币600万元，于判决生效后30日内支付至一审法院指定的账户，用于公共生态环境保护和修复；三、被告张某某、张某、毛某某在判决生效后十日内赔偿公益诉讼起诉人上饶市检察院支出的专家费15万元。宣判后，张某某、张某提起上诉。江西省高级人民法院于2020年5月18日作出（2020）赣民终317号民事判决：驳回上诉，维持原判。

裁判理由

法院生效裁判认为：

一、关于人民法院对检察机关提起的本案生态破坏民事公益诉讼可否支持的问题

首先，张某某上诉称其三人行为仅构成对自然资源的破坏而非对生态环境的破坏，该主张不能成立。我国《宪法》第二十六条明确，“国家保护和改善生活环境和生态环境，防治污染和其他公害”。该法条将环境分为生活环境和生态环境。生活环境指向与人类活动有关的环境，生态环境指向与自然活动有关的环境。《环境保护法》第二条规定，“本法所称环境，是指影响人类生存和发展的各种天然的和经过人工改造的自然因素的总体，包括大气、水、海洋、土地、矿藏、森林、草原、湿地、野生生物、自然遗迹、人文遗迹、自然保护区、风景名胜区、城市和乡村等”。该法条将环境分为自然环境和人工环境。自然环境指与人类生存和发展有密切关系的自然条件和自然资源，人工环境指经过人类活动改造过的环境。由以上分析可以认定张某某等三人采取打岩钉方式攀爬行为对巨蟒峰自然遗迹的损害构成对自然环境，亦即对生态环境的破坏。

其次，张某某等三人采取打岩钉方式攀爬对巨蟒峰的破坏损害了社会公共利益。巨蟒峰作为独一无二的自然遗迹，是不可再生的珍稀自然资源型资产，其所具有的重大科学价值、美学价值和经济价值不仅是当代人的共同财富，也是后代人应当有机会享有的环境资源。本案中，张某某等三人采取打岩钉方式攀爬对巨蟒峰的损害，侵害的是不特定社会公众的环境权益，不特定的多数人享有的利益正是社会公共利益的内涵。人们享有的环境权益不仅包含清新的空气、洁净的水源等人们生存发展所必不可少的环境基本要素，也包含基于环境而产生的可以满足人们更高层次需求的生态环境资源，例如优美的风景、具有重大科研价值的濒危动物或具有生态保护意义的稀缺植物或稀缺自然资源等。对这些资源的损害，直接损害了人们可以感受到的生态环境的自然性、多样性，甚至产生人们短时间内无法感受到的生态风险。

综上，张某某等三人的行为对巨蟒峰自然遗迹的损害，属于生态环境资源保护领域损害社会公共利益的行为，检察机关请求本案三被告依法承担破坏自然遗迹和风景名胜造成的生态环境损害赔偿责任，人民法院应予支持。

二、关于赔偿数额如何确定的问题

本案三行为人对巨蟒峰造成的损失量化问题，目前全国难以找到鉴定机构进行鉴定。依据《最高人民法院关于审理环境民事公益诉讼案件适用法律若干问题的解释》第二十三条规定，法院可以结合破坏生态的范围和程度、生态环境的稀缺性、生态环境恢复的难易程度以及被告的过错程度等因素，并可以参考相关部门意见、专家意见等合理确定。

2018 年 3 月 28 日，上饶市人民检察院委托江西财经大学专家组就本案所涉巨蟒峰损失进行价值评估。江西财经大学专家组于 2018 年 5 月 3 日作出《三清山巨蟒峰受损价值评估报告》(以下简称《评估报告》)。该专家组成员具有环境经济、旅游管理、生态学方面的专业知识，采用国际上通行的条件价值法对本案所涉价值进行了评估，专家组成员均出庭对《评估报告》进行了说明并接受了各方当事人的质证。该《评估报告》符合《最高人民法院关于审理环境民事公益诉讼案件适用法律若干问题的解释》第十五条规定的“专家意见”，依法可作为本案认定事实的参考依据。

《评估报告》采用的条件价值法属于环境保护部下发的《环境损害鉴定评估推荐方法（第Ⅱ版）》确定的评估方法之一。虽然该方法存在一定的不确定性，但其科学性在世界范围内得到认可，且目前就本案情形没有更合适的评估方法。故根据以上意见，参考《评估报告》意见"'巨蟒峰案的价值损失评估值'不应低于该事件对巨蟒峰非使用价值造成的损失最低阈值，即1190万元"，综合考虑本案的法律、社会、经济因素，具体结合了三被告已被追究刑事责任的情形、本案查明的事实、当事人的过错程度、当事人的履行能力、江西的经济发展水平等，酌定赔偿金额为600万元。

裁判同时明确，生态环境是人类生存和发展的根基，对自然资源的破坏即是对生态环境的破坏。我国法律明确将自然遗迹、风景名胜区作为环境要素加以保护，规定一切单位和个人都有保护环境的义务，因破坏生态环境造成损害的，应当承担侵权责任。特别是在推进生态文明建设的进程中，只有实行最严格的制度、最严密的法治，才能更好地保护我们的生态环境。张某某、张某、毛某某三人采用打岩钉方式攀爬行为给巨蟒峰造成不可修复的永久性伤害，损害了社会公共利益，构成共同侵权。判决三人承担环境侵权赔偿责任，旨在引导社会公众树立正确的生态文明观，珍惜和善待人类赖以生存和发展的生态环境。

山东某商贸公司诉武汉某贸易公司
买卖合同纠纷案

——合同虽未按约定经法定代表人或者其委托代理人签字，
但该当事人已经履行合同且对方接受的，
可以认定合同已经成立

裁判要旨

合同的成立是指当事人通过缔约的过程而达到意思一致。合同的生效是指已经成立的民事行为因符合法定有效要件而取得现行法律认可的效力。依据《民法典》的规定，当事人采用合同书形式订立合同的，自当事人均签名、盖章或者捺指印时合同成立。在签名、盖章或者捺指印之前，当事人一方已经履行主要义务，对方接受时，该合同成立。依法成立的合同，自成立时生效，但是法律另有规定或者当事人另有约定的除外。可见，签字并盖章并非法律对合同生效要件作出的特殊要求。当事人可以约定生效要件，在不违反法律、行政法规的强制性规定下，亦可以根据意思自治原则对合同的约定进行修改与补正。

上海某股权投资基金合伙企业诉李某亮、李某雷、某网络股份有限公司与公司有关的纠纷案

——公司担保中债权人审查义务的司法认定规则

裁判要旨

公司为其股东或者实际控制人提供担保时，若债权人无证据证明审查过公司的相关决议，仅因担保合同上加盖了公司的公章及法定代表人签字，即信赖公司作出的担保行为，显然未尽审慎注意义务，不属于法律所保护的善意相对人，所涉担保对公司不发生效力。但是，公司在未对担保事项作出决议的情况下，在担保合同上加盖公章，其对于合同的审查、公章管理及法定代表人的监督方面存在疏漏，具有一定过错，应当承担债务人不能清偿债务部分二分之一的赔偿责任。

高某某诉某村民委员会确认合同有效纠纷案

——村干部未经民主议定程序擅自以村委会名义对外发包土地的合同无效

裁判要旨

关于向本集体经济组织成员以外的主体发包土地的合同效力认定。向本集体经济组织成员以外的主体发包土地依法属于涉及村民利益的重大事项，应当由村民会议或者村民代表会议讨论决定并报乡（镇）人民政府批准。集体经济组织未经民主议定程序将土地发包给集体经济组织成员以外的主体，即使土地承包合同已经村干部签字并加盖村委会公章，也不应认定合同有效。

认定向本集体经济组织成员以外的主体发包土地的合同效力，按照2018

年修正《农村土地承包法》第五十二条规定，需审查合同的签订是否具备以下两方面条件：第一，事先经本集体经济组织成员的村民会议三分之二以上成员或者三分之二以上村民代表的同意；第二，需报乡（镇）人民政府批准。根据2018年修正《村民委员会组织法》第二十四条规定，涉及村民利益的下列事项，须村民会议讨论决定方可办理："……（四）土地承包经营方案；……"综合以上法律规定来看，土地承包经营属于涉及村民利益的重大事项，只有"民主议定程序"和"上报乡（镇）人民政府批准"两个条件均已具备，该土地承包合同才具有效力。若违反土地承包经营合同未经过民主议定程序，则该合同无效；若经过民主议定程序但未上报乡（镇）人民政府批准，可以认定为未生效合同。据此，仅有村干部签字并加盖村委会公章并不能认定土地承包经营合同有效。

某中医医院诉云南金某制药公司专利权权属纠纷案

——专利权权属争议中专利权证书的证明力认定

裁判要旨

专利权证书上关于发明人及专利权人的记载并不具有绝对的证据效力。在一方当事人就涉案专利的权属依照法定程序提出异议并提交相关证据的情况下，不能仅依据专利权证书直接对专利权人作出认定。

山东某公司诉山西某公司、顺县某公司侵害植物新品种权纠纷案

——单方委托的检验报告的证据性质和证明力

裁判要旨

侵害植物新品种权纠纷案件中，一方当事人就专门性问题自行委托有关机构或者人员出具的意见，在法律性质上虽然不属于《民事诉讼法》所称的由人民法院经由司法鉴定程序所获得的鉴定意见，但法律并未排除其作为证

据的资格。一般可以参照法律和司法解释关于鉴定意见的审查规则和准用私文书证的质证规则，结合具体案情，对其证明力适当从严审查。自行委托取得的书面意见由具有相应资格的机构和人员作出、检测程序合法、对照样品来源可靠、检测方法科学，经质证对方当事人未提出足以推翻意见的相反证据或者足以令人信服的质疑的，一般可以确认其证明力；存在程序严重违法、对照样品来源不明等重大错误，或者对方当事人提交了足以推翻意见的相反证据或者足以令人信服的质疑的，不予采信。

张某诉王某等继承纠纷案

——亲缘关系鉴定在非婚生子女继承权审查认定中的应用

裁判要旨

1. 亲缘关系鉴定，是指依据遗传学的基本原理，采用现代化的DNA分型检测技术来综合评判争议个体之间是否存在亲生、隔代或其他血缘关系。亲缘关系鉴定意见提供的是一种大范围概念上血缘关系，鉴定意见并不具有唯一的指向性，仅能证明双方存在血缘关系，但不足以证明是否存在亲子关系。从证据的效力上看，叔侄关系的亲缘关系鉴定无法单独作为证明亲子关系存在的证据，因此属于间接证据，需要结合其他证据予以综合认定。

2. 在非婚生子女主张作为继承人的继承案件中，被继承人已去世，无法与该非婚生子女进行亲子鉴定。若结合亲缘关系鉴定意见和其他在案证据、客观情况，综合运用逻辑推理和日常生活经验等，能够达到高度盖然性的，可以认定存在亲子关系。

廖某诉某劳务派遣公司确认劳动关系纠纷案

——确认劳动关系纠纷中的举证责任分配

裁判要旨

劳动者已提供证人证言、出勤记录、施工记录等证据证明存在劳动关系，用人单位无正当理由拒不提供相反证据的，应当承担举证不利的法律后果。

某（天津）有限公司诉夏某某、苏州某金属有限公司侵害商业秘密纠纷案

——刑民交叉案件中的证据采信

裁判要旨

对于刑事侦查阶段委托鉴定形成的鉴定意见，所依据的客观证据、鉴定人员的证言等证据材料，在民事诉讼阶段无须重新委托鉴定的情况下，可以依法审核后采信刑事侦查阶段形成的鉴定意见。

刘某甲诉张某否认亲子关系纠纷案

——父或母请求否认亲子关系但未提供必要证据的，不适用《最高人民法院关于适用〈中华人民共和国民法典〉婚姻家庭编的解释（一）》第三十九条第一款之规定

裁判要旨

婚姻关系存续期间孕育的子女，推定丈夫为该子女的父亲，是亲子关系认定中的基本原则。父或母虽有权提起否认之诉，但应当有正当理由。一方为争取孩子的抚养权，以无法证明真实性的单方亲子鉴定报告请求否认子女与对方的亲子关系，对方不认可该证据，又拒绝做亲子鉴定的，不能适用《最高人民法院关于适用〈中华人民共和国民法典〉婚姻家庭编的解释（一）》第三十九条第一款规定。

三、证据的质证、审核、认定

指导性案例 85 号：甲股份公司诉浙江乙卫浴有限公司侵害外观设计专利权纠纷案

关键词：民事　侵害外观设计专利　设计特征　功能性特征　整体视觉效果

裁判要点

1. 授权外观设计的设计特征体现了其不同于现有设计的创新内容，也体现了设计人对现有设计的创造性贡献。如果被诉侵权设计未包含授权外观设计区别于现有设计的全部设计特征，一般可以推定被诉侵权设计与授权外观设计不近似。

2. 对设计特征的认定，应当由专利权人对其所主张的设计特征进行举证。人民法院在听取各方当事人质证意见基础上，对证据进行充分审查，依法确定授权外观设计的设计特征。

3. 对功能性设计特征的认定，取决于外观设计产品的一般消费者看来该设计是否仅仅由特定功能所决定，而不需要考虑该设计是否具有美感。功能性设计特征对于外观设计的整体视觉效果不具有显著影响。功能性与装饰性兼具的设计特征对整体视觉效果的影响需要考虑其装饰性的强弱，装饰性越强，对整体视觉效果的影响越大；反之则越小。

关联索引

《专利法》第五十九条[①]第二款

基本案情

甲股份公司（以下简称甲公司）为“手持淋浴喷头（No.A42××××0X2）”

① 对应《专利法》（2020 年修正）第六十四条。

外观设计专利的权利人，该外观设计专利现合法有效。2012年11月，甲公司以浙江乙卫浴有限公司（以下简称乙公司）生产、销售和许诺销售的丽雅系列等卫浴产品侵害其"手持淋浴喷头"外观设计专利权为由提起诉讼，请求法院判令乙公司立即停止被诉侵权行为，销毁库存的侵权产品及专用于生产侵权产品的模具，并赔偿甲公司经济损失20万元。经一审庭审比对，乙公司被诉侵权产品与甲公司涉案外观设计专利的相同之处为：二者属于同类产品，从整体上看，二者均是由喷头头部和手柄两个部分组成，被诉侵权产品头部出水面的形状与涉案专利相同，均表现为出水孔呈放射状分布在两端圆、中间长方形的区域内，边缘呈圆弧状。两者的不同之处为：1. 被诉侵权产品的喷头头部四周为斜面，从背面向出水口倾斜，而涉案专利主视图及左视图中显示其喷头头部四周为圆弧面；2. 被诉侵权产品头部的出水面与面板间仅由一根线条分隔，涉案专利头部的出水面与面板间由两条线条构成的带状分隔；3. 被诉侵权产品头部出水面的出水孔分布方式与涉案专利略有不同；4. 涉案专利的手柄上有长椭圆形的开关设计，被诉侵权产品没有；5. 涉案专利中头部与手柄的连接虽然有一定的斜角，但角度很小，几乎为直线形连接，被诉侵权产品头部与手柄的连接产生的斜角角度较大；6. 从涉案专利的仰视图看，手柄底部为圆形，被诉侵权产品仰视的底部为曲面扇形，涉案专利手柄下端为圆柱体，向与头部连接处方向逐步收缩压扁呈扁椭圆体，被诉侵权产品的手柄下端为扇面柱体，且向与喷头连接处过渡均为扇面柱体，过渡中的手柄中段有弧度的凸起；7. 被诉侵权产品的手柄底端有一条弧形的装饰线，将手柄底端与产品的背面连成一体，涉案专利的手柄底端没有这样的设计；8. 涉案专利头部和手柄的长度比例与被诉侵权产品有所差别，两者的头部与手柄的连接处弧面亦有差别。

裁判结果

浙江省台州市中级人民法院于2013年3月5日作出（2012）浙台知民初字第573号民事判决：驳回甲公司诉讼请求。甲公司不服，提起上诉。浙江省高级人民法院于2013年9月27日作出（2013）浙知终字第255号民事判决：一、撤销浙江省台州市中级人民法院（2012）浙台知民初字第573号民事判决；二、乙公司立即停止制造、许诺销售、销售侵害甲公司"手持淋浴喷头"外观设计专利权的产品的行为，销毁库存的侵权产品；三、乙公司赔偿甲公司经济损失（含甲公司为制止侵权行为所支出的合理费用）人民币 10 万元；4. 驳回甲公司的其他诉讼请求。乙公司不服，提起再审申请。最高人民法院于 2015 年 8 月 11 日作出（2015）民提字第 23 号民事判决：一、撤销二审判决；二、维持一审判决。

裁判理由

法院生效裁判认为，本案的争议焦点在于被诉侵权产品外观设计是否落入涉案外观设计专利权的保护范围。

《专利法》第五十九条第二款规定："外观设计专利权的保护范围以表示在图片或者照片中的该产品的外观设计为准，简要说明可以用于解释图片或者照片所表示的该产品的外观设计。"《最高人民法院关于审理侵犯专利权纠纷案件应用法律若干问题的解释》(以下简称《审理侵犯专利权纠纷案件解释》) 第八条规定："在与外观设计专利产品相同或者相近种类产品上，采用与授权外观设计相同或者近似的外观设计的，人民法院应当认定被诉侵权设计落入专利法第五十九条第二款规定的外观设计专利权的保护范围。" 第十条规定："人民法院应当以外观设计专利产品的一般消费者的知识水平和认知能力，判断外观设计是否相同或者近似。" 本案中，被诉侵权产品与涉案外观设计专利产品相同，均为淋浴喷头类产品，因此，本案的关键问题是对于一般消费者而言，被诉侵权产品外观设计与涉案授权外观设计是否相同或者近似，具体涉及以下四个问题：

一、关于涉案授权外观设计的设计特征

外观设计专利制度的立法目的在于保护具有美感的创新性工业设计方案，一项外观设计应当具有区别于现有设计的可识别性创新设计才能获得专利授权，该创新设计即是授权外观设计的设计特征。通常情况下，外观设计的设计人都是以现有设计为基础进行创新。对于已有产品，获得专利权的外观设计一般会具有现有设计的部分内容，同时具有与现有设计不相同也不近似的设计内容，正是这部分设计内容使得该授权外观设计具有创新性，从而满足《专利法》第二十三条所规定的实质性授权条件：不属于现有设计也不存在抵触申请，并且与现有设计或者现有设计特征的组合相比具有明显区别。对于该部分设计内容的描述即构成授权外观设计的设计特征，既体现了授权外观设计不同于现有设计的创新内容，也体现了设计人对现有设计的创造性贡献。

由于设计特征的存在，一般消费者容易将授权外观设计区别于现有设计，因此，其对外观设计产品的整体视觉效果具有显著影响，如果被诉侵权设计未包含授权外观设计区别于现有设计的全部设计特征，一般可以推定被诉侵权设计与授权外观设计不近似。

对于设计特征的认定，一般来说，专利权人可能将设计特征记载在简要说明中，也可能会在专利授权确权或者侵权程序中对设计特征作出相应陈述。根据“谁主张，谁举证”的证据规则，专利权人应当对其所主张的设计特征进行举证。另外，授权确权程序的目的在于对外观设计是否具有专利性进行审查，因此，该过程中有关审查文档的相关记载对确定设计特征有着重要的参考意义。理想状态下，对外观设计专利的授权确权，应当是在对整个现有设计检索后的基础上确定对比设计来评判其专利性，但是，由于检索数据库的限制、无效宣告请求人检索能力的局限等原因，授权确权程序中有关审查文档所确定的设计特征可能不是在穷尽整个现有设计的检索基础上得出的，因此，无论是专利权人举证证明的设计特征，还是通过授权确权有关审查文档记载确定的设计特征，如果第三人提出异议，都应当允许其提供反证予以推翻。人民法院在听取各方当事人质证意见的基础上，对证据进行充分审查，依法确定授权外观设计的设计特征。

本案中，专利权人甲公司主张跑道状的出水面为涉案授权外观设计的设计特征，乙公司对此不予认可。对此，法院生效裁判认为，首先，涉案授权外观设计没有简要说明记载其设计特征，甲公司在二审诉讼中提交了 12 份淋浴喷头产品的外观设计专利文件，其中 7 份记载的公告日早于涉案专利的申请日，其所附图片显示的外观设计均未采用跑道状的出水面。在针对涉案授权外观设计的无效宣告请求审查程序中，专利复审委员会作出第 17086 号决定，认定涉案授权外观设计与最接近的对比设计证据 1 相比，“从整体形状上看，与在先公开的设计相比，本专利喷头及其各面过渡的形状、喷头正面出水区域的设计以及喷头宽度与手柄直径的比例具有较大差别，上述差别均是一般消费者容易关注的设计内容”，即该决定认定喷头出水面形状的设计为涉案授权外观设计的设计特征之一。其次，乙公司虽然不认可跑道状的出水面为涉案授权外观设计的设计特征，但是在本案一、二审诉讼中其均未提交相应证据证明跑道状的出水面为现有设计。本案再审审查阶段，乙公司提交

2006××××3512.5号淋浴喷头外观设计专利视图拟证明跑道状的出水面已被现有设计所公开，经审查，该外观设计专利公告日早于涉案授权外观设计申请日，可以作为涉案授权外观设计的现有设计，但是其主视图和使用状态参考图所显示的出水面两端呈矩形而非呈圆弧形，其出水面并非跑道状。因此，对于乙公司关于跑道状出水面不是涉案授权外观设计的设计特征的再审申请理由，本院不予支持。

二、关于涉案授权外观设计产品正常使用时容易被直接观察到的部位

认定授权外观设计产品正常使用时容易被直接观察到的部位，应当以一般消费者的视角，根据产品用途，综合考虑产品的各种使用状态得出。本案中，首先，涉案授权外观设计是淋浴喷头产品外观设计，淋浴喷头产品由喷头、手柄构成，二者在整个产品结构中所占空间比例相差不大。淋浴喷头产品可以手持，也可以挂于墙上使用，在其正常使用状态下，对于一般消费者而言，喷头、手柄及其连接处均是容易被直接观察到的部位。其次，第17086号决定认定在先申请的设计证据2与涉案授权外观设计采用了同样的跑道状出水面，但是基于涉案授权外观设计的“喷头与手柄成一体，喷头及其与手柄连接的各面均为弧面且喷头前倾，此与在先申请的设计相比具有较大的差别，上述差别均是一般消费者容易关注的设计内容”，认定二者属于不相同且不相近似的外观设计。可见，淋浴喷头产品容易被直接观察到的部位并不仅限于其喷头头部出水面，在对淋浴喷头产品外观设计的整体视觉效果进行综合判断时，其喷头、手柄及其连接处均应作为容易被直接观察到的部位予以考虑。

三、关于涉案授权外观设计手柄上的推钮是否为功能性设计特征

外观设计的功能性设计特征是指那些在外观设计产品的一般消费者看来，由产品所要实现的特定功能唯一决定而不考虑美学因素的特征。通常情况下，设计者在进行产品外观设计时，会同时考虑功能因素和美学因素。在实现产品功能的前提下，遵循人文规律和法则对产品外观进行改进，即产品必须首先实现其功能，其次还要在视觉上具有美感。具体到一项外观设计的某一特征，大多数情况下均兼具功能性和装饰性，设计者会在能够实现特定功能的多种设计中选择一种其认为最具美感的设计，而仅由特定功能唯一决定的设计只有在少数特殊情况下存在。因此，外观设计的功能性设计特征包括两种：

一是实现特定功能的唯一设计；二是实现特定功能的多种设计之一，但是该设计仅由所要实现的特定功能决定而与美学因素的考虑无关。对功能性设计特征的认定，不在于该设计是否因功能或技术条件的限制而不具有可选择性，而在于外观设计产品的一般消费者看来该设计是否仅仅由特定功能所决定，而不需要考虑该设计是否具有美感。一般而言，功能性设计特征对于外观设计的整体视觉效果不具有显著影响；而功能性与装饰性兼具的设计特征对整体视觉效果的影响需要考虑其装饰性的强弱，装饰性越强，对整体视觉效果的影响相对较大；反之则相对较小。

本案中，涉案授权外观设计与被诉侵权产品外观设计的区别之一在于后者缺乏前者在手柄位置上具有的一类跑道状推钮设计。推钮的功能是控制水流开关，是否设置推钮这一部件是由是否需要在淋浴喷头产品上实现控制水流开关的功能所决定的，但是，只要在淋浴喷头手柄位置设置推钮，该推钮的形状就可以有多种设计。当一般消费者看到淋浴喷头手柄上的推钮时，自然会关注其装饰性，考虑该推钮设计是否美观，而不是仅仅考虑该推钮是否能实现控制水流开关的功能。涉案授权外观设计的设计者选择将手柄位置的推钮设计为类跑道状，其目的也在于与其跑道状的出水面相协调，增加产品整体上的美感。因此，二审判决认定涉案授权外观设计中的推钮为功能性设计特征，适用法律错误，本院予以纠正。

四、关于被诉侵权产品外观设计与涉案授权外观设计是否构成相同或者近似

《侵犯专利权纠纷案件解释》第十一条规定，认定外观设计是否相同或者近似时，应当根据授权外观设计、被诉侵权设计的设计特征，以外观设计的整体视觉效果进行综合判断；对于主要由技术功能决定的设计特征，应当不予考虑。产品正常使用时容易被直接观察到的部位相对于其他部位、授权外观设计区别于现有设计的设计特征相对于授权外观设计的其他设计特征，通常对外观设计的整体视觉效果更具有影响。

本案中，被诉侵权产品外观设计与涉案授权外观设计相比，其出水孔分布在喷头正面跑道状的区域内，虽然出水孔的数量及其在出水面两端的分布与涉案授权外观设计存在些许差别，但是总体上，被诉侵权产品采用了与涉案授权外观设计高度近似的跑道状出水面设计。关于两者的区别设计特征，

一审法院归纳了八个方面，对此双方当事人均无异议。对于这些区别设计特征，首先，如前所述，第 17086 号决定认定涉案外观设计专利的设计特征有三点：一是喷头及其各面过渡的形状；二是喷头出水面形状；三是喷头宽度与手柄直径的比例。除喷头出水面形状这一设计特征之外，喷头及其各面过渡的形状、喷头宽度与手柄直径的比例等设计特征也对产品整体视觉效果产生显著影响。虽然被诉侵权产品外观设计采用了与涉案授权外观设计高度近似的跑道状出水面，但是，在喷头及其各面过渡的形状这一设计特征上，涉案授权外观设计的喷头、手柄及其连接各面均呈圆弧过渡，而被诉侵权产品外观设计的喷头、手柄及其连接各面均为斜面过渡，从而使得二者在整体设计风格上呈现明显差异。另外，对于非设计特征之外的被诉侵权产品外观设计与涉案授权外观设计相比的区别设计特征，只要其足以使两者在整体视觉效果上产生明显差异，也应予以考虑。其次，淋浴喷头产品的喷头、手柄及其连接处均为其正常使用时容易被直接观察到的部位，在对整体视觉效果进行综合判断时，在上述部位上的设计均应予以重点考查。具体而言，涉案授权外观设计的手柄上设置有一类跑道状推钮，而被诉侵权产品无此设计，因该推钮并非功能性设计特征，推钮的有无这一区别设计特征会对产品的整体视觉效果产生影响；涉案授权外观设计的喷头与手柄连接产生的斜角角度较小，而被诉侵权产品的喷头与手柄连接产生的斜角角度较大，从而使得两者在左视图上呈现明显差异。正是由于被诉侵权产品外观设计未包含涉案授权外观设计的全部设计特征，以及被诉侵权产品外观设计与涉案授权外观设计在手柄、喷头与手柄连接处的设计等区别设计特征，使得两者在整体视觉效果上呈现明显差异，两者既不相同也不近似，被诉侵权产品外观设计未纳入涉案外观设计专利权的保护范围。二审判决仅重点考虑了涉案授权外观设计跑道状出水面的设计特征，而对于涉案授权外观设计的其他设计特征，以及淋浴喷头产品正常使用时其他容易被直接观察到的部位上被诉侵权产品外观设计与涉案授权外观设计专利的区别设计特征未予考虑，认定两者构成近似，适用法律错误，本院予以纠正。

综上，乙公司生产、许诺销售、销售的被诉侵权产品外观设计与甲公司所有的涉案授权外观设计既不相同也不近似，未落入涉案外观设计专利权保护范围，乙公司生产、许诺销售、销售被诉侵权产品的行为不构成对甲公司涉案专利权的侵害。二审判决适用法律错误，本院依法应予纠正。

山东省生态环境厅诉某新能源公司、某重油化工公司生态环境损害赔偿诉讼案

——法院可依据主观过错、经营状况等因素确定数位无意思联络侵权人生态环境损害责任

裁判要旨

二侵权人先后向同一位置排放污染物，造成生态环境损害，因二者排放污染物的时间、种类、数量不同，难以认定两方各自行为所造成的污染范围、损害后果及相应的治理费用。在确定二侵权人赔偿责任时，人民法院可以在评估报告基础上，综合专家辅助人和咨询专家的意见，根据主观过错、经营状况等因素，合理分配二被告各自应承担的赔偿责任。如果赔偿数额较高，赔偿责任主体没有一次性支付的履行能力，可依据其主观过错程度及经营情况，允许责任主体申请分期支付赔偿款。

刘某国诉某升公司等海上、通海水域养殖损害责任纠纷案

——运用专家辅助人制度合理确定海上侵权损失

裁判要旨

1. 未经行政主管部门许可，被侵权人从事海上养殖，遭受侵权损害主张养殖收益损失的，人民法院不予支持，但请求赔偿修复、更换养殖设施的合理费用，应予支持。

2. 当对侵权所造成损失程度及数量的认定存在多份不同的鉴定意见（评估报告）且分歧较大时，可以在结合日常经验的基础上，运用专家辅助人制度综合评判鉴定意见（评估报告）内容的客观性与合理性。

上海某网络公司诉沈某、深圳某网络公司合同纠纷案

——新三板公司司法估值的路径选择及因素考量

裁判要旨

在缺乏流动性市场的新三板公司估值问题上，法院审查的范围不应局限于相关合同文本的法律判断，而要着眼于目标公司的实际情况，再综合考虑目标公司所处的发展阶段、行业特点、经营情况、财务状况等因素，选择金融市场普遍认可的、适当的估值方法判断企业的公允市值或估算出公允市值的区间。在估值方法的选择上，可以通过不同估值方法的交叉验证减少估值偏差。同时，在条件允许的情况下应充分发挥专家辅助人制度的积极作用，从专业背景、形式要件及程序完整性的角度分析专业人士意见，以作出更符合市场及投资者预期的估值结论。

安徽某甲（集团）有限公司诉某乙公司国际货物买卖合同纠纷案

——单方自行委托鉴定意见的效力认定

裁判要旨

一方当事人就专门性问题单方自行委托有关机构或者个人出具的书面意见，其性质仅是一份书面证据材料，并非《民事诉讼法》规定的鉴定意见，应采用私文书证的审查认定规则，并结合案件查明的事实和其他证据进行审核判断。对方当事人既未举示足以反驳该意见内容和结论的证据，也未提交证据证明存在鉴定机构或鉴定人员不具备相关鉴定资质、鉴定程序严重违法、鉴定结论明显依据不足等情形，该书面意见可以作为认定案件事实的依据。

麦某伦酒厂、某洋酒（上海）有限公司诉某报社、某杂志社有限公司等名誉权纠纷案

——对于产品核心因素的误评可构成侵犯法人名誉权

裁判要旨

法人的名誉表现为社会对法人的资产实力、生产能力、产品质量、经营作风的公正评价。评价法人的产品应当以客观事实为基础，不恰当贬低法人的产品质量，可构成对法人名誉权的侵犯。期刊杂志社刊发关于法人产品质量的评价文章，如尽到合理注意义务，履行了审查职责，应认定没有过错。作为有专门知识的权威人士，在发表关于产品质量的评价文章时，负有高于普通消费者的注意义务，违反此义务导致法人名誉权遭受损害的，应承担侵权责任。

侯某某诉中山市古镇某某灯饰厂、深圳市某某迪曼照明科技有限公司专利权权属、侵权纠纷案

——电子数据的真实性应当结合影响电子数据完整性和可靠性的各种因素综合判断

裁判要旨

电子数据具有容易被伪造、篡改的特点，其真实性应当结合以下因素综合判断：电子数据的生成、存储、传输所依赖的计算机系统的硬件、软件环境是否完整、可靠；是否处于正常运行状态；不处于正常状态时是否对生成、存储、传输有影响；是否具备有效防止出错的监测、核查手段；电子数据是否被完整地保存、传输、提取，其方法是否可靠，主体是否适当；电子数据是否在正常的往来活动中形成和存储等其他因素。

苏某诉湖北某某旅游文化发展有限公司某某山庄著作权权属、侵权纠纷案

——手机录制视频取得的电子证据的效力认定

裁判要旨

对原告使用智能手机拍摄的点播使用涉案音乐作品的音乐电视的视频，被告没有相反证据证明被更改过，同时结合原告拍摄的被告经营场所的照片、被告开具的消费单据等证据，能够形成完整的证据链，运用正常的逻辑推理，结合日常生活经验，综合各种因素足以认定被告使用涉案音乐作品的行为具有高度可能性的，应当对该事实予以认定。

某数字出版集团股份有限公司诉某电子商务有限公司侵害作品信息网络传播权纠纷案

——区块链电子存证的司法认定

裁判要旨

对使用区块链存证的电子数据，人民法院应从存证平台的资质、电子数据生成及储存方法的可靠性、保持电子数据完整性方法的可靠性等方面予以审查。

江苏某某制漆有限公司诉广东某某涂料有限公司、吴某某仿冒纠纷案

——知识产权民事纠纷案件中伪造的证据的认定

裁判要旨

判断一份证据是否是伪造的证据，应该充分考虑是否难以获得直接证据，

案件发生的背景和可以核实的相关事实，依法公平、合理地确定证明标准，全面、客观地审核证据，结合全案的证据进行综合判断。对于故意伪造并提交证据的妨害民事诉讼的行为，应当依法给予制裁。

四、其　他

指导案例68号：上海欧宝生物科技有限公司诉辽宁特莱维置业发展有限公司企业借贷纠纷案

关键词：民事诉讼 企业借贷 虚假诉讼

裁判要点

人民法院审理民事案件中发现存在虚假诉讼可能时，应当依职权调取相关证据，详细询问当事人，全面严格审查诉讼请求与相关证据之间是否存在矛盾，以及当事人诉讼中言行是否违背常理。经综合审查判断，当事人存在虚构事实、恶意串通、规避法律或国家政策以牟取非法利益，进行虚假民事诉讼情形的，应当依法予以制裁。

相关法条

《民事诉讼法》第一百一十二条

基本案情

上海欧宝生物科技有限公司（以下简称欧宝公司）诉称：欧宝公司借款给辽宁特莱维置业发展有限公司(以下简称特莱维公司)8650万元，用于开发辽宁省东港市特莱维国际花园房地产项目。借期届满时，特莱维公司拒不偿还。故请求法院判令特莱维公司返还借款本金8650万元及利息。

特莱维公司辩称：对欧宝公司起诉的事实予以认可，借款全部投入特莱维国际花园房地产项目，房屋滞销，暂时无力偿还借款本息。

一审申诉人谢涛述称：特莱维公司与欧宝公司，通过虚构债务的方式，恶意侵害其合法权益，请求法院查明事实，依法制裁。

法院经审理查明：2007 年 7 月至 2009 年 3 月，欧宝公司与特莱维公司先后签订 9 份《借款合同》，约定特莱维公司向欧宝公司共借款 8650 万元，约定利息为同年贷款利率的 4 倍。约定借款用途为：只限用于特莱维国际花园房地产项目。借款合同签订后，欧宝公司先后共汇款 10 笔，计 8650 万元，而特莱维公司却在收到汇款的当日或数日后立即将其中的 6 笔转出，共计转出 7050 万余元。其中 5 笔转往上海翰皇实业发展有限公司（以下简称翰皇公司），共计 6400 万余元。此外，欧宝公司在提起一审诉讼要求特莱维公司还款期间，仍向特莱维公司转款 3 笔，计 360 万元。

欧宝公司法定代表人为宗惠光，该公司股东曲叶丽持有 73.75% 的股权，姜雯琪持有 2% 的股权，宗惠光持有 2% 的股权。特莱维公司原法定代表人为王作新，翰皇公司持有该公司 90% 股权，王阳持有 10% 的股权，2010 年 8 月 16 日法定代表人变更为姜雯琪。工商档案记载，该公司在变更登记时，领取执照人签字处由刘静君签字，而刘静君又是本案原一审诉讼期间欧宝公司的委托代理人，身份系欧宝公司的员工。翰皇公司于 2002 年 3 月 26 日成立，法定代表人为王作新，前身为上海特莱维化妆品有限公司，王作新持有该公司 67% 的股权，曲叶丽持有 33% 的股权，同年 10 月 28 日，曲叶丽将其持有的股权转让给王阳。2004 年 10 月 10 日该公司更名为翰皇公司，公司登记等手续委托宗惠光办理，2011 年 7 月 5 日该公司注销。王作新与曲叶丽系夫妻关系。

本案原一审诉讼期间，欧宝公司于 2010 年 6 月 22 日向辽宁省高级人民法院（以下简称辽宁高院）提出财产保全申请，要求查封、扣押、冻结特莱维公司 5850 万元的财产，王阳以其所有的位于辽宁省沈阳市和平区澳门路、建筑面积均为 236.4 平方米的两处房产为欧宝公司担保。王作鹏以其所有的位于沈阳市皇姑区宁山中路的建筑面积为 671.76 平方米的房产为欧宝公司担保，沈阳沙琪化妆品有限公司（以下简称沙琪公司，股东为王振义和修桂芳）以其所有的位于沈阳市东陵区白塔镇小羊安村建筑面积分别为 212 平方米、946 平方米的两处厂房及使用面积为 4000 平方米的一块土地为欧宝公司担保。

欧宝公司与特莱维公司的《开立单位银行结算账户申请书》记载地址均为东港市新兴路 1 号，委托经办人均为崔秀芳。再审期间谢涛向辽宁高院提供上海市第一中级人民法院（2008）沪一中民三（商）终字第 426 号民事判决书一份，该案系张娥珍、贾世克诉翰皇公司、欧宝公司特许经营合同纠纷案，判决所列翰皇公司的法定代表人为王作新，欧宝公司和翰皇公司的委托代理人均系翰皇公司员工宗惠光。

二审审理中另查明：

（一）关于欧宝公司和特莱维公司之间关系的事实

工商档案表明，沈阳特莱维化妆品连锁有限责任公司（以下简称沈阳特莱维）成立于2000年3月15日，该公司由欧宝公司控股（持股96.67%），设立时的经办人为宗惠光。公司登记的处所系向沈阳丹菲专业护肤中心承租而来，该中心负责人为王振义。2005年12月23日，特莱维公司原法定代表人王作新代表欧宝公司与案外人张娥珍签订连锁加盟（特许）合同。2007年2月28日，霍静代表特莱维公司与世安建设集团有限公司（以下简称世安公司）签订关于特莱维国际花园项目施工的《补充协议》。2010年5月，魏亚丽经特莱维公司授权办理银行账户的开户，2011年9月又代表欧宝公司办理银行账户开户。两账户所留联系人均为魏亚丽，联系电话均为同一号码，与欧宝公司2010年6月10日提交辽宁高院的民事起诉状中所留特莱维公司联系电话相同。

2010年9月3日，欧宝公司向辽宁高院出具《回复函》称：同意提供位于上海市青浦区苏虹公路332号的面积12026.91平方米、价值2亿元的房产作为保全担保。欧宝公司庭审中承认，前述房产属于上海特莱维护肤品股份有限公司（以下简称上海特莱维）所有。上海特莱维成立于2002年12月9日，法定代表人为王作新，股东有王作新、翰皇公司的股东王阳、邹艳，欧宝公司的股东宗惠光、姜雯琪、王奇等人。王阳同时任上海特莱维董事，宗惠光任副董事长兼副总经理，王奇任副总经理，霍静任董事。

2011年4月20日，欧宝公司向辽宁高院申请执行（2010）辽民二初字第15号民事判决，该院当日立案执行。同年7月12日，欧宝公司向辽宁高院提交书面申请称："为尽快回笼资金，减少我公司损失，经与被执行人商定，我公司允许被执行人销售该项目的剩余房产，但必须由我公司指派财务人员收款，所销售的房款须存入我公司指定账户。"2011年9月6日，辽宁高院向东港市房地产管理处发出《协助执行通知书》，以相关查封房产已经给付申请执行人抵债为由，要求该处将前述房产直接过户登记到案外买受人名下。

欧宝公司申请执行后，除谢涛外，特莱维公司的其他债权人世安公司、江西临川建筑安装工程总公司、东港市前阳建筑安装工程总公司也先后以提交执行异议等形式，向辽宁高院反映欧宝公司与特莱维公司虚构债权进行虚假诉讼。

翰皇公司的清算组成员由王作新、王阳、姜雯琪担任，王作新为负责人；清算组在成立之日起10日内通知了所有债权人，并于2011年5月14日在《上海商报》上刊登了注销公告。2012年6月25日，王作新将翰皇公司所持特莱维公司股权中的1600万元转让于王阳，200万元转让于邹艳，并于2012年7月9日办理了工商变更登记。

沙琪公司的股东王振义和修桂芳分别是王作新的父亲和母亲；欧宝公司的股东王阁系王作新的哥哥王作鹏之女；王作新与王阳系兄妹关系。

（二）关于欧宝公司与案涉公司之间资金往来的事实

欧宝公司尾号为8115的账户（以下简称欧宝公司8115账户），2006年1月4日至2011年9月29日的交易明细显示，自2006年3月8日起，欧宝公司开始与特莱维公司互有资金往来。其中，2006年3月8日欧宝公司该账户汇给特莱维公司尾号为4891账户（以下简称特莱维公司4891账户）300万元，备注用途为借款，2006年6月12日转给特莱维公司801万元。2007年8月16日至23日从特莱维公司账户转入欧宝公司8115账户近70笔款项，备注用途多为货款。该账户自2006年1月4日至2011年9月29日与沙琪公司、沈阳特莱维、翰皇公司、上海特莱维均有大笔资金往来，用途多为货款或借款。

欧宝公司在中国建设银行东港支行开立的账户（尾号0357）2010年8月31日至2011年11月9日的交易明细显示：该账户2010年9月15日、9月17日由欧宝公司以现金形式分别存入168万元、100万元；2010年9月30日支付东港市安邦房地产开发有限公司工程款100万元；2010年9月30日自特莱维公司账户（尾号0549）转入100万元，2011年8月22日、8月30日、9月9日自特莱维公司账户分别转入欧宝公司该账户71.6985万元、51.4841万元、62.3495万元，2011年11月4日特莱维公司尾号为5555账户（以下简称特莱维公司5555账户）以法院扣款的名义转入该账户84.556787万元；2011年9月27日以“往来款”名义转入欧宝公司8115账户193.5万元，2011

年11月9日转入欧宝公司尾号4548账户（以下简称欧宝公司4548账户）157.995万元。

欧宝公司设立在中国工商银行上海青浦支行的账户（尾号5617）显示，2012年7月12日该账户以“借款”名义转入特莱维公司50万元。

欧宝公司在中国建设银行沈阳马路湾支行的4548账户2013年10月7日至2015年2月7日期间的交易明细显示，自2014年1月20日起，特莱维公司以“还款”名义转入该账户的资金，大部分又以“还款”名义转入王作鹏个人账户和上海特莱维的账户。

翰皇公司建设银行上海分行尾号为4917账户（以下简称翰皇公司4917账户）2006年1月5日至2009年1月14日的交易明细显示，特莱维公司4891账户2008年7月7日转入翰皇公司该账户605万元，同日翰皇公司又从该账户将同等数额的款项转入特莱维公司5555账户，但自翰皇公司打入特莱维公司账户的该笔款项计入了特莱维公司的借款数额，自特莱维公司打入翰皇公司的款项未计入该公司的还款数额。该账户同时间段还分别和欧宝公司、沙琪公司以“借款”“往来款”的名义进行资金转入和转出。

特莱维公司5555账户2006年6月7日至2015年9月21日的交易明细显示，2009年7月2日自该账户以“转账支取”的名义汇入欧宝公司的账户（尾号0801）600万元；自2011年11月4日起至2014年12月31日止，该账户转入欧宝公司资金达30多笔，最多的为2012年12月20日汇入欧宝公司4548账户的一笔达1800万元。此外，该账户还有多笔大额资金在2009年11月13日至2010年7月19日期间以“借款”的名义转入沙琪公司账户。

沙琪公司在中国光大银行沈阳和平支行的账户（尾号6312）2009年11月13日至2011年6月27日的交易明细显示，特莱维公司转入沙琪公司的资金，有的以“往来款”或者“借款”的名义转回特莱维公司的其他账户。例如，2009年11月13日自特莱维公司5555账户以“借款”的名义转入沙琪公司3800万元，2009年12月4日又以“往来款”的名义转回特莱维公司另外设立的尾号为8361账户（以下简称特莱维公司8361账户）3800万元；2010年2月3日自特莱维公司8361账户以“往来款”的名义转入沙琪公司账户的4827万元，同月10日又以“借款”的名义转入特莱维公司5555账户500万元，以“汇兑”名义转入特莱维公司4891账户1930万元，2010年3月31日沙琪公司又以“往来款”的名义转入特莱维公司8361账户1000万元，同年4月12日以系统内划款的名义转回特莱维公司8361账户1806万元。特莱维公司转入沙琪公司账户的资金有部分流入了沈阳特莱维的账户。例如，2010年5月6日以“借款”的名义转入沈阳特莱维1000万元，同年7月29日以“转款”的名义转入沈阳特莱维2272万元。此外，欧宝公司也以“往来款”的名义转入该账户部分资金。

欧宝公司和特莱维公司均承认，欧宝公司4548账户和在中国建设银行东港支行的账户（尾号0357）由王作新控制。

裁判结果

辽宁高院2011年3月21日作出（2010）辽民二初字第15号民事判决：特莱维公司于判决生效后10日内偿还欧宝公司借款本金8650万元及借款实际发生之日起至判决确定给付之日止的中国人民银行同期贷款利息。该判决发生法律效力后，因案外人谢涛提出申诉，辽宁高院于2012年1月4日作出（2012）辽立二民监字第8号民事裁定再审本案。辽宁高院经再审于2015年5月20日作出（2012）辽审二民再字第13号民事判决，驳回欧宝公司的诉讼请求。欧宝公司提起上诉，最高人民法院第二巡回法庭经审理于2015年10月27日作出（2015）民二终字第324号民事判决，认定本案属于虚假民事诉讼，驳回上诉，维持原判。同时作出罚款决定，对参与虚假诉讼的欧宝公司和特莱维公司各罚款50万元。

裁判理由

法院生效裁判认为，人民法院保护合法的借贷关系，同时对于恶意串通进行虚假诉讼意图损害他人合法权益的行为，应当依法制裁。本案争议的焦点问题有两个，一是欧宝公司与特莱维公司之间是否存在关联关系；二是欧宝公司和特莱维公司就争议的8650万元是否存在真实的借款关系。

一、欧宝公司与特莱维公司是否存在关联关系的问题

《中华人民共和国公司法》第二百一十七条[①]规定，关联关系，是指公司控股股东、实际控制人、董事、监事、高级管理人员与其直接或间接控制的企业之间的关系，以及可能导致公司利益转移的其他关系。可见，公司法所

① 对应《公司法》（2023年修订）第二百六十五条。

称的关联公司，既包括公司股东的相互交叉，也包括公司共同由第三人直接或者间接控制，或者股东之间、公司的实际控制人之间存在直系血亲、姻亲、共同投资等可能导致利益转移的其他关系。

本案中，曲叶丽为欧宝公司的控股股东，王作新是特莱维公司的原法定代表人，也是案涉合同签订时特莱维公司的控股股东翰皇公司的控股股东和法定代表人，王作新与曲叶丽系夫妻关系，说明欧宝公司与特莱维公司由夫妻二人控制。欧宝公司称两人已经离婚，却未提供民政部门的离婚登记或者人民法院的生效法律文书。虽然辽宁高院受理本案诉讼后，特莱维公司的法定代表人由王作新变更为姜雯琪，但王作新仍是特莱维公司的实际控制人。同时，欧宝公司股东兼法定代表人宗惠光、王奇等人，与特莱维公司的实际控制人王作新、法定代表人姜雯琪、目前的控股股东王阳共同投资设立了上海特莱维，说明欧宝公司的股东与特莱维公司的控股股东、实际控制人存在其他的共同利益关系。另外，沈阳特莱维是欧宝公司控股的公司，沙琪公司的股东是王作新的父亲和母亲。可见，欧宝公司与特莱维公司之间、前述两公司与沙琪公司、上海特莱维、沈阳特莱维之间均存在关联关系。

欧宝公司与特莱维公司及其他关联公司之间还存在人员混同的问题。首先，高管人员之间存在混同。姜雯琪既是欧宝公司的股东和董事，又是特莱维公司的法定代表人，同时还参与翰皇公司的清算。宗惠光既是欧宝公司的法定代表人，又是翰皇公司的工作人员，虽然欧宝公司称宗惠光自2008年5月即从翰皇公司辞职，但从上海市第一中级人民法院（2008）沪一中民三（商）终字第426号民事判决载明的事实看，该案2008年8月至12月审理期间，宗惠光仍以翰皇公司工作人员的身份参与诉讼。王奇既是欧宝公司的监事，又是上海特莱维的董事，还以该公司工作人员的身份代理相关行政诉讼。王阳既是特莱维公司的监事，又是上海特莱维的董事。王作新是特莱维公司原法定代表人、实际控制人，还曾先后代表欧宝公司、翰皇公司与案外第三人签订连锁加盟（特许）合同。其次，普通员工也存在混同。霍静是欧宝公司的工作人员，在本案中作为欧宝公司原一审诉讼的代理人，2007年2月23日代表特莱维公司与世安公司签订建设施工合同，又同时兼任上海特莱维的董事。崔秀芳是特莱维公司的会计，2010年1月7日代特莱维公司开立银行账户，2010年8月20日本案诉讼之后又代欧宝公司开立银行账户。欧宝公司当庭自述魏亚丽系特莱维公司的工作人员，2010 年 5 月魏亚丽经特莱维公司授权办理银行账户开户，2011 年 9 月诉讼之后又经欧宝公司授权办理该公司在中国建设银行沈阳马路湾支行的开户，且该银行账户的联系人为魏亚丽。刘静君是欧宝公司的工作人员，在本案原一审和执行程序中作为欧宝公司的代理人，2009 年 3 月 17 日又代特莱维公司办理企业登记等相关事项。刘洋以特莱维公司员工名义代理本案诉讼，又受王作新的指派代理上海特莱维的相关诉讼。

上述事实充分说明，欧宝公司、特莱维公司以及其他关联公司的人员之间并未严格区分，上述人员实际上服从王作新一人的指挥，根据不同的工作任务，随时转换为不同关联公司的工作人员。欧宝公司在上诉状中称，在 2007 年借款之初就派相关人员进驻特莱维公司，监督该公司对投资款的使用并协助工作，但早在欧宝公司所称的向特莱维公司转入首笔借款之前 5 个月，霍静即参与该公司的合同签订业务。而且从这些所谓的“派驻人员”在特莱维公司所起的作用看，上述人员参与了该公司的合同签订、财务管理到诉讼代理的全面工作，而不仅是监督工作，欧宝公司的辩解，不足为信。辽宁高院关于欧宝公司和特莱维公司系由王作新、曲叶丽夫妇控制之关联公司的认定，依据充分。

二、欧宝公司和特莱维公司就争议的 8650 万元是否存在真实借款关系的问题

根据《民事诉讼法解释》第九十条规定，当事人对自己提出的诉讼请求所依据的事实或者反驳对方诉讼请求所依据的事实，应当提供证据加以证明；当事人未能提供证据或者证据不足以证明其事实主张的，由负有举证证明责任的当事人承担不利的后果。第一百零八条规定：“对负有举证证明责任的当事人提供的证据，人民法院经审查并结合相关事实，确信待证事实的存在具有高度可能性的，应当认定该事实存在。对一方当事人为反驳负有举证责任的当事人所主张的事实而提供的证据，人民法院经审查并结合相关事实，认为待证事实真伪不明的，应当认定该事实不存在。”在当事人之间存在关联关系的情况下，为防止恶意串通提起虚假诉讼，损害他人合法权益，人民法院对其是否存在真实的借款法律关系，必须严格审查。

欧宝公司提起诉讼，要求特莱维公司偿还借款 8650 万元及利息，虽然提

供了借款合同及转款凭证，但其自述及提交的证据和其他在案证据之间存在无法消除的矛盾，当事人在诉讼前后的诸多言行违背常理，主要表现为以下7个方面：

第一，从借款合意形成过程来看，借款合同存在虚假的可能。欧宝公司和特莱维公司对借款法律关系的要约与承诺的细节事实陈述不清，尤其是作为债权人欧宝公司的法定代表人、自称是合同经办人的宗惠光，对所有借款合同的签订时间、地点、每一合同的己方及对方经办人等细节，语焉不详。案涉借款每一笔均为大额借款，当事人对所有合同的签订细节，甚至大致情形均陈述不清，于理不合。

第二，从借款的时间上看，当事人提交的证据前后矛盾。欧宝公司的自述及其提交的借款合同表明，欧宝公司自2007年7月开始与特莱维公司发生借款关系。向本院提起上诉后，其提交的自行委托形成的审计报告又载明，自2006年12月开始向特莱维公司借款，但从特莱维公司和欧宝公司的银行账户交易明细看，在2006年12月之前，仅欧宝公司8115账户就发生过两笔高达1100万元的转款，其中，2006年3月8日以“借款”名义转入特莱维公司账户300万元，同年6月12日转入801万元。

第三，从借款的数额上看，当事人的主张前后矛盾。欧宝公司起诉后，先主张自2007年7月起累计借款金额为5850万元，后在诉讼中又变更为8650万元，上诉时又称借款总额1.085亿元，主张的借款数额多次变化，但只能提供8650万元的借款合同。而谢涛当庭提交的银行转账凭证证明，在欧宝公司所称的1.085亿元借款之外，另有4400多万元的款项以“借款”名义打入特莱维公司账户。对此，欧宝公司自认，这些多出的款项是受王作新的请求帮忙转款，并非真实借款。该自认说明，欧宝公司在相关银行凭证上填写的款项用途极其随意。从本院调取的银行账户交易明细所载金额看，欧宝公司以借款名义转入特莱维公司账户的金额远远超出欧宝公司先后主张的上述金额。此外，还有其他多笔以“借款”名义转入特莱维公司账户的巨额资金，没有列入欧宝公司所主张的借款数额范围。

第四，从资金往来情况看，欧宝公司存在单向统计账户流出资金而不统计流入资金的问题。无论是案涉借款合同载明的借款期间，还是在此之前，甚至诉讼开始以后，欧宝公司和特莱维公司账户之间的资金往来，既有欧宝公司转入特莱维公司账户款项的情况，又有特莱维公司转入欧宝公司账户款项的情况，但欧宝公司只计算己方账户转出的借方金额，而对特莱维公司转入的贷方金额只字不提。

第五，从所有关联公司之间的转款情况看，存在双方或多方账户循环转款问题。如上所述，将欧宝公司、特莱维公司、翰皇公司、沙琪公司等公司之间的账户对照检查，存在特莱维公司将己方款项转入翰皇公司账户过桥欧宝公司账户后，又转回特莱维公司账户，造成虚增借款的现象。特莱维公司与其他关联公司之间的资金往来也存在此种情况。

第六，从借款的用途看，与合同约定相悖。借款合同第二条约定，借款限用于特莱维国际花园房地产项目，但是案涉款项转入特莱维公司账户后，该公司随即将大部分款项以“借款”“还款”等名义分别转给翰皇公司和沙琪公司，最终又流向欧宝公司和欧宝公司控股的沈阳特莱维。至于欧宝公司辩称，特莱维公司将款项打入翰皇公司是偿还对翰皇公司借款的辩解，由于其提供的翰皇公司和特莱维公司之间的借款数额与两公司银行账户交易的实际数额互相矛盾，且从流向上看大部分又流回了欧宝公司或者其控股的公司，其辩解不足为凭。

第七，从欧宝公司和特莱维公司及其关联公司在诉讼和执行中的行为来看，与日常经验相悖。欧宝公司提起诉讼后，仍与特莱维公司互相转款；特莱维公司不断向欧宝公司账户转入巨额款项，但在诉讼和执行程序中却未就还款金额对欧宝公司的请求提出任何抗辩；欧宝公司向辽宁高院申请财产保全，特莱维公司的股东王阳却以其所有的房产为本应是利益对立方的欧宝公司提供担保；欧宝公司在原一审诉讼中另外提供担保的上海市青浦区房产的所有权，竟然属于王作新任法定代表人的上海特莱维；欧宝公司和特莱维公司当庭自认，欧宝公司开立在中国建设银行东港支行、中国建设银行沈阳马路湾支行的银行账户都由王作新控制。

对上述矛盾和违反常理之处，欧宝公司与特莱维公司均未作出合理解释。由此可见，欧宝公司没有提供足够的证据证明其就案涉争议款项与特莱维公司之间存在真实的借贷关系。且从调取的欧宝公司、特莱维公司及其关联公司账户的交易明细发现，欧宝公司、特莱维公司以及其他关联公司之间、同一公司的不同账户之间随意转款，款项用途随意填写。结合在案其他证据，法院确信，欧宝公司诉请之债权系截取其与特莱维公司之间的往来款项虚构而成，其以虚构债权为基础请求特莱维公司返还 8650 万元借款及利息的请求不应支持。据此，辽宁高院再审判决驳回其诉讼请求并无不当。

至于欧宝公司与特莱维公司提起本案诉讼是否存在恶意串通损害他人合法权益的问题。首先，无论欧宝公司，还是特莱维公司，对特莱维公司与一审申诉人谢涛及其他债权人的债权债务关系是明知的。从案涉判决执行的过程看，欧宝公司申请执行之后，对查封的房产不同意法院拍卖，而是继续允许该公司销售，特莱维公司每销售一套，欧宝公司即申请法院解封一套。在接受法院当庭询问时，欧宝公司对特莱维公司销售了多少查封房产，偿还了多少债务陈述不清，表明其提起本案诉讼并非为实现债权，而是通过司法程序进行保护性查封以阻止其他债权人对特莱维公司财产的受偿。虚构债权，恶意串通，损害他人合法权益的目的明显。其次，从欧宝公司与特莱维公司人员混同、银行账户同为王作新控制的事实可知，两公司同属一人，均已失去公司法人所具有的独立人格。《民事诉讼法》第一百一十二条[①]规定："当事人之间恶意串通，企图通过诉讼、调解等方式侵害他人合法权益的，人民法院应当驳回其请求，并根据情节轻重予以罚款、拘留；构成犯罪的，依法追究刑事责任。"一审申诉人谢涛认为欧宝公司与特莱维公司之间恶意串通提起虚假诉讼损害其合法权益的意见，以及对有关当事人和相关责任人进行制裁的请求，于法有据，应予支持。

敦煌某种苗公司诉某种苗公司、某兵团侵害植物新品种权纠纷案

——未邀请有关专业技术人员协助保全的证据能否被采信

裁判要旨

邀请相关专业技术人员参与田间取样并非法院证据保全的必经程序，不能以未邀请有关专业技术人员协助取样为由简单地否定证据保全的效力。

① 对应《民事诉讼法》（2023 年修正）第一百一十五条。

三亚某开发有限公司诉海南某房地产投资顾问有限公司申请财产保全损害责任纠纷案

——申请保全系为了确保仲裁利益得到实现且保全行为适当的，不属于保全申请有错误

裁判要旨

1. 保全申请有错误的，申请人应当赔偿被申请人因保全所遭受的损失。申请人申请保全的目的系为了确保仲裁利益得到实现且保全行为适当的，不属于保全申请有错误。

2. 被申请人未举证证明申请人申请保全错误并造成其损失的，应承担举证不能的后果。

某公司诉某保险公司财产保险合同纠纷案

——被保险人财产损失已经由政府予以补偿的，不得要求保险公司重复赔偿以获得额外收益

裁判要旨

在保险公司向被保险人部分赔付后，当地政府收回了被保险人的土地，并支付被保险人土地综合补偿。补偿数额包括土地使用权和地上物补偿等，其中地上物补偿是以保险标的全损为依据计算赔付的，该地上物补偿款和保险公司赔付数额已经足以弥补被保险人的损失。如准许保险公司继续支付保险赔偿金，则超出其保险标的价值，也不符合保险法的填补损害的基本原则，被保险人不能因损失而获得额外收益。

浙江某公司诉郑州某公司、河南某公司、成都某公司侵害发明专利权纠纷案

——依申请保全证据的考虑因素

裁判要旨

对于证据保全申请，人民法院应当综合考虑申请证据保全所依据的初步证据与拟证明的案件事实之间的关联性、证据保全的必要性和可行性等因素作出判断。证据保全必要性可以考虑申请保全的证据是否与案件事实存在关联性、申请保全的证据是否存在灭失风险或者以后难以取得，以及申请人是否已经穷尽了合理合法的取证手段等因素。

周某诉无锡某机械设备制造有限公司侵害发明专利权纠纷案

——证据保全语境下证据妨碍排除规则的理解与适用

裁判要旨

在侵害专利权纠纷案件中，被诉侵权人擅自转移、处分人民法院已经依法采取证据保全措施的被诉侵权产品，致使有关侵权事实无法查明的，构成对诚信诉讼原则的违反，据此可以推定被诉侵权产品落入涉案专利权的保护范围，并可以对被诉侵权人采取罚款等民事强制措施。

莆田市某设备有限公司诉莆田市某自动化科技有限公司侵害实用新型专利权纠纷案

——专利侵权诉讼中的非法证据认定

裁判要旨

侵害专利权纠纷案件中，被诉侵权人主张专利权利人构成《民事诉讼法解释》第一百零六条规定的以违法方式取证的，可以结合专利权利人是否并无其他更为合适的取证途径、证据是否存在可能灭失的紧急情况、证据是否属于专利权救济的关键证据、他人权益因取证行为的受损是否明显小于专利权利人因取证行为的获益等因素综合判断。

四川某科技有限公司诉成都某信息科技有限公司技术合同纠纷案

——当事人申请鉴定的事项或者调查收集的证据需与待证事实相关、对证明待证事实有意义或者具有调查收集之必要

裁判要旨

当事人申请人民法院委托鉴定或者调查收集证据，需要经过人民法院准许，申请鉴定的事项或者申请调查收集的证据，与待证事实无关联、对证明待证事实无意义或者其他无调查收集必要的，人民法院不予准许。

巢湖市某租赁公司与江西某建筑公司租赁合同纠纷案

——法院依职权收集的证据未经庭审质证不得作为裁判依据

裁判要旨

人民法院依职权收集的证据，必须经当事人庭审质证，保障当事人行使辩论的权利；对当事人没有主张、没有经过辩论的事实，人民法院如果依职权探知并径行认定，必然会造成对当事人辩论权利的剥夺。

甲阿胶股份有限公司诉山东乙阿胶股份有限公司、济南某文化用品有限公司商标权权属、侵权纠纷及仿冒纠纷案

——刑民交叉侵害商标权案件中依申请调查取证的必要性

裁判要旨

在刑民交叉侵害商标权案件中，如果刑事案件的有关情况系审理民事案件需要的主要证据，在当事人因客观原因不能自行收集该证据的情况下，人民法院应当依当事人书面申请进行调查取证。

曾某诉杨某、伦某、佛山某公司追偿权纠纷案

——债权人被刑事羁押构成诉讼时效中止的事由

裁判要旨

在诉讼时效期间届满前6个月，债权人及配偶因涉嫌经济犯罪同时被刑事拘留、逮捕，在被羁押期间，债权人有难以查阅案涉资料，对外难以联络，难以主张权利和收集证据，客观上存在障碍的情形，属于法律规定的“其他导致权利人不能行使请求权的障碍”，故应认定诉讼时效中止。

卢某某诉范某某财产损害赔偿纠纷案

——无人机喷洒农药“误伤”农田，农户有权请求赔偿

裁判要旨

侵权行为人因过错侵害他人民事权益造成损害的，应当承担侵权责任。基于农作物生长采收的季节性客观特征以及当事人收集保存证据的主观因素，人民法院认定损失数额时，应结合原告举证、勘察走访情况、行业相关部门的鉴定报告等进行综合认定。

梁某诉某水泥公司环境污染责任纠纷案

——环保部门及其委托部门在其职权范围内
作出行政文书可以作为人民法院审理民事环境污染案件的证据

裁判要旨

环境污染具有易逝性、扩散性，污染事件发生后，必须尽快收集、固定相关证据。环境保护行政主管部门依职权或应当事人申请对污染者、污染物、排污设备、环境介质等进行查封、扣押、记录、检测、处罚，形成的行政文书有助于人民法院准确认定案件事实。人民法院对负有环境保护监督管理职责的部门或者其委托的机构出具的环境污染事件调查报告，经当事人质证后，可以作为认定案件事实的根据。

许某某诉谢某某民间借贷纠纷案

——本证证据应达到使法官内心确信达到高度可能性的程度才能被视为完成证明责任，而反证证据只需动摇法官对于本证所形成的内心确信，使待证事实处于真伪不明状态即可

裁判要旨

法律对本证与反证的证明程度要求不同，本证证据应达到使法官内心确信达到高度可能性的程度才能被视为完成证明责任，而反证证据只需动摇法官对于本证所形成的内心确信，使待证事实处于真伪不明状态即可。

立某润海公司诉某区财政局保证合同纠纷案

——对负有举证证明责任的当事人提供的证据应当符合高度盖然性的证明标准

裁判要旨

根据《民事诉讼法解释》第一百零八条规定，对于证明案件事实的证据，需到达确信待证事实的存在具有高度可能性之标准。在双方当事人对同一事实分别举出相反的证据，但都没有足够的依据否定对方证据的情况下，人民法院应根据证据的“三性”即证据的真实性、关联性和其来源的合法性，判断证据证明力大小。通过综合审核认定证据与案件事实之间的关联程度、证据之间的相互关系等，确保作为认定案件事实的证据之间能够相互衔接、印证。

湘潭市某某公司诉广东某某公司建设工程合同纠纷案

——再审申请人在原审中拒不提交证据的民事制裁

裁判要旨

当事人在一、二审经法院释明拒不提交相关证据，后又以新证据为由申请再审，导致案件改判的，应当按照《民事诉讼法》有关规定，对其证据予以采信的同时，对其再审才提交证据的行为给予民事制裁。

第四部分　法答网精选问答

商标权纠纷案件中，法院在审查被告所提合法来源抗辩是否成立时应当把握何种标准？

答疑意见：合法来源抗辩是侵害商标权案件中的常见抗辩事由，《商标法》第六十四条第二款对此有相应规定。司法实践中，判断合法来源抗辩是否成立，应当从主、客观两方面进行审查。客观方面须审查被诉侵权商品是否由销售者、使用者合法取得，主观方面须审查销售者、使用者是否不知道或不应当知道被诉侵权商品构成侵权。主、客观要件相互联系，不可分割，且客观要件的审查对于认定主观要件是否成立具有重要意义。最高人民法院曾在“纳益其尔”商标侵权系列案中【（2022）最高法民再274、275、276、277、278号】明确了合法来源抗辩主客观要件需要考量的因素。具体而言，对于客观要件方面的审查，应当综合考虑销售者所处的市场地位、权利人维权成本以及市场交易习惯等因素，对销售者的举证责任作出合理要求。对于在市场经营活动中处于较弱地位的个体零售经营者，考虑到其通常采取的交易方式较为灵活，专业程度不高等因素，不宜过于苛求其证据形式要件的完备，只要其提供的证据符合一般交易习惯，能够指明被诉侵权商品供货商的真实身份信息，以及系通过合法购货渠道和合理价格购入，就应当认为该销售者已经尽到举证责任。对于主观要件方面的审查，应当从审查被诉侵权商品合法来源的证据着手，结合销售者的经营规模、专业程度、市场交易习惯等进行综合判断。销售者提供的合法来源证据与其注意义务程度相当的，可以推定其主观上不知道也不应当知道所销售的系侵权商品。

咨询人：北京市高级人民法院民三庭　姜琨琨

答疑专家：最高人民法院民三庭　晏　景

第五部分　相关规定

一、相关法律

中华人民共和国民事诉讼法（节录）

（1991年4月9日第七届全国人民代表大会第四次会议通过　根据2007年10月28日第十届全国人民代表大会常务委员会第三十次会议《关于修改〈中华人民共和国民事诉讼法〉的决定》第一次修正　根据2012年8月31日第十一届全国人民代表大会常务委员会第二十八次会议《关于修改〈中华人民共和国民事诉讼法〉的决定》第二次修正　根据2017年6月27日第十二届全国人民代表大会常务委员会第二十八次会议《关于修改〈中华人民共和国民事诉讼法〉和〈中华人民共和国行政诉讼法〉的决定》第三次修正　根据2021年12月24日第十三届全国人民代表大会常务委员会第三十二次会议《关于修改〈中华人民共和国民事诉讼法〉的决定》第四次修正　根据2023年9月1日第十四届全国人民代表大会常务委员会第五次会议《关于修改〈中华人民共和国民事诉讼法〉的决定》第五次修正）

第六章　证　据

第六十六条　证据包括：

（一）当事人的陈述；

（二）书证；

（三）物证；

（四）视听资料；

（五）电子数据；

（六）证人证言；

（七）鉴定意见；

（八）勘验笔录。

证据必须查证属实，才能作为认定事实的根据。

第六十七条 当事人对自己提出的主张，有责任提供证据。

当事人及其诉讼代理人因客观原因不能自行收集的证据，或者人民法院认为审理案件需要的证据，人民法院应当调查收集。

人民法院应当按照法定程序，全面地、客观地审查核实证据。

第六十八条 当事人对自己提出的主张应当及时提供证据。

人民法院根据当事人的主张和案件审理情况，确定当事人应当提供的证据及其期限。当事人在该期限内提供证据确有困难的，可以向人民法院申请延长期限，人民法院根据当事人的申请适当延长。当事人逾期提供证据的，人民法院应当责令其说明理由；拒不说明理由或者理由不成立的，人民法院根据不同情形可以不予采纳该证据，或者采纳该证据但予以训诫、罚款。

第六十九条 人民法院收到当事人提交的证据材料，应当出具收据，写明证据名称、页数、份数、原件或者复印件以及收到时间等，并由经办人员签名或者盖章。

第七十条 人民法院有权向有关单位和个人调查取证，有关单位和个人不得拒绝。

人民法院对有关单位和个人提出的证明文书，应当辨别真伪，审查确定其效力。

第七十一条 证据应当在法庭上出示，并由当事人互相质证。对涉及国家秘密、商业秘密和个人隐私的证据应当保密，需要在法庭出示的，不得在公开开庭时出示。

第七十二条 经过法定程序公证证明的法律事实和文书，人民法院应当作为认定事实的根据，但有相反证据足以推翻公证证明的除外。

第七十三条 书证应当提交原件。物证应当提交原物。提交原件或者原物确有困难的，可以提交复制品、照片、副本、节录本。

提交外文书证，必须附有中文译本。

第七十四条　人民法院对视听资料，应当辨别真伪，并结合本案的其他证据，审查确定能否作为认定事实的根据。

第七十五条　凡是知道案件情况的单位和个人，都有义务出庭作证。有关单位的负责人应当支持证人作证。

不能正确表达意思的人，不能作证。

第七十六条　经人民法院通知，证人应当出庭作证。有下列情形之一的，经人民法院许可，可以通过书面证言、视听传输技术或者视听资料等方式作证：

（一）因健康原因不能出庭的；

（二）因路途遥远，交通不便不能出庭的；

（三）因自然灾害等不可抗力不能出庭的；

（四）其他有正当理由不能出庭的。

第七十七条　证人因履行出庭作证义务而支出的交通、住宿、就餐等必要费用以及误工损失，由败诉一方当事人负担。当事人申请证人作证的，由该当事人先行垫付；当事人没有申请，人民法院通知证人作证的，由人民法院先行垫付。

第七十八条　人民法院对当事人的陈述，应当结合本案的其他证据，审查确定能否作为认定事实的根据。

当事人拒绝陈述的，不影响人民法院根据证据认定案件事实。

第七十九条　当事人可以就查明事实的专门性问题向人民法院申请鉴定。当事人申请鉴定的，由双方当事人协商确定具备资格的鉴定人；协商不成的，由人民法院指定。

当事人未申请鉴定，人民法院对专门性问题认为需要鉴定的，应当委托具备资格的鉴定人进行鉴定。

第八十条　鉴定人有权了解进行鉴定所需要的案件材料，必要时可以询问当事人、证人。

鉴定人应当提出书面鉴定意见，在鉴定书上签名或者盖章。

第八十一条　当事人对鉴定意见有异议或者人民法院认为鉴定人有必要出庭的，鉴定人应当出庭作证。经人民法院通知，鉴定人拒不出庭作证的，鉴定意见不得作为认定事实的根据；支付鉴定费用的当事人可以要求返还鉴定费用。

第八十二条 当事人可以申请人民法院通知有专门知识的人出庭，就鉴定人作出的鉴定意见或者专业问题提出意见。

第八十三条 勘验物证或者现场，勘验人必须出示人民法院的证件，并邀请当地基层组织或者当事人所在单位派人参加。当事人或者当事人的成年家属应当到场，拒不到场的，不影响勘验的进行。

有关单位和个人根据人民法院的通知，有义务保护现场，协助勘验工作。

勘验人应当将勘验情况和结果制作笔录，由勘验人、当事人和被邀参加人签名或者盖章。

第八十四条 在证据可能灭失或者以后难以取得的情况下，当事人可以在诉讼过程中向人民法院申请保全证据，人民法院也可以主动采取保全措施。

因情况紧急，在证据可能灭失或者以后难以取得的情况下，利害关系人可以在提起诉讼或者申请仲裁前向证据所在地、被申请人住所地或者对案件有管辖权的人民法院申请保全证据。

证据保全的其他程序，参照适用本法第九章保全的有关规定。

中华人民共和国电子签名法

（2004年8月28日第十届全国人民代表大会常务委员会第十一次会议通过
根据2015年4月24日第十二届全国人民代表大会常务委员会第十四次会议《关于修改〈中华人民共和国电力法〉等六部法律的决定》第一次修正
根据2019年4月23日第十三届全国人民代表大会常务委员会第十次会议《关于修改〈中华人民共和国建筑法〉等八部法律的决定》第二次修正）

目　录

第一章　总　则

第一条　为了规范电子签名行为，确立电子签名的法律效力，维护有关各方的合法权益，制定本法。

第二条　本法所称电子签名，是指数据电文中以电子形式所含、所附用于识别签名人身份并表明签名人认可其中内容的数据。

本法所称数据电文，是指以电子、光学、磁或者类似手段生成、发送、接收或者储存的信息。

第三条　民事活动中的合同或者其他文件、单证等文书，当事人可以约定使用或者不使用电子签名、数据电文。

当事人约定使用电子签名、数据电文的文书，不得仅因为其采用电子签名、数据电文的形式而否定其法律效力。

前款规定不适用下列文书：

（一）涉及婚姻、收养、继承等人身关系的；

（二）涉及停止供水、供热、供气等公用事业服务的；

（三）法律、行政法规规定的不适用电子文书的其他情形。

第二章　数据电文

第四条　能够有形地表现所载内容，并可以随时调取查用的数据电文，视为符合法律、法规要求的书面形式。

第五条　符合下列条件的数据电文，视为满足法律、法规规定的原件形式要求：

（一）能够有效地表现所载内容并可供随时调取查用；

（二）能够可靠地保证自最终形成时起，内容保持完整、未被更改。但是，在数据电文上增加背书以及数据交换、储存和显示过程中发生的形式变化不影响数据电文的完整性。

第六条　符合下列条件的数据电文，视为满足法律、法规规定的文件保存要求：

（一）能够有效地表现所载内容并可供随时调取查用；

（二）数据电文的格式与其生成、发送或者接收时的格式相同，或者格式不相同但是能够准确表现原来生成、发送或者接收的内容；

（三）能够识别数据电文的发件人、收件人以及发送、接收的时间。

第七条 数据电文不得仅因为其是以电子、光学、磁或者类似手段生成、发送、接收或者储存的而被拒绝作为证据使用。

第八条 审查数据电文作为证据的真实性，应当考虑以下因素：

（一）生成、储存或者传递数据电文方法的可靠性；

（二）保持内容完整性方法的可靠性；

（三）用以鉴别发件人方法的可靠性；

（四）其他相关因素。

第九条 数据电文有下列情形之一的，视为发件人发送：

（一）经发件人授权发送的；

（二）发件人的信息系统自动发送的；

（三）收件人按照发件人认可的方法对数据电文进行验证后结果相符的。

当事人对前款规定的事项另有约定的，从其约定。

第十条 法律、行政法规规定或者当事人约定数据电文需要确认收讫的，应当确认收讫。发件人收到收件人的收讫确认时，数据电文视为已经收到。

第十一条 数据电文进入发件人控制之外的某个信息系统的时间，视为该数据电文的发送时间。

收件人指定特定系统接收数据电文的，数据电文进入该特定系统的时间，视为该数据电文的接收时间；未指定特定系统的，数据电文进入收件人的任何系统的首次时间，视为该数据电文的接收时间。

当事人对数据电文的发送时间、接收时间另有约定的，从其约定。

第十二条 发件人的主营业地为数据电文的发送地点，收件人的主营业地为数据电文的接收地点。没有主营业地的，其经常居住地为发送或者接收地点。

当事人对数据电文的发送地点、接收地点另有约定的，从其约定。

第三章　电子签名与认证

第十三条　电子签名同时符合下列条件的，视为可靠的电子签名：

（一）电子签名制作数据用于电子签名时，属于电子签名人专有；

（二）签署时电子签名制作数据仅由电子签名人控制；

（三）签署后对电子签名的任何改动能够被发现；

（四）签署后对数据电文内容和形式的任何改动能够被发现。

当事人也可以选择使用符合其约定的可靠条件的电子签名。

第十四条　可靠的电子签名与手写签名或者盖章具有同等的法律效力。

第十五条　电子签名人应当妥善保管电子签名制作数据。电子签名人知悉电子签名制作数据已经失密或者可能已经失密时，应当及时告知有关各方，并终止使用该电子签名制作数据。

第十六条　电子签名需要第三方认证的，由依法设立的电子认证服务提供者提供认证服务。

第十七条　提供电子认证服务，应当具备下列条件：

（一）取得企业法人资格；

（二）具有与提供电子认证服务相适应的专业技术人员和管理人员；

（三）具有与提供电子认证服务相适应的资金和经营场所；

（四）具有符合国家安全标准的技术和设备；

（五）具有国家密码管理机构同意使用密码的证明文件；

（六）法律、行政法规规定的其他条件。

第十八条　从事电子认证服务，应当向国务院信息产业主管部门提出申请，并提交符合本法第十七条规定条件的相关材料。国务院信息产业主管部门接到申请后经依法审查，征求国务院商务主管部门等有关部门的意见后，自接到申请之日起四十五日内作出许可或者不予许可的决定。予以许可的，颁发电子认证许可证书；不予许可的，应当书面通知申请人并告知理由。

取得认证资格的电子认证服务提供者，应当按照国务院信息产业主管部门的规定在互联网上公布其名称、许可证号等信息。

第十九条　电子认证服务提供者应当制定、公布符合国家有关规定的电子认证业务规则，并向国务院信息产业主管部门备案。

电子认证业务规则应当包括责任范围、作业操作规范、信息安全保障措施等事项。

第二十条 电子签名人向电子认证服务提供者申请电子签名认证证书，应当提供真实、完整和准确的信息。

电子认证服务提供者收到电子签名认证证书申请后，应当对申请人的身份进行查验，并对有关材料进行审查。

第二十一条 电子认证服务提供者签发的电子签名认证证书应当准确无误，并应当载明下列内容：

（一）电子认证服务提供者名称；

（二）证书持有人名称；

（三）证书序列号；

（四）证书有效期；

（五）证书持有人的电子签名验证数据；

（六）电子认证服务提供者的电子签名；

（七）国务院信息产业主管部门规定的其他内容。

第二十二条 电子认证服务提供者应当保证电子签名认证证书内容在有效期内完整、准确，并保证电子签名依赖方能够证实或者了解电子签名认证证书所载内容及其他有关事项。

第二十三条 电子认证服务提供者拟暂停或者终止电子认证服务的，应当在暂停或者终止服务九十日前，就业务承接及其他有关事项通知有关各方。

电子认证服务提供者拟暂停或者终止电子认证服务的，应当在暂停或者终止服务六十日前向国务院信息产业主管部门报告，并与其他电子认证服务提供者就业务承接进行协商，作出妥善安排。

电子认证服务提供者未能就业务承接事项与其他电子认证服务提供者达成协议的，应当申请国务院信息产业主管部门安排其他电子认证服务提供者承接其业务。

电子认证服务提供者被依法吊销电子认证许可证书的，其业务承接事项的处理按照国务院信息产业主管部门的规定执行。

第二十四条 电子认证服务提供者应当妥善保存与认证相关的信息，信息保存期限至少为电子签名认证证书失效后五年。

第二十五条　国务院信息产业主管部门依照本法制定电子认证服务业的具体管理办法，对电子认证服务提供者依法实施监督管理。

第二十六条　经国务院信息产业主管部门根据有关协议或者对等原则核准后，中华人民共和国境外的电子认证服务提供者在境外签发的电子签名认证证书与依照本法设立的电子认证服务提供者签发的电子签名认证证书具有同等的法律效力。

第四章　法律责任

第二十七条　电子签名人知悉电子签名制作数据已经失密或者可能已经失密未及时告知有关各方、并终止使用电子签名制作数据，未向电子认证服务提供者提供真实、完整和准确的信息，或者有其他过错，给电子签名依赖方、电子认证服务提供者造成损失的，承担赔偿责任。

第二十八条　电子签名人或者电子签名依赖方因依据电子认证服务提供者提供的电子签名认证服务从事民事活动遭受损失，电子认证服务提供者不能证明自己无过错的，承担赔偿责任。

第二十九条　未经许可提供电子认证服务的，由国务院信息产业主管部门责令停止违法行为；有违法所得的，没收违法所得；违法所得三十万元以上的，处违法所得一倍以上三倍以下的罚款；没有违法所得或者违法所得不足三十万元的，处十万元以上三十万元以下的罚款。

第三十条　电子认证服务提供者暂停或者终止电子认证服务，未在暂停或者终止服务六十日前向国务院信息产业主管部门报告的，由国务院信息产业主管部门对其直接负责的主管人员处一万元以上五万元以下的罚款。

第三十一条　电子认证服务提供者不遵守认证业务规则、未妥善保存与认证相关的信息，或者有其他违法行为的，由国务院信息产业主管部门责令限期改正；逾期未改正的，吊销电子认证许可证书，其直接负责的主管人员和其他直接责任人员十年内不得从事电子认证服务。吊销电子认证许可证书的，应当予以公告并通知工商行政管理部门。

第三十二条　伪造、冒用、盗用他人的电子签名，构成犯罪的，依法追究刑事责任；给他人造成损失的，依法承担民事责任。

第三十三条　依照本法负责电子认证服务业监督管理工作的部门的工作

人员，不依法履行行政许可、监督管理职责的，依法给予行政处分；构成犯罪的，依法追究刑事责任。

第五章　附　则

第三十四条　本法中下列用语的含义：

（一）电子签名人，是指持有电子签名制作数据并以本人身份或者以其所代表的人的名义实施电子签名的人；

（二）电子签名依赖方，是指基于对电子签名认证证书或者电子签名的信赖从事有关活动的人；

（三）电子签名认证证书，是指可证实电子签名人与电子签名制作数据有联系的数据电文或者其他电子记录；

（四）电子签名制作数据，是指在电子签名过程中使用的，将电子签名与电子签名人可靠地联系起来的字符、编码等数据；

（五）电子签名验证数据，是指用于验证电子签名的数据，包括代码、口令、算法或者公钥等。

第三十五条　国务院或者国务院规定的部门可以依据本法制定政务活动和其他社会活动中使用电子签名、数据电文的具体办法。

第三十六条　本法自 2005 年 4 月 1 日起施行。

全国人民代表大会常务委员会
关于司法鉴定管理问题的决定

（2005 年 2 月 28 日第十届全国人民代表大会常务委员会第十四次会议通过
根据 2015 年 4 月 24 日第十二届全国人民代表大会常务委员会
第十四次会议全国人民代表大会常务委员会《关于修改
〈中华人民共和国义务教育法〉等五部法律的决定》修正）

为了加强对鉴定人和鉴定机构的管理，适应司法机关和公民、组织进行诉讼的需要，保障诉讼活动的顺利进行，特作如下决定：

一、司法鉴定是指在诉讼活动中鉴定人运用科学技术或者专门知识对诉讼涉及的专门性问题进行鉴别和判断并提供鉴定意见的活动。

二、国家对从事下列司法鉴定业务的鉴定人和鉴定机构实行登记管理制度：

（一）法医类鉴定；

（二）物证类鉴定；

（三）声像资料鉴定；

（四）根据诉讼需要由国务院司法行政部门商最高人民法院、最高人民检察院确定的其他应当对鉴定人和鉴定机构实行登记管理的鉴定事项。

法律对前款规定事项的鉴定人和鉴定机构的管理另有规定的，从其规定。

三、国务院司法行政部门主管全国鉴定人和鉴定机构的登记管理工作。省级人民政府司法行政部门依照本决定的规定，负责对鉴定人和鉴定机构的登记、名册编制和公告。

四、具备下列条件之一的人员，可以申请登记从事司法鉴定业务：

（一）具有与所申请从事的司法鉴定业务相关的高级专业技术职称；

（二）具有与所申请从事的司法鉴定业务相关的专业执业资格或者高等院校相关专业本科以上学历，从事相关工作五年以上；

（三）具有与所申请从事的司法鉴定业务相关工作十年以上经历，具有较强的专业技能。

因故意犯罪或者职务过失犯罪受过刑事处罚的，受过开除公职处分的，以及被撤销鉴定人登记的人员，不得从事司法鉴定业务。

五、法人或者其他组织申请从事司法鉴定业务的，应当具备下列条件：

（一）有明确的业务范围；

（二）有在业务范围内进行司法鉴定所必需的仪器、设备；

（三）有在业务范围内进行司法鉴定所必需的依法通过计量认证或者实验室认可的检测实验室；

（四）每项司法鉴定业务有三名以上鉴定人。

六、申请从事司法鉴定业务的个人、法人或者其他组织，由省级人民政府司法行政部门审核，对符合条件的予以登记，编入鉴定人和鉴定机构名册并公告。

省级人民政府司法行政部门应当根据鉴定人或者鉴定机构的增加和撤销登记情况，定期更新所编制的鉴定人和鉴定机构名册并公告。

七、侦查机关根据侦查工作的需要设立的鉴定机构，不得面向社会接受委托从事司法鉴定业务。

人民法院和司法行政部门不得设立鉴定机构。

八、各鉴定机构之间没有隶属关系；鉴定机构接受委托从事司法鉴定业务，不受地域范围的限制。

鉴定人应当在一个鉴定机构中从事司法鉴定业务。

九、在诉讼中，对本决定第二条所规定的鉴定事项发生争议，需要鉴定的，应当委托列入鉴定人名册的鉴定人进行鉴定。鉴定人从事司法鉴定业务，由所在的鉴定机构统一接受委托。

鉴定人和鉴定机构应当在鉴定人和鉴定机构名册注明的业务范围内从事司法鉴定业务。

鉴定人应当依照诉讼法律规定实行回避。

十、司法鉴定实行鉴定人负责制度。鉴定人应当独立进行鉴定，对鉴定意见负责并在鉴定书上签名或者盖章。多人参加的鉴定，对鉴定意见有不同意见的，应当注明。

十一、在诉讼中，当事人对鉴定意见有异议的，经人民法院依法通知，鉴定人应当出庭作证。

十二、鉴定人和鉴定机构从事司法鉴定业务，应当遵守法律、法规，遵守职业道德和职业纪律，尊重科学，遵守技术操作规范。

十三、鉴定人或者鉴定机构有违反本决定规定行为的，由省级人民政府司法行政部门予以警告，责令改正。

鉴定人或者鉴定机构有下列情形之一的，由省级人民政府司法行政部门给予停止从事司法鉴定业务三个月以上一年以下的处罚；情节严重的，撤销登记：

（一）因严重不负责任给当事人合法权益造成重大损失的；

（二）提供虚假证明文件或者采取其他欺诈手段，骗取登记的；

（三）经人民法院依法通知，拒绝出庭作证的；

（四）法律、行政法规规定的其他情形。

鉴定人故意作虚假鉴定，构成犯罪的，依法追究刑事责任；尚不构成犯罪的，依照前款规定处罚。

十四、司法行政部门在鉴定人和鉴定机构的登记管理工作中，应当严格依法办事，积极推进司法鉴定的规范化、法制化。对于滥用职权、玩忽职守，造成严重后果的直接责任人员，应当追究相应的法律责任。

十五、司法鉴定的收费标准由省、自治区、直辖市人民政府价格主管部门会同同级司法行政部门制定。

十六、对鉴定人和鉴定机构进行登记、名册编制和公告的具体办法，由国务院司法行政部门制定，报国务院批准。

十七、本决定下列用语的含义是：

（一）法医类鉴定，包括法医病理鉴定、法医临床鉴定、法医精神病鉴定、法医物证鉴定和法医毒物鉴定。

（二）物证类鉴定，包括文书鉴定、痕迹鉴定和微量鉴定。

（三）声像资料鉴定，包括对录音带、录像带、磁盘、光盘、图片等载体上记录的声音、图像信息的真实性、完整性及其所反映的情况过程进行的鉴定和对记录的声音、图像中的语言、人体、物体作出种类或者同一认定。

十八、本决定自 2005 年 10 月 1 日起施行。

二、相关司法解释、司法文件

最高人民法院
关于适用《中华人民共和国民事诉讼法》的解释（节录）

（2014年12月18日最高人民法院审判委员会第1636次会议通过　根据2020年12月23日最高人民法院审判委员会第1823次会议通过的《最高人民法院关于修改〈最高人民法院关于人民法院民事调解工作若干问题的规定〉等十九件民事诉讼类司法解释的决定》第一次修正　根据2022年3月22日最高人民法院审判委员会第1866次会议通过的《最高人民法院关于修改〈最高人民法院关于适用《中华人民共和国民事诉讼法》的解释〉的决定》第二次修正　该修正自2022年4月10日起施行）

四、证　据

第九十条　当事人对自己提出的诉讼请求所依据的事实或者反驳对方诉讼请求所依据的事实，应当提供证据加以证明，但法律另有规定的除外。

在作出判决前，当事人未能提供证据或者证据不足以证明其事实主张的，由负有举证证明责任的当事人承担不利的后果。

第九十一条　人民法院应当依照下列原则确定举证证明责任的承担，但法律另有规定的除外：

（一）主张法律关系存在的当事人，应当对产生该法律关系的基本事实承担举证证明责任；

（二）主张法律关系变更、消灭或者权利受到妨害的当事人，应当对该法律关系变更、消灭或者权利受到妨害的基本事实承担举证证明责任。

第九十二条　一方当事人在法庭审理中，或者在起诉状、答辩状、代理词等书面材料中，对于己不利的事实明确表示承认的，另一方当事人无需举证证明。

对于涉及身份关系、国家利益、社会公共利益等应当由人民法院依职权调查的事实，不适用前款自认的规定。

自认的事实与查明的事实不符的，人民法院不予确认。

第九十三条　下列事实，当事人无须举证证明：

（一）自然规律以及定理、定律；

（二）众所周知的事实；

（三）根据法律规定推定的事实；

（四）根据已知的事实和日常生活经验法则推定出的另一事实；

（五）已为人民法院发生法律效力的裁判所确认的事实；

（六）已为仲裁机构生效裁决所确认的事实；

（七）已为有效公证文书所证明的事实。

前款第二项至第四项规定的事实，当事人有相反证据足以反驳的除外；第五项至第七项规定的事实，当事人有相反证据足以推翻的除外。

第九十四条　民事诉讼法第六十七条第二款规定的当事人及其诉讼代理人因客观原因不能自行收集的证据包括：

（一）证据由国家有关部门保存，当事人及其诉讼代理人无权查阅调取的；

（二）涉及国家秘密、商业秘密或者个人隐私的；

（三）当事人及其诉讼代理人因客观原因不能自行收集的其他证据。

当事人及其诉讼代理人因客观原因不能自行收集的证据，可以在举证期限届满前书面申请人民法院调查收集。

第九十五条　当事人申请调查收集的证据，与待证事实无关联、对证明待证事实无意义或者其他无调查收集必要的，人民法院不予准许。

第九十六条　民事诉讼法第六十七条第二款规定的人民法院认为审理案件需要的证据包括：

（一）涉及可能损害国家利益、社会公共利益的；

（二）涉及身份关系的；

（三）涉及民事诉讼法第五十八条规定诉讼的；

（四）当事人有恶意串通损害他人合法权益可能的；

（五）涉及依职权追加当事人、中止诉讼、终结诉讼、回避等程序性事项的。

除前款规定外，人民法院调查收集证据，应当依照当事人的申请进行。

第九十七条 人民法院调查收集证据，应当由两人以上共同进行。调查材料要由调查人、被调查人、记录人签名、捺印或者盖章。

第九十八条 当事人根据民事诉讼法第八十四条第一款规定申请证据保全的，可以在举证期限届满前书面提出。

证据保全可能对他人造成损失的，人民法院应当责令申请人提供相应的担保。

第九十九条 人民法院应当在审理前的准备阶段确定当事人的举证期限。举证期限可以由当事人协商，并经人民法院准许。

人民法院确定举证期限，第一审普通程序案件不得少于十五日，当事人提供新的证据的第二审案件不得少于十日。

举证期限届满后，当事人对已经提供的证据，申请提供反驳证据或者对证据来源、形式等方面的瑕疵进行补正的，人民法院可以酌情再次确定举证期限，该期限不受前款规定的限制。

第一百条 当事人申请延长举证期限的，应当在举证期限届满前向人民法院提出书面申请。

申请理由成立的，人民法院应当准许，适当延长举证期限，并通知其他当事人。延长的举证期限适用于其他当事人。

申请理由不成立的，人民法院不予准许，并通知申请人。

第一百零一条 当事人逾期提供证据的，人民法院应当责令其说明理由，必要时可以要求其提供相应的证据。

当事人因客观原因逾期提供证据，或者对方当事人对逾期提供证据未提出异议的，视为未逾期。

第一百零二条 当事人因故意或者重大过失逾期提供的证据，人民法院不予采纳。但该证据与案件基本事实有关的，人民法院应当采纳，并依照民事诉讼法第六十八条、第一百一十八条第一款的规定予以训诫、罚款。

当事人非因故意或者重大过失逾期提供的证据，人民法院应当采纳，并对当事人予以训诫。

当事人一方要求另一方赔偿因逾期提供证据致使其增加的交通、住宿、就餐、误工、证人出庭作证等必要费用的，人民法院可予支持。

第一百零三条 证据应当在法庭上出示，由当事人互相质证。未经当事人质证的证据，不得作为认定案件事实的根据。

当事人在审理前的准备阶段认可的证据，经审判人员在庭审中说明后，视为质证过的证据。

涉及国家秘密、商业秘密、个人隐私或者法律规定应当保密的证据，不得公开质证。

第一百零四条 人民法院应当组织当事人围绕证据的真实性、合法性以及与待证事实的关联性进行质证，并针对证据有无证明力和证明力大小进行说明和辩论。

能够反映案件真实情况、与待证事实相关联、来源和形式符合法律规定的证据，应当作为认定案件事实的根据。

第一百零五条 人民法院应当按照法定程序，全面、客观地审核证据，依照法律规定，运用逻辑推理和日常生活经验法则，对证据有无证明力和证明力大小进行判断，并公开判断的理由和结果。

第一百零六条 对以严重侵害他人合法权益、违反法律禁止性规定或者严重违背公序良俗的方法形成或者获取的证据，不得作为认定案件事实的根据。

第一百零七条 在诉讼中，当事人为达成调解协议或者和解协议作出妥协而认可的事实，不得在后续的诉讼中作为对其不利的根据，但法律另有规定或者当事人均同意的除外。

第一百零八条 对负有举证证明责任的当事人提供的证据，人民法院经审查并结合相关事实，确信待证事实的存在具有高度可能性的，应当认定该事实存在。

对一方当事人为反驳负有举证证明责任的当事人所主张事实而提供的证据，人民法院经审查并结合相关事实，认为待证事实真伪不明的，应当认定该事实不存在。

法律对于待证事实所应达到的证明标准另有规定的，从其规定。

第一百零九条 当事人对欺诈、胁迫、恶意串通事实的证明，以及对口头遗嘱或者赠与事实的证明，人民法院确信该待证事实存在的可能性能够排除合理怀疑的，应当认定该事实存在。

第一百一十条 人民法院认为有必要的，可以要求当事人本人到庭，就案件有关事实接受询问。在询问当事人之前，可以要求其签署保证书。

保证书应当载明据实陈述、如有虚假陈述愿意接受处罚等内容。当事人应当在保证书上签名或者捺印。

负有举证证明责任的当事人拒绝到庭、拒绝接受询问或者拒绝签署保证书，待证事实又欠缺其他证据证明的，人民法院对其主张的事实不予认定。

第一百一十一条 民事诉讼法第七十三条规定的提交书证原件确有困难，包括下列情形：

（一）书证原件遗失、灭失或者毁损的；

（二）原件在对方当事人控制之下，经合法通知提交而拒不提交的；

（三）原件在他人控制之下，而其有权不提交的；

（四）原件因篇幅或者体积过大而不便提交的；

（五）承担举证证明责任的当事人通过申请人民法院调查收集或者其他方式无法获得书证原件的。

前款规定情形，人民法院应当结合其他证据和案件具体情况，审查判断书证复制品等能否作为认定案件事实的根据。

第一百一十二条 书证在对方当事人控制之下的，承担举证证明责任的当事人可以在举证期限届满前书面申请人民法院责令对方当事人提交。

申请理由成立的，人民法院应当责令对方当事人提交，因提交书证所产生的费用，由申请人负担。对方当事人无正当理由拒不提交的，人民法院可以认定申请人所主张的书证内容为真实。

第一百一十三条 持有书证的当事人以妨碍对方当事人使用为目的，毁灭有关书证或者实施其他致使书证不能使用行为的，人民法院可以依照民事诉讼法第一百一十四条规定，对其处以罚款、拘留。

第一百一十四条 国家机关或者其他依法具有社会管理职能的组织，在其职权范围内制作的文书所记载的事项推定为真实，但有相反证据足以推翻的除外。必要时，人民法院可以要求制作文书的机关或者组织对文书的真实性予以说明。

第一百一十五条　单位向人民法院提出的证明材料，应当由单位负责人及制作证明材料的人员签名或者盖章，并加盖单位印章。人民法院就单位出具的证明材料，可以向单位及制作证明材料的人员进行调查核实。必要时，可以要求制作证明材料的人员出庭作证。

单位及制作证明材料的人员拒绝人民法院调查核实，或者制作证明材料的人员无正当理由拒绝出庭作证的，该证明材料不得作为认定案件事实的根据。

第一百一十六条　视听资料包括录音资料和影像资料。

电子数据是指通过电子邮件、电子数据交换、网上聊天记录、博客、微博客、手机短信、电子签名、域名等形成或者存储在电子介质中的信息。

存储在电子介质中的录音资料和影像资料，适用电子数据的规定。

第一百一十七条　当事人申请证人出庭作证的，应当在举证期限届满前提出。

符合本解释第九十六条第一款规定情形的，人民法院可以依职权通知证人出庭作证。

未经人民法院通知，证人不得出庭作证，但双方当事人同意并经人民法院准许的除外。

第一百一十八条　民事诉讼法第七十七条规定的证人因履行出庭作证义务而支出的交通、住宿、就餐等必要费用，按照机关事业单位工作人员差旅费用和补贴标准计算；误工损失按照国家上年度职工日平均工资标准计算。

人民法院准许证人出庭作证申请的，应当通知申请人预缴证人出庭作证费用。

第一百一十九条　人民法院在证人出庭作证前应当告知其如实作证的义务以及作伪证的法律后果，并责令其签署保证书，但无民事行为能力人和限制民事行为能力人除外。

证人签署保证书适用本解释关于当事人签署保证书的规定。

第一百二十条　证人拒绝签署保证书的，不得作证，并自行承担相关费用。

第一百二十一条　当事人申请鉴定，可以在举证期限届满前提出。申请鉴定的事项与待证事实无关联，或者对证明待证事实无意义的，人民法院不予准许。

人民法院准许当事人鉴定申请的，应当组织双方当事人协商确定具备相应资格的鉴定人。当事人协商不成的，由人民法院指定。

符合依职权调查收集证据条件的，人民法院应当依职权委托鉴定，在询问当事人的意见后，指定具备相应资格的鉴定人。

第一百二十二条 当事人可以依照民事诉讼法第八十二条的规定，在举证期限届满前申请一至二名具有专门知识的人出庭，代表当事人对鉴定意见进行质证，或者对案件事实所涉及的专业问题提出意见。

具有专门知识的人在法庭上就专业问题提出的意见，视为当事人的陈述。

人民法院准许当事人申请的，相关费用由提出申请的当事人负担。

第一百二十三条 人民法院可以对出庭的具有专门知识的人进行询问。经法庭准许，当事人可以对出庭的具有专门知识的人进行询问，当事人各自申请的具有专门知识的人可以就案件中的有关问题进行对质。

具有专门知识的人不得参与专业问题之外的法庭审理活动。

第一百二十四条 人民法院认为有必要的，可以根据当事人的申请或者依职权对物证或者现场进行勘验。勘验时应当保护他人的隐私和尊严。

人民法院可以要求鉴定人参与勘验。必要时，可以要求鉴定人在勘验中进行鉴定。

最高人民法院
关于适用《关于民事诉讼证据的若干规定》中有关举证时限规定的通知

2008年12月11日　　法发〔2008〕42号

全国地方各级人民法院、各级军事法院、各铁路运输中级法院和基层法院、各海事法院，新疆生产建设兵团各级法院：

最高人民法院《关于民事诉讼证据的若干规定》(以下简称《证据规定》)

自2002年4月1日施行以来，对于指导和规范人民法院的审判活动，提高诉讼当事人的证据意识，促进民事审判活动公正有序地开展，起到了积极的作用。但随着新情况、新问题的出现，一些地方对《证据规定》中的个别条款，特别是有关举证时限的规定理解不统一。为切实保障当事人诉讼权利的充分行使，保障人民法院公正高效行使审判权，现将适用《证据规定》中举证时限规定等有关问题通知如下：

一、关于第三十三条第三款规定的举证期限问题。《证据规定》第三十三条第三款规定的举证期限是指在适用一审普通程序审理民事案件时，人民法院指定当事人提供证据证明其主张的基础事实的期限，该期限不得少于三十日。但是人民法院在征得双方当事人同意后，指定的举证期限可以少于三十日。前述规定的举证期限届满后，针对某一特定事实或特定证据或者基于特定原因，人民法院可以根据案件的具体情况，酌情指定当事人提供证据或者反证的期限，该期限不受"不得少于三十日"的限制。

二、关于适用简易程序审理案件的举证期限问题。适用简易程序审理的案件，人民法院指定的举证期限不受《证据规定》第三十三条第三款规定的限制，可以少于三十日。简易程序转为普通程序审理，人民法院指定的举证期限少于三十日的，人民法院应当为当事人补足不少于三十日的举证期限。但在征得当事人同意后，人民法院指定的举证期限可以少于三十日。